SOCIÉTÉ FRANÇAISE D'ARCHÉOLOGIE

GUIDE

DU

CONGRÈS D'ANGERS ET DE SAUMUR

EN 1910

PAR

MM. André **RHEIN**, le chanoine **URSEAU**,
R. TRIGER et **G. FLEURY**.

CAEN

HENRI DELESQUES, IMPRIMEUR-ÉDITEUR

34, RUE DEMOLOMBE, 34

—

1910

SOCIÉTÉ FRANÇAISE D'ARCHÉOLOGIE

GUIDE

DU

CONGRÈS D'ANGERS ET DE SAUMUR

EN 1910

PAR

MM. André RHEIN, le chanoine URSEAU,
R. TRIGER et G. FLEURY.

CAEN

HENRI DELESQUES, IMPRIMEUR-ÉDITEUR

34, RUE DEMOLOMBE, 34

1910

GUIDE ARCHÉOLOGIQUE

DU

CONGRÈS D'ANGERS ET DE SAUMUR

En 1910

— • —

SAUMUR

Par M. André RHEIN.

La ville de Saumur occupe, sur le bord de la Loire, l'emplacement de la *Villa Johannis* que Charles le Chauve donna, comme compensation, aux moines de Saint-Florent-le-Vieil après que leur abbaye du Mont-Glonne eut été incendiée en 848 par Noménoë, roi des Bretons.

Pendant la seconde moitié du VIII° siècle et tout le cours du IX°, la ville fut à plusieurs reprises pillée par les Normands.

La région de Saumur relevait alors de la vicomté de Tours et ce fut Thibault le Tricheur qui construisit sur la colline, où se dresse actuellement le château, un monastère où il appela des religieux de Saint-Benoit-sur-Loire. Il éleva au même endroit une forteresse, appelée le Tronc, achevée par son fils Eudes. La *Villa Johannis* porta dès le X° siècle le nom de *Salvus murus* ou mieux *Salmurus*. Foulques Nerra, comte d'Anjou, s'empara en 1025 de Saumur, qui dut lui être cédé par Eudes, comte de Touraine, et qui suivit désormais les destinées de l'Anjou. Assiégée sans résultat en

1058 par Guillaume IV, duc d'Aquitaine, la ville fut prise
en 1067 par Guy, comte de Poitiers, et en 1203 par Philippe-
Auguste. Elle fut réunie au domaine royal en même temps
que l'Anjou.

Devenue, au XVIe siècle, un des principaux foyers du protestantisme en France, elle fut remise en 1589, après le
traité de Tours, comme place de sûreté, à Henri de Navarre,
qui en confia la garde à Duplessis-Mornay. Un collège
protestant, fondé en 1592, subsista jusqu'à la révocation de
l'édit de Nantes.

Pendant la Fronde, le château tomba aux mains des
Princes, mais la ville resta fidèle au roi.

En 1793, l'armée vendéenne, commandée par Lescure et
La Rochejaquelein s'empara de Saumur et s'y maintint
quinze jours. Des travaux importants exécutés en 1752
réunirent en deux bras la Loire, qui en comptait cinq
auparavant.

SAINT-PIERRE

L'église Saint-Pierre, dite aussi Saint-Pierre-du-Marais,
est signalée pour la première fois en 1067. Simple succur-
sale de Notre-Dame-de-Nantilly avant la Révolution, elle
est actuellement considérée comme la principale église de
Saumur.

Sauf quelques détails qui seront signalés à leur place, le
monument actuel date dans son ensemble de la deuxième
moitié du XIIe siècle, le chœur et le transept étant toutefois
sensiblement antérieurs à la nef. Des restaurations importantes exécutées en 1826-1830, 1844, 1862 n'en ont pas
dénaturé le caractère.

La nef, qui présente le type ordinaire de l'architecture
gothique angevine du XIIe siècle, n'est pas flanquée de
bas-côtés et compte trois vastes travées carrées, séparées
par de puissants doubleaux brisés, garnis de boudins sur

leurs arêtes et doublés, suivant un procédé très fréquent dans la région, d'une moulure faisant fonction d'un véritable formeret. Les voûtes bombées sont portées sur quatre branches d'ogives et sur quatre liernes, formées d'un simple tore, ornées de têtes à leur retombée. Le long des murs, les formerets sont garnis de trois boudins qui s'étagent les uns au-dessus des autres. Les doubleaux retombent sur des colonnes engagées, dont les bases inachevées ne sont formées que d'un simple talus reposant sur un socle cubique; les chapiteaux, assez bas et se continuant sur la pile, sont ornés de feuilles recourbées, de têtes et d'animaux affrontés. La seconde voussure des doubleaux est portée, avec les ogives et la moulure extérieure des formerets, sur une colonnette partant de fond, appliquée dans l'angle formé par le dosseret de la colonne engagée, alors que les deux autres moulures des formerets reposent sur des colonnettes s'appuyant sur la galerie de circulation dont nous allons parler. Au fond de la dernière travée, contre le mur séparatif du transept, les chapiteaux historiés, à tailloirs ornés de dents de scie, sont plus anciens et appartiennent à la campagne de cette partie de l'édifice.

L'élévation latérale n'a été conservée intacte qu'à la première travée et à la troisième au sud. Trois grands arcs en plein cintre, moulurés d'un boudin dégagé par un cavet, reposent sur des colonnettes, dont les chapiteaux à feuilles ou à personnages sont couronnés de tailloirs carrés garnis d'un filet, d'une gorge et d'une baguette.

Au-dessus d'une corniche portée sur modillons passe une galerie de circulation devant trois arcs, dont le central plus large encadre une fenêtre. Cette galerie traverse les piles au moyen d'un passage ouvert par de petites portes pratiquées dans les arcs latéraux. Au sud de la deuxième travée, on perça au XVe siècle la partie inférieure du mur pour construire une chapelle rectangulaire couverte d'une voûte d'ogives à six branches : les arcs qui surmontent l'arcade d'ouverture furent alors refaits. Vers la même époque, on construisit, sur la face nord de cette travée, une chapelle d'une plus grande élégance que la précédente. Ouverte par une arcade flanquée de pinacles et portée sur des colonnettes à filet, elle possède des voûtes à liernes et tiercerons et une fenêtre à remplage flamboyant.

Les colonnettes des arcatures appliquées contre le mur sud de la troisième travée furent tronquées dans leur partie inférieure et portées sur des consoles ornées de têtes et de feuillages pour l'établissement d'un enfeu, voûté d'ogives, dont l'arc d'encadrement, en accolade et muni de redents, est décoré de crochets frisés, flanqué de pinacles et couronné d'un fleuron. Il était destiné à contenir le tombeau de Béatrice, dame de Boumois, morte le 4 octobre 1450. La statue a disparu, mais le soubassement orné de quatre-feuilles est resté en place. Au nord, sous un entablement classique, une arcade, dont l'intrados est garni de plusieurs rangs de caissons octogonaux, décorés d'armoiries et de bustes, repose sur d'épais pilastres cannelés et rudentés et donne accès à une grande chapelle construite en 1546, couverte d'une voûte d'ogives à liernes et tiercerons.

Le carré du transept, antérieur à la nef, est beaucoup plus étroit. Il faut néanmoins supposer que le premier architecte avait l'intention de donner à la nef la largeur qu'elle a actuellement, comme le montre la présence, dans les angles de la dernière travée, des chapiteaux primitifs que nous avons signalés.

Les piles de la croisée sont cruciformes et flanquées de colonnes engagées et de grosses colonnes d'angle, dont les bases, assez lourdes, sont cerclées d'une gorge entre deux tores : les chapiteaux à personnages et les tailloirs ornés de petites dents de scie se continuent sur la pile. Les grands arcs sont en tiers-point, doublés, à arêtes nues et **contournés d'un boudin.**

La voûte appartient, avec celle de Notre-Dame-de-Nantilly et celles, plus archaïques, du premier étage de la tour Saint-Aubin d'Angers et du croisillon sud de Mouliherne, à un type intermédiaire entre les coupoles sur pendentifs non distincts de la calotte, telles qu'on en voit sur la croisée de l'abbatiale de Fontevrault et les voûtes bombées de l'école angevine. Elle est appareillée par assises horizontales et portée sur huit nervures moulurées de trois tores rayonnant autour d'un œil central.

Les croisillons comptent une seule travée ; les quatre nervures de la voûte, de même profil que celles de la croisée, retombent, avec les formerets dont les arêtes sont moulurées d'un tore, sur de grosses colonnes d'angle : la clef est ornée d'un petit bouton. Les deux fenêtres percées dans le mur du fond sont séparées par deux colonnettes jumelles servant de piédestal à une statue du XIIe siècle : elles reposent sur une colonne engagée partant de fond. Deux fenêtres éclairent la face occidentale. Dans chaque croisillon s'ouvre une chapelle orientée comprenant une courte travée droite et une absidiole en hémicycle un peu plus étroite. L'arc d'ouverture de la chapelle du sud et les colonnes qui le soutiennent possèdent une décoration dans le style roman poitevin, dont l'authenticité paraît douteuse.

Le chœur présente une irrégularité très peu visible, mais qu'il est intéressant de signaler : ses murs latéraux ne sont pas parallèles et se rapprochent l'un de l'autre en allant de l'arc d'ouverture vers l'abside. Les voûtes des deux travées droites sont soutenues par quatre nervures formées, comme le doubleau brisé, de trois boudins qui sont munis de petites bases et retombent sur deux colonnes jumelles dont les chapiteaux, ornés de crosses de feuillage formant volutes, sont réunis par une console. Des arcs brisés encadrent des niches formant embrasure concave à la fenêtre percée au fond ; c'est une disposition très rare, dont on peut signaler un exemple presque identique dans la nef de la Trinité d'Angers.

L'abside, en segment de cercle inférieur à l'hémicycle, est ouverte par un arc en tiers-point doublé et mouluré de boudins. Elle est éclairée par une grande fenêtre en plein cintre ; un cordon de dents de scie court à la base de sa voûte en cul-de-four. Sur l'autel se dressait autrefois le groupe du *Domine quo Vadis,* avec les statues agenouillées du roi René et de Jeanne de Laval ; il fut détruit au XVIe siècle.

En dehors de deux jolies crédences du XVe siècle placées à l'entrée du chœur et d'une autre du XVIe dans l'absidiole du nord, Saint-Pierre possède encore des stalles intéressantes et des tapisseries justement renommées. Les stalles, qui ont subi quelques remaniements, datent du dernier quart du XVIe siècle. Elles furent entreprises à la suite d'un marché passé le 13 mars 1474 (n. st.) entre les frères et les sœurs de la confrérie du Saint-Sacrement et les menuisiers Pintart et Raoulet Michau, qui devaient être payés onze livres tournois par stalle haute ou basse, mais qui renoncèrent à ce travail au bout d'un an. La tâche fut alors confiée par journées à de nombreux maîtres : Georges Lefèvre, Jean de Vernoil, Philippe Amy, Pecquet de Gasvres, Pierre Batuel. Le premier, qui paraît avoir entrepris à lui seul un des côtés du chœur, y consacra deux années, de 1476 à 1478. L'œuvre que ces artistes exécutèrent est soignée et vigoureuse ; on doit surtout remarquer les charmantes figurines des accoudoirs et les scènes très joliment traitées qui ornent les miséricordes. Les dossiers et les dais datent presque entièrement de 1843 ; les prie-Dieu et la première jouée paraissent avoir été refaits au XVIe siècle. Au fond du chœur, un bas-relief sur bois, rappelant la manière flamande, représente un saint Georges à cheval.

Les tapisseries conservées à Saint-Pierre comprennent deux séries : la première, consacrée à l'histoire du saint patron, fut commandée en 1542 par la fabrique à Robert de Lisle, artiste, qui était peut-être d'origine flamande, mais dont l'atelier était établi à Angers. Trop occupé au château de Serrant, Robert ne put achever l'œuvre et la fabrique dut s'adresser à un autre artiste angevin, Jean de Laistre. Des marchands tapissiers de Tours étaient chargés de l'exécution matérielle, d'après les modèles qui leur étaient fournis. Ces tapisseries furent restaurées en 1769 par Mathieu Roy, de Chinon, et au XIX⁰ siècle. La seconde série comprend également cinq pièces divisées en trois tableaux, avec légendes explicatives en quatrains français; elle a été donnée en 1524 par l'abbé Jacques Leroy au monastère de Saint-Florent et retrace l'histoire de ce saint.

La façade primitive, « à l'antique avec beaucoup de figures de saints », s'étant écroulée le 6 décembre 1674, on la reconstruisit dans le style du temps, à la suite d'une adjudication consentie le 21 août 1675 à l'architecte René Viollette pour la somme de 10.650 livres. Le contrefort du nord, seul reste de la façade du XII⁰ siècle, a été conservé avec la tourelle d'escalier qu'il renferme.

Les faces latérales de la nef, percées de fenêtres qu'encadre un arc mouluré entre deux arcs secondaires, sont flanquées, suivant l'habitude angevine, de puissants contreforts rectangulaires; les chapelles ajoutées sont comprises dans leur saillie. A l'ouest de la grande chapelle, qui fut construite au XVI⁰ siècle sur la face nord, s'ouvre une jolie porte en anse de panier décorée de motifs Renaissance et encadrée par un petit porche dont la voûte est garnie de caissons.

Dans le croisillon sud, un portail du milieu du XII⁰ siècle possède trois voussures en plein cintre moulurées de tores retombant sur des colonnes engagées et d'angle, dont les chapiteaux, ornés de feuilles d'acanthe d'un bon style, sont surmontés de tailloirs décorés.

Les fenêtres des croisillons ont leur archivolte décorée d'un cordon de dents de scie. Entre les contreforts d'équerre qui flanquent les angles s'élève une colonnette sans emploi.

Le mur du fond est en outre garni en son milieu, suivant
un procédé fréquemment usité en Normandie, par un contrefort qui passe entre les deux fenêtres. L'absidiole appliquée sur la face orientale est couronnée d'une corniche
d'arcatures sur modillons, dont les clefs sont ornées de
petites têtes.

La tour centrale carrée, cantonnée de contreforts plats,
est percée, sur chaque face, de deux baies en tiers-point à
quatre voussures soutenues par des colonnettes.. La partie
supérieure, récemment restaurée, portait une flèche qui fut
incendiée par la foudre le 26 juin 1782.

Le chœur est ajouré de deux étages de fenêtres : celles
du rez-de-chaussée, à arêtes nues sur colonnettes, sont
percées dans des absidioles peu profondes correspondant
aux niches intérieures dont nous avons parlé et que couvrent
des toits en section de sphère, limités à leur base par un
cordon de dents de scie. Au-dessus s'ouvrent les fenêtres
hautes, simplement contournées à l'archivolte d'un cordon
semblable. Une corniche formée de denticules à ressauts
supporte le toit.

L'abside en hémicycle, flanquée de contreforts-colonnes
engagés dans un dosseret, n'est percée que d'une grande
fenêtre en plein cintre.

NOTRE-DAME-DE-NANTILLY

L'église Notre-Dame-de-Nantilly *(Andiliacus* ou *Lentilia-
cus)*, qui aurait pour origine, d'après la tradition, une
chapelle élevée en l'honneur d'une statue miraculeuse de la
Vierge découverte dans un champ de lentilles, est mentionnée pour la première fois dans une charte de 848 ; les protestants la pillèrent en 1562. Elle servit, jusqu'à la Révolution, de paroisse à toute la ville de Saumur et renfermait en

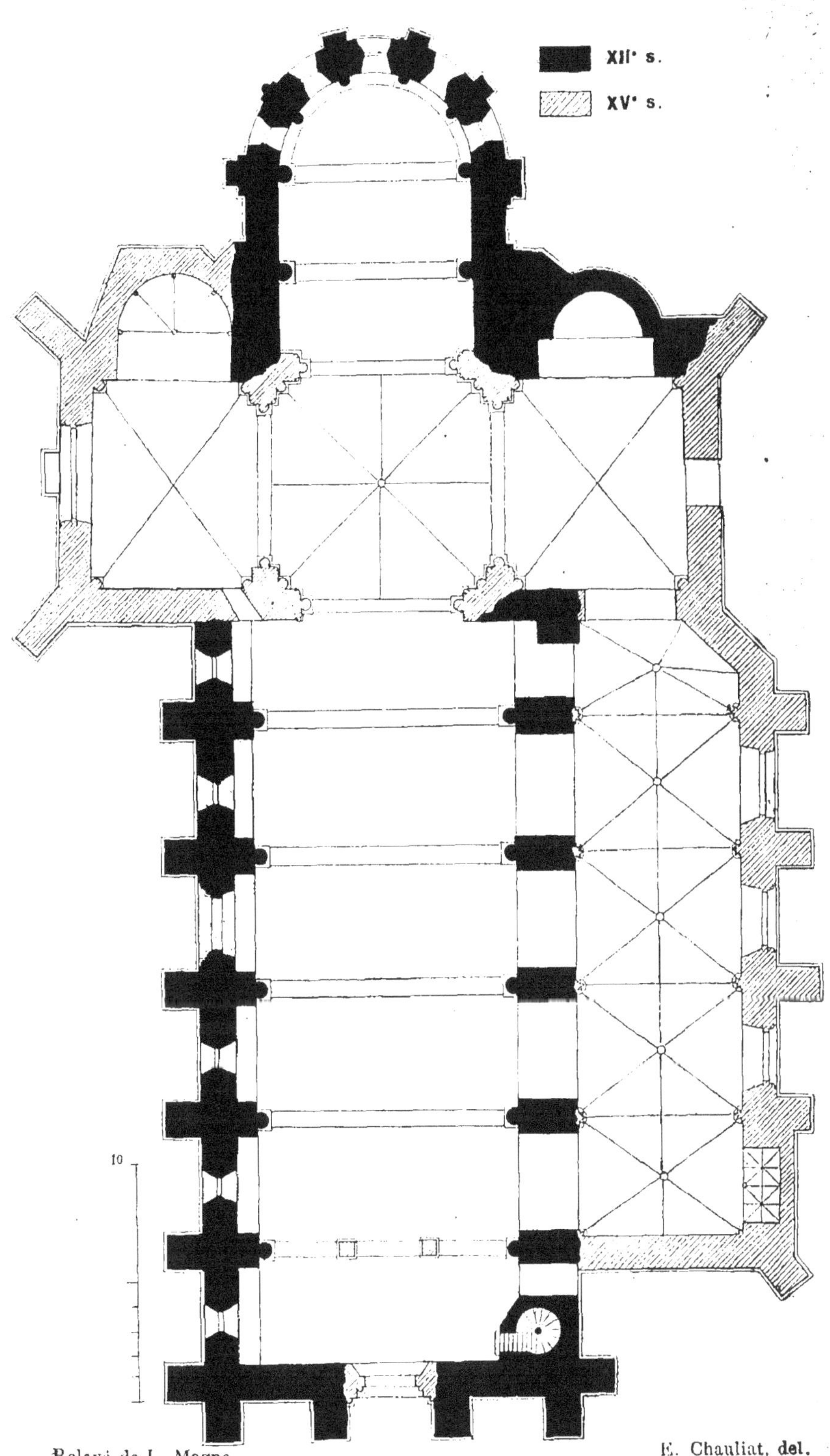

Plan de Notre-Dame-de-Nantilly.

même temps un prieuré dépendant de l'abbaye de Saint-Florent. Le collège de dix-huit chapelains qui y était en outre attaché ne constituait pas un véritable chapitre.

Le monument actuel, que Bodin attribuait au Ve ou VIe siècle, appartient en grande partie à la première moitié du XIIe. Il fut restauré à partir de 1851 par Joly Leterme. La nef unique, de six travées, présente une largeur de plus de treize mètres, qu'il est exceptionnel de rencontrer dans les églises voûtées en berceau. La voûte est sectionnée par des doubleaux très légèrement brisés, qui retombent sur des colonnes engagées dont les chapiteaux sont décorés d'entrelacs, de feuilles, d'animaux affrontés ou de personnages, et les tailloirs ornés de rinceaux. Contre le mur clôturant le transept, un arc faisant fonction de doubleau est porté sur des consoles à figurines.

Les fenêtres, en plein cintre, n'ont été conservées qu'au nord ; elles sont doublées, à arêtes nues, et encadrées par une grande arcade partant de fond : une moulure garnit leurs impostes. La dernière arcade retombe, dans l'angle du transept, sur une colonne engagée. Au sud, le mur compris entre les piédroits a été défoncé au XVe siècle pour mettre en communication la nef avec la chapelle ajoutée à cette époque.

Le buffet d'orgues placé sur une tribune au revers de la façade porte la date de 1690.

Le vaste collatéral de cinq travées, qui est appliqué contre la face méridionale, a été construit par Louis XI. Il était destiné à servir de paroisse pour remplacer l'ancienne église que le roi, très dévot, comme on sait, à Notre-Dame-de-Nantilly, voulait ériger en collégiale. L'opposition du prieur ayant empêché ce projet d'être mis à exécution, c'est au Puy-Notre-Dame que Louis XI établit le chapitre.

Les branches d'ogives en tore aminci, les doubleaux de même profil et les formerets qui portent les voûtes non bombées retombent sur des faisceaux de cinq colonnettes, dont deux sont engagées dans les piles; les chapiteaux sont ornés de feuillages. Des liernes longitudinales relient entre elles les clefs armoriées, dont l'une est décorée des armes de France.

Des fenêtres à remplage flamboyant ajourent le mur méridional, où se trouve aussi pratiquée une petite loge d'un style très élégant, connue sous le nom d'oratoire de Louis XI. Elle forme deux travées voûtées d'ogives et est ouverte par deux arcades en tiers-point tréflées et redentées, réunies sous une moulure en accolade garnie de crochets frisés, dont la pointe sert de support à une niche cantonnée d'arcatures à remplage flamboyant. L'ensemble est couronné d'une frise de rinceaux finement découpés.

La cinquième travée, qui renfermait l'autel, est moins profonde que les autres; mais comme elle est plus large que le croisillon contre lequel elle s'appuie, son angle méridional est amorti par un mur biais. La communication entre cette chapelle et le transept a été établie après coup par une arcade en plein cintre sans caractère; une fenêtre en tiers-point qui ouvrait sur la nef a été également transformée en arcade à une époque postérieure. Dans la paroi sud de la dernière travée, sont ménagées deux petites armoires en anse de panier, entourées de rinceaux.

Un escalier descend de la première travée dans une chapelle souterraine hexagonale du XV⁰ siècle, construite au sud et à l'extérieur de l'église : elle est couverte d'une voûte portée sur six nervures et appareillée par assises horizontales, persistance vraiment singulière, à cette époque, d'un procédé aussi archaïque.

Le carré du transept date en partie du XII⁰ siècle, mais a subi au XV⁰ d'importantes modifications. Bien qu'il présente la même particularité que celui de Saint-Pierre et qu'il soit, comme le chœur, beaucoup plus étroit que la nef, il doit être postérieur à celle-ci, comme paraît l'indiquer le tracé plus brisé de ses arcs. Il est couvert d'une coupole à huit nervures moulurées de trois tores, semblable à celle de Saint-Pierre, et qui date de la construction primitive, ainsi que les arcades en tiers-point à double bandeau ; les deux voussures des arcades de l'ouest et la voussure extérieure de celles qui ouvrent sur les croisillons sont moulurées. Les colonnes engagées et d'angle qui cantonnent les piles ont été profondément remaniées au XVe siècle : garnies, pour la plupart, d'un filet, elles reposent sur des bases à tore débordant, dont les socles sont prismatiques ; quant aux chapiteaux, restés depuis l'origine, comme il arrive souvent en Anjou, à l'état de simples cubes non ravalés, ils furent décorés, au milieu du XIXe siècle, de feuilles d'un style hybride. Par contre, les tailloirs qui les surmontent, moulurés d'un filet, d'une baguette et d'un cavet, paraissent bien authentiques.

Les croisillons sont couverts chacun d'une voûte du XVe siècle, dont les nervures, formées d'un tore à filet, retombent sur des colonnes d'angle surmontées de chapiteaux ornés de feuillages recourbés et de minces tailloirs octogones en retrait sur la corbeille.

L'absidiole méridionale, restée intacte, comprend une courte travée droite et un hémicycle voûté en cul-de-four ; celle du nord, refaite au XVe siècle, est terminée par un chevet à trois pans couvert d'une voûte à deux branches s'appuyant sur l'arc d'ouverture.

La partie droite du chœur est voûtée en berceau brisé soutenu par un doubleau en tiers-point retombant sur des colonnes engagées.

L'abside en hémicycle, voûtée en cul-de-four et percée de cinq baies qu'encadrent des arcs en plein cintre, a été restituée au XIXe siècle dans son état primitif. Un maître-autel en marbre brun surmonté d'une Assomption en plâtre et d'une gloire de bois doré l'obstruait presque entièrement.

Le mobilier de Notre-Dame-de-Nantilly contient des

pièces d'une assez grande valeur. A la troisième pile, un bas-relief en marbre blanc du XVIe siècle, dans le style italien, représente saint Jean prêchant dans le désert; sa restauration date de 1830. Contre la quatrième pile, une plaque de marbre noir porte l'épitaphe que le roi René composa pour sa nourrice, dame Thiephaine. A la pile suivante, a été fixée la belle crosse du XIIIe siècle, en émail limousin, trouvée en 1614 dans le tombeau de Gilles, archevêque de Tyr, garde des sceaux de saint Louis, né à Saumur et inhumé à Nantilly en 1266. Enfin, sur l'autel de l'absidiole méridionale, est placée la Vierge en bois noir, but du pèlerinage. Dans le chœur, se trouvent des stalles du XVIe siècle, d'un travail assez médiocre, qui rappellent encore le type traditionnel de l'époque gothique. Mais ce qui constitue la principale richesse de cette église, c'est une très remarquable collection de tapisseries, parmi lesquelles on doit signaler celles qui représentent des anges portant les instruments de la Passion, du XVe siècle; plusieurs scènes de la vie de la Vierge, de 1520; un arbre de Jessé, de 1525; la vocation de saint Pierre et de saint André; une adoration des bergers; une Pentecôte; le siège de Jérusalem par Titus, du XVIe siècle; la vie de Notre-Seigneur en quatre pièces, de deux scènes chacune, en tapisseries d'Aubusson, de 1619; enfin, quelques autres pièces françaises du XVe siècle, à sujets civils : le bal des sauvages, une chevauchée de jeunes hommes et de jeunes dames sur un fond de feuillages. L'église possède, en outre, deux cloches anciennes, l'une de 1646, l'autre de 1772.

La façade occidentale a subi, au milieu du XIXe siècle, surtout dans ses parties hautes, une restauration radicale qui en rend l'étude assez difficile; il faut pourtant tenir compte de l'appareil réticulé, qui est signalé comme existant déjà avant ces travaux. Elle est flanquée de quatre contreforts saillants, dont les deux centraux sont réunis par un arc brisé formant porche, sous lequel s'ouvre une porte

dont les piédroits, flanqués d'une colonne à chapiteau historié et à tailloir décoré de monstres, datent bien du XIIe
siècle, mais dont les deux voussures, garnies de redents à
l'intrados, ont été refaites au XIVe siècle.

La face latérale nord, seule visible, est percée de baies
simplement moulurées à l'archivolte; elle est cantonnée de
gros contreforts et couronnée d'une corniche à modillons. A
la quatrième travée existe une porte sans tympan, dont
l'arc brisé repose sur de grosses colonnes à chapiteaux
ornés de feuilles d'eau.

La chapelle qui occupe toute la face méridionale de la
nef présente une élégante décoration du XVe siècle, avec
les moulures en accolade qui encadrent ses baies, ses
contreforts surmontés de pinacles et les pignons de ses
travées, dont les rampants sont garnis de crochets frisés.

Les angles des croisillons furent munis au XVe siècle de
contreforts biais : on appliqua, à la même époque, un petit
contrefort sous la grande fenêtre qui ajoure le mur du fond.

L'abside n'a pas subi de remaniements; elle est garnie de
contreforts dont un seul, au nord, présente la forme d'une
colonne engagée surmontée d'un chapiteau décoré de
monstres et de volutes.

SAINT-NICOLAS-DU-CHARDONNET

Appelée primitivement Saint-Nicolas-*de-Riperiis,* cette
église est citée pour la première fois en 1145. La construction actuelle, qui date de la fin du XIIe siècle, a été reprise
au XVe. En 1769, l'orientation en fut changée : on perça
l'abside d'un portail surmonté d'un fronton demi-circulaire
et les absidioles de portes plus petites. Pendant le troisième
quart du XIXe siècle, un nouveau chœur fut élevé à l'ouest
et l'ancienne abside disparut pour faire place à une façade
surmontée d'un clocher.

Les notes prises par Guilhermy, lors de sa visite à Saumur en 1844, nous apprennent que, dans l'abside, de chaque côté de la porte du XVIIIe siècle, subsistait encore à cette époque une fenêtre en plein cintre et un arc aveugle reposant sur des colonnettes à chapiteaux ornés de feuillages. La voûte devait être portée sur quatre nervures toriques.

La nef comprend quatre travées. La première pile, qui limitait autrefois le chœur, est à ressauts et cantonnée de quatre colonnes et de douze colonnettes, tandis que les suivantes, simplement cruciformes, n'ont que quatre colonnes et quatre colonnettes. Les bases ont été reprises au XVe siècle, de même que les chapiteaux, ornés de rinceaux de feuillages, qui reçoivent les arcades et les nervures des bas-côtés aux deuxième et troisième piles nord et sud. Mais les autres chapiteaux sont restés dans leur état primitif, avec leurs corbeilles assez basses garnies de feuilles formant crochets. Les grandes arcades en tiers-point sont doublées ; la voussure intérieure a ses arêtes creusées de deux cavets et la voussure extérieure, moulurée d'un tore, retombe sur une colonnette.

La première travée, qui devait constituer le chœur, est seule éclairée d'une petite baie en plein cintre ; les autres sont simplement décorées de trois arcs à la place des fenêtres.

Les branches d'ogives et les liernes qui portent les voûtes bombées de la nef sont moulurées d'un filet entre deux baguettes ; les clefs ont été refaites à l'époque moderne, mais les motifs sculptés qui décorent la retombée des liernes datent, comme les voûtes, de la construction primitive. Les formerets sont profilés d'un tore et des arcs semblables contournent les doubleaux rectangulaires en tiers-point, dont les arêtes sont garnies d'une baguette. La voussure intérieure du doubleau retombe sur la colonne engagée dans le dosseret ; le chapiteau qui la surmonte est accosté de deux autres chapiteaux couronnant les angles du dosseret et portant de courtes colonnettes sur lesquelles viennent reposer les ogives, les formerets et la voussure extérieure du doubleau.

Il ne subsiste plus des voûtes primitives des collatéraux que les doubleaux, les formerets et le sommier des ogives, ces nervures ayant été presque entièrement refaites au XVe siècle dans le style et avec la mouluration de l'époque et ornées de clefs armoriées. A la quatrième travée, la voûte fut reconstruite en entier.

Les fenêtres présentent, suivant les travées, des différences notables: en plein cintre et nues à la première, elles sont, à la deuxième et à la troisième, géminées et encadrées d'un boudin porté sur colonnettes; celle de la quatrième travée ne date que du XVe siècle.

A l'est des bas-côtés existent encore les absidioles en hémicycle qui encadraient l'abside principale et qui furent percées au XVIIIe siècle d'une petite porte; elles sont couvertes d'une voûte dont les compartiments bombés sont portés sur quatre nervures qui s'appuient contre l'arc d'ouverture, légèrement brisé, et reposent, avec les cinq formerets surhaussés, sur des consoles ornées de têtes.

A l'extérieur, d'épais contreforts séparent chaque travée et la première fenêtre au sud est encadrée de colonnettes.

Un petit cloître du XVIIe siècle qui longeait l'église a été détruit au milieu du siècle dernier.

L'ancienne lanterne des morts du cimetière subsiste encore, quoique assez mutilée, au fond d'une cour à laquelle on accède du n° 72 *bis* de la rue Saint-Nicolas. Elle se compose d'une flèche octogone élevée sur un socle carré.

CHAPELLE SAINT-JEAN

La chapelle Saint-Jean, qui appartenait, avant la Révolution, à l'ordre des Templiers, est un gracieux édifice du commencement du XIII° siècle. Les deux travées de sa nef unique sont couvertes de voûtes fortement bombées, portées sur quatre branches d'ogives et quatre liernes moulurées d'un boudin ; les doubleaux et les formerets, de même profil, sont ornés de figurines à leurs clefs. Le chœur, terminé par un chevet plat, forme un carré dont les côtés sont divisés chacun en deux travées. Sa voûte est la seule de Saumur qui présente un spécimen des procédés angevins arrivés à leur complet développement : elle est portée sur un système de huit nervures rayonnant autour d'une clef centrale ; en outre, des branches supplémentaires décrivent un carré dont les angles s'appuient sur le milieu des côtés, mais qui n'est pas complet, car les branches qui le limitent vers la nef s'arrêtent contre les nervures diagonales. D'autres nervures garnissent la ligne des clefs des six voûtains encadrant les fenêtres. Cette description, ne tenant compte que du tracé, comme il se présente en projection sur un plan, ne peut donner une idée exacte de la structure réelle de la voûte. En effet, les branches diagonales, qui sembleraient devoir constituer les organes principaux de la membrure, ne peuvent pas être considérées comme de véritables ogives, car elles sont brisées au point où elles se croisent avec les côtés du carré, celui-ci formant seul, à proprement parler, la voûte en forme de coupole dont les voûtains nervés qui garnissent les angles ne sont que les pendentifs.

Toutes ces branches retombent sur de minces colonnettes adossées aux murs et surmontées de chapiteaux à crochets dont les hauts tailloirs sont décorés de feuillages.

Les fenêtres, en plein cintre et sans décoration, ont leur appui disposé en escalier.

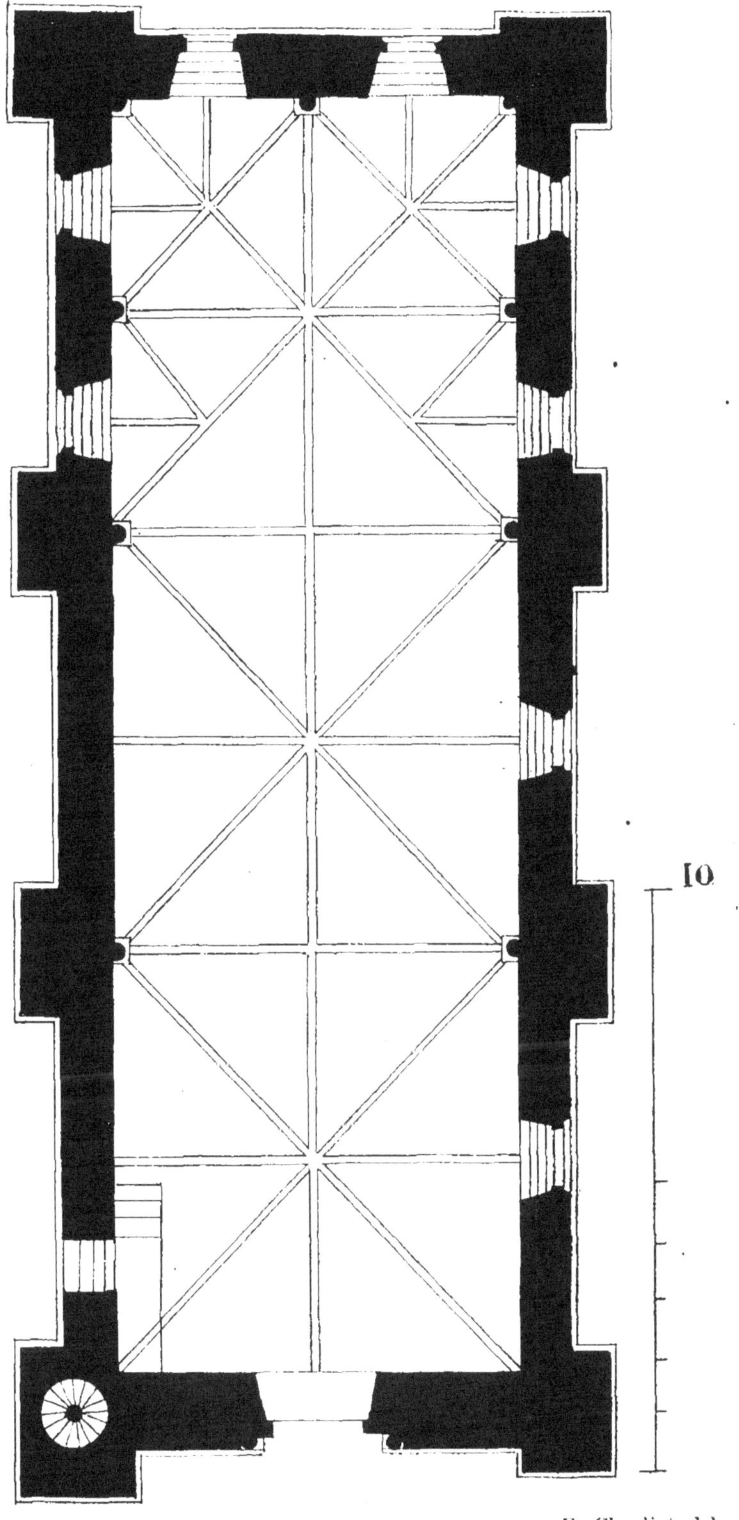

Plan de la chapelle Saint-Jean.

NOTRE-DAME-DES-ARDILLIERS

La statue miraculeuse vénérée dans cette église serait, d'après la tradition, l'œuvre du même moine Absalon qui aurait rapporté de Tournus à Saumur les reliques de saint Florent. Elle fut abritée sous un simple arceau vers le milieu du XV⁰ siècle. Une chapelle, aujourd'hui disparue, construite à partir de 1534 et consacrée en 1553 sous le vocable de Notre-Dame-de-Pitié ou vulgairement des Ardilliers, fut pillée en 1562 par les Huguenots et agrandie peu après des trois travées qui constituent la nef actuelle.

Richelieu ayant recouvré la santé en 1632 par l'intercession de Notre-Dame-des-Ardilliers, fit construire en 1634, du côté nord, un vaste collatéral où fut inhumée en 1635 sa sœur Nicole, maréchale de Brézé.

Cette chapelle, très dégradée dans la suite, dut être démolie en 1841 et réédifiée en 1855 sur les plans primitifs par Joly-Leterme.

Abel Servien fit élever en 1642 la chapelle de droite, qui fait pendant au collatéral de Richelieu, et, en 1654, le maître-autel. Il confia, en 1655, aux architectes Biardeau et Gondouin, la construction de la vaste rotonde, surmontée d'une coupole dans le style de la Renaissance italienne, qui précède les trois nefs, et ne fut achevée qu'en 1694 par le P. Abel de Sainte-Marthe.

Les vastes bâtiments que les Oratoriens construisirent vers l'est, au XVII⁰ siècle, en façade sur la Loire, ont été convertis en hospice.

L'église de la Visitation date du XVII⁰ siècle et fut agrandie de 1842 à 1844 et en 1858; elle sert de paroisse au quartier de l'île.

CHATEAU

C'est sur la colline dominant la Loire, où s'élève actuellement le château, que les moines de Saint-Florent-le-Vieil s'établirent au IXe siècle, après l'incendie de leur monastère du Mont-Glonne. La nouvelle abbaye ayant été, à plusieurs reprises, détruite par les Normands, fut réédifiée par Thibault le Tricheur; l'église, dont l'abside et la croisée étaient seules couvertes de voûtes de pierre et dont le porche était surmonté de clochers de bois, fut consacrée en 950 par l'archevêque de Tours et l'évêque d'Angers. Après les incendies successivement allumés en 1022 et en 1026 par Foulques Nerra, les religieux se transportèrent à Saint-Hilaire-des-Grottes. Il resta pourtant sur la colline quelques moines que Geoffroy Martel remplaça par des chanoines, mais qui, rappelés par Geoffroy le Barbu, ne formèrent plus qu'un simple prieuré. Leur église, brûlée en 1562 par les protestants, fut démolie trente ans plus tard par Duplessis-Mornay et reconstruite en 1621 par Louis XIII.

Le château de Saumur a pour origine la forteresse élevée, en même temps que l'abbaye, par Thibault le Tricheur; mais, dans son état actuel, il ne peut être antérieur aux dernières années du XIVe siècle; il venait sans doute d'être achevé lorsque Pol de Limbourg le reproduisit pour décorer la page des Très-riches Heures du duc de Berry, consacrée au mois de septembre et aux vendanges.

Son système défensif ne comporte pas de donjon; il se compose d'une enceinte quadrilatérale, dont les angles sont sensiblement dirigés vers les points cardinaux. Le corps de logis qui regarde le nord-ouest, déjà ruiné au milieu du XVIIIe siècle, avait fait place de 1810 à 1812 à des bâtiments sans caractère, qui ont eux-mêmes disparu depuis.

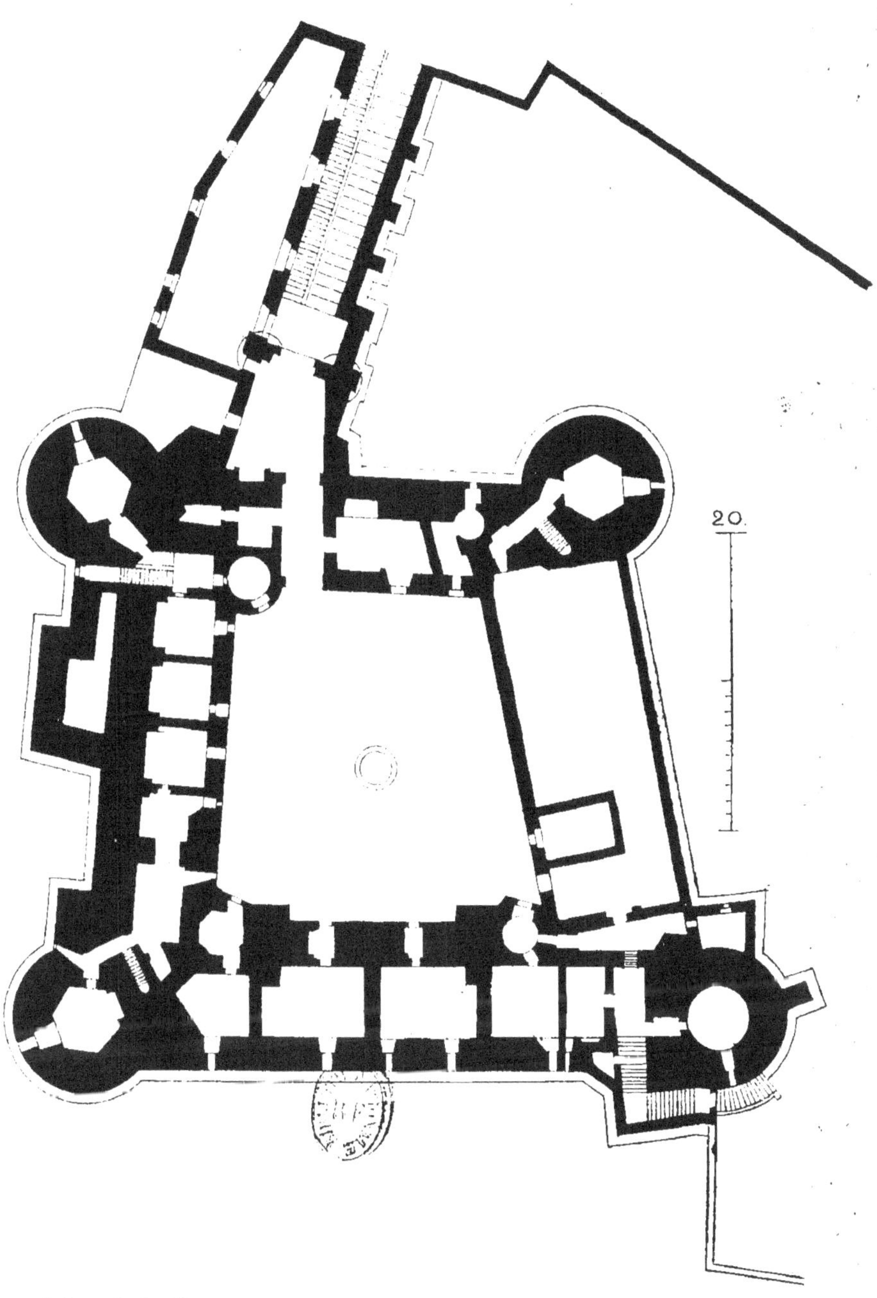

Château de Saumur.

Plan au rez-de-chaussée.

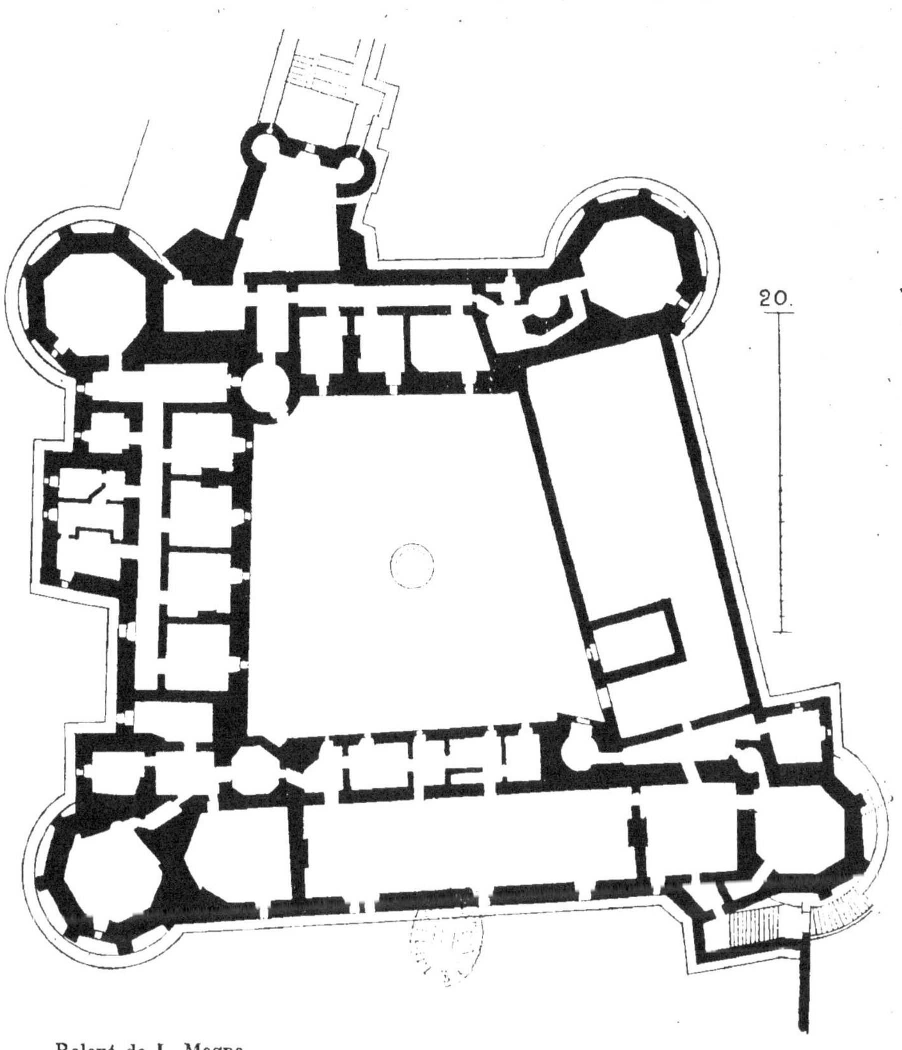

Relevé de L. Magne.

Château de Saumur.

Plan du premier étage.

A chaque angle s'élève, sur une base cylindrique talutée, une tour octogonale munie de hauts contreforts qui soutiennent le chemin de ronde privé de ses créneaux, et dont les mâchicoulis sont ornés d'arcs tréflés. Les courtines présentent le même couronnement; celle du sud-est est renforcée d'une tour rectangulaire en saillie.

Un châtelet défendant l'entrée a été adossé au front sud-ouest après coup, mais à une époque assez rapprochée de la construction primitive, car il figure lui aussi sur la miniature des Très-riches Heures. Ce châtelet, qui est garni aux angles d'échauguettes en encorbellement, renferme une salle des gardes pourvue d'une vaste cheminée; ses murs portent de curieux graffites parmi lesquels on remarque une barque mâtée dessinée au trait. Au fond de la salle, l'ancienne porte de la courtine, dont l'arcade en plein cintre a été entamée à gauche par le mur du châtelet, donne accès à un passage voûté en berceau que défend une herse et qui conduit dans la cour centrale en traversant le bâtiment sud-ouest.

La face intérieure de ce côté du quadrilatère est ajourée de baies rectangulaires et surmontée de deux mitres de cheminées octogones reposant sur un soubassement amorti en bâtière. A l'extrémité occidentale, on remarque les arrachements du corps de logis disparu et la cheminée de proportions considérables, aujourd'hui suspendue dans le vide, de la grande salle voûtée qui l'occupait.

A l'angle sud, une tourelle d'escalier octogone était ajourée de baies géminées rectangulaires encadrées de colonnettes et dont les linteaux étaient décorés d'arcs tréflés : à l'exception de la fenêtre de l'étage supérieur, elles ont toutes été refaites à une époque récente.

Le bâtiment sud-est, en grande partie modernisé, ne présente plus que quelques fenêtres à meneaux. L'escalier de l'angle oriental est établi dans une tourelle qu'éclairent des baies ornées d'une moulure en accolade.

La face de l'aile nord-est, portée au rez-de-chaussée sur une galerie ouverte par trois arcades en cintre surbaissé, retombant en pénétration sur des piles cylindriques, a dû subir des remaniements, car, pour la relier au bâtiment précédent, des arcs visiblement rajoutés ont été bandés à plusieurs niveaux devant la tourelle.

L'angle nord de l'enceinte possède, comme les autres, une tourelle d'escalier dont la porte, encadrée d'une accolade sur colonnettes, est surmontée de trois étages de baies rectangulaires redentées, garnies d'une balustrade de quatre-feuilles et encadrées d'élégantes niches à dais reposant sur les cordons de rinceaux qui séparent les étages. La partie supérieure de l'escalier est éclairée par deux petites baies géminées surmontées d'arcs tréflés.

Du bâtiment démoli, il ne reste, en dehors de la cheminée signalée, qu'une porte et une fenêtre à meneau cruciforme, dont les chapiteaux sont ornés de deux rangs de feuillages.

Les tours renferment de belles salles couvertes de voûtes à six ou huit branches d'ogives portées sur des consoles sculptées.

La partie des bâtiments faisant face à la Loire est celle qui offre, dans ses aménagements intérieurs, le plus d'intérêt: elle a été scrupuleusement et habilement restaurée dans ces dernières années par M. Magne, d'après des témoins encore en place. Au premier étage, deux vastes salles sont éclairées par des fenêtres qu'encadrent des rinceaux de feuillages; une cheminée présente la même décoration. Elles sont desservies, du côté de la cour, par une galerie voûtée d'ogives, dont les nervures retombent en pénétration dans des colonnes engagées. Dans une petite salle formant vestibule, couverte de deux voûtes d'ogives inégales et dont un angle est coupé par un mur porté sur une console représentant un ange, s'ouvrent deux portes, l'une communiquant avec la tour, l'autre avec l'oratoire, réunies toutes deux sous une moulure en accolade garnie de crochets frisés.

Cet oratoire est éclairé, du côté de la Loire, par une fenêtre en tiers-point moulurée d'un boudin sur colonnettes, que subdivise un remplage rayonnant d'un dessin très élégant, récemment restitué.

Le bâtiment sud-est renferme deux grandes cheminées.

Le châtelet, dont le premier étage possède un petit chemin de ronde, a obstrué une fenêtre, encadrée de colonnettes, qui était percée au-dessus de la porte de la courtine, aujourd'hui comprise dans la salle des gardes.

Sous la cour s'étend un vaste magasin couvert d'une belle voûte en berceau.

On a réuni dans une salle de la tour du sud des restes de pavement de terre cuite émaillée ; plusieurs sont découpés de façon à former une véritable marqueterie représentant des fleurs de lys.

Les défenses extérieures qui entourent le château furent construites à la fin du XVIᵉ siècle, sur les ordres du gouverneur Duplessis-Mornay, par l'ingénieur italien Bartholomeo. C'est alors que fut démolie l'ancienne église de Saint-Florent.

REMPARTS

De l'enceinte du XVᵉ siècle, il subsiste quelques tours cylindriques assez bien conservées, dont les mâchicoulis présentent la même décoration que ceux du château. Une de ces tours se touve au nᵒ 34 de la rue Dacier et une autre à l'angle du quai de Limoges et de la place Saint-Michel. Mais la plus intéressante, bien qu'elle ait perdu une partie de son couronnement, est celle actuellement enclavée dans les bâtiments modernes de la gendarmerie. Elle renferme une salle couverte d'une voûte à huit branches d'ogives qui retombent, avec les formerets en plein cintre, sur des culots à nervures concaves. Des latrines sont ménagées dans un petit renfoncement limité par le formeret détaché sur lequel vient buter une nervure en quart de cercle qui porte la voûte de ce réduit. L'escalier, pris, du rez-de-chaussée au premier étage. dans l'épaisseur du mur, est contenu, à partir de ce niveau, dans une tourelle demi-cylindrique couronnée par une échauguette carrée, dont les angles sont portés sur des culots à plusieurs ressauts et que couvre une pyramide de pierre à quatre pans.

HÔTEL DE VILLE

L'hôtel de ville, charmant édifice du début du XVIe siècle, rentrait dans le système défensif de l'enceinte; il présente en conséquence, à l'extérieur, l'aspect d'une petite forteresse, tandis que, du côté de la cour, il est conçu dans le style de l'architecture civile de l'époque.

Aucune porte n'est ouverte sur la face regardant la Loire, percée seulement, au niveau du premier étage, de deux fenêtres à meneaux cruciformes et d'une archère. Le chemin de ronde, porté sur des mâchicoulis ornés d'arcs tréflés, est interrompu en son milieu par une grande lucarne surmontée d'un gâble à crochets fleuris; il est, en outre, éclairé, de chaque côté de la lucarne, par une petite baie rectangulaire formant créneau. Aux angles, des échauguettes octogones en encorbellement sont contournées par le chemin de ronde, surmonté d'un second rang de mâchicoulis, dont les parapets sont percés de créneaux et couverts d'un toit en pavillon. Sur la rue Bonnemère, le mur, percé d'archères, présente une disposition analogue; il est terminé au sud par une tour rectangulaire légèrement en saillie, dont l'angle nord-est est garni d'une échauguette cylindrique et les autres angles sont portés, à l'étage supérieur, au-dessus d'un pan coupé, sur un haut encorbellement à ressauts d'un type très répandu dans les édifices de la région. L'appareil du dernier étage est formé de rectangles alternés de briques et de pierres.

La façade méridionale, divisée en trois étages, est percée d'une porte et de fenêtres à meneaux, encadrées de moulures en accolade et accostées, sur toute la hauteur du bâtiment, de hautes colonnettes torses ornées de fleurettes, interrompues par les chapiteaux, d'une décoration assez lourde, qui reçoivent les arcs des fenêtres. Chaque étage est, en outre, souligné par un cordon traversant ces arcs. Une frise de rinceaux surmontée d'une balustrade ajourée de style flamboyant court à la base du toit. L'angle occidental est garni d'une tourelle octogonale qui renferme l'escalier ; on y accède par une porte en anse de panier, dont le gâble en accolade est décoré de crochets, flanqué de pinacles et couronné d'un fleuron. Les fenêtres, munies d'une balustrade ajourée, chevauchent de pan en pan jusqu'au dernier étage construit en appareil alterné.

L'hôtel de ville a été, au milieu du XIXe siècle, doublé vers l'ouest d'un bâtiment s'efforçant de rappeler sur ses deux faces le style de la cour intérieure et qui, du côté de la Loire, nuit grandement au caractère de la partie primitive.

Le musée renferme principalement des collections concernant la flore et la faune du pays saumurois, des antiquités préhistoriques et gallo-romaines, parmi lesquelles on remarque une trompette et les outils d'un charpentier découverts à Saint-Just-sur-Dive.

La bibliothèque comprend environ vingt mille volumes, dont les plus anciens proviennent des abbayes de Fontevrault et de Saint-Florent. Signalons aussi une trentaine de manuscrits, dont un Boèce du XIIIe siècle, des Décrétales des XIIIe et XVe siècles, un bréviaire de Saint-Florent du commencement du XVe siècle, relié en parchemin au XVIe, et un martyrologe d'Usuard des XIIe et XIVe siècles ayant servi au prieuré de Deuil (Seine-et-Oise).

MAISONS ANCIENNES

Saumur possède encore quelques maisons intéressantes de la dernière période gothique et de la Renaissance.

Dans l'île de la Loire, la maison dite de la reine de Sicile ou, par corruption, de la reine Cécile, offre de jolis détails de style flamboyant, des fenêtres encadrées de pinacles et surmontées d'accolades richement décorées, une porte, au-dessus de laquelle se trouve une charmante niche contenant une statuette. Au-dessus des pans coupés, l'étage supérieur, dont chaque face présente un pignon, revient au plan rectangulaire au moyen d'encorbellements semblables à ceux déjà signalés.

Aux nᵒˢ 13 et 17 de la rue Haute-Saint-Pierre existent de beaux hôtels Louis XIII et, au nᵒ 37 de la même rue, une maison du XVᵉ siècle possède une porte dont le vantail de la Renaissance représente Hercule et le lion de Némée. Dans la rue Dacier on remarque, au nᵒ 3, une maison du XVIᵉ siècle à pans de bois, dont les montants sont décorés de cariatides ; au nᵒ 33, un important logis de la même époque, flanqué d'une tourelle d'escalier octogonale que couronne un étage rectangulaire en encorbellement couvert d'un toit à pignons.

Dans la rue du Fort, se trouvent, à l'angle de la rue Duplessis-Mornay, une échauguette octogonale et, au nᵒ 9, une façade mutilée de la Renaissance, derrière laquelle un bel escalier gothique se prolonge jusqu'au nᵒ 35 de la rue Haute-Saint-Pierre.

Enfin, au nᵒ 13 de la rue du Temple, une maison Renaissance encadrée de deux échauguettes, dont les lucarnes à meneaux sont surmontées de gâbles à crochets, et, au nᵒ 4 de la Grande-Rue, une petite façade classique portant la date de 1563 méritent encore d'être signalées.

Les environs immédiats de la ville conservent plusieurs monuments mégalithiques intéressants ; celui de Bagneux, connu sous le nom de Grand-Dolmen, est justement considéré comme un des plus importants qui existent en France. C'est une allée couverte qui mesure vingt mètres de longueur, sept mètres de largeur et trois mètres de hauteur. Seize monolithes de grès, enfoncés de trois mètres dans le sol, soutiennent quatre larges dalles dont l'une est fendue : celle qui recouvrait le vestibule est tombée. Un menhir se trouve à deux cents mètres de cette chambre funéraire.

Bibliographie. — *Acta Sanctorum*, sept., t. VI, p. 410-438. — Barbier de Montault (X.) : *Bréviaire manuscrit de l'abbaye de Saint-Florent-lès-Saumur*, dans le *Répertoire archéologique de l'Anjou*, t. III, Angers, 1861, in-8°, p. 146-160. — Bloudeau (Henri) : *La lanterne funéraire de l'ancien cimetière de Saint-Nicolas de Saumur*, dans l'*Écho Saumurois* du 22 janvier 1861 et le *Répert. arch. de l'Anjou*, t. III, p. 85-87. — Bodin : *Recherches historiques sur la ville de Saumur, ses monumens et ceux de son arrondissement*, Saumur, Degouy, 1812, 2 vol. in-8°. — *Catalogue général des manuscrits des bibliothèques publiques de France*, t. XX, Paris, 1893, in-8°, p. 285-294. — Espinay (G. d') : *Le château de Saumur*, dans le *Congrès archéologique d'Angers*, 1871, p. 202 et la *Revue historique de l'Anjou*, t. VII (1875), II, p. 57-73 et 113-130. — *Les églises de Saumur*, dans la *Rev. hist. de l'Anjou*, t. VIII (1875), I, p. 113. — *Notices archéologiques. 2e série. Saumur et son environs*, Angers, E. Barassé, 1875, in-8°. — *L'abbaye de Saint-Florent*, dans la *Rev. hist. de l'Anjou*, 7e série, t. II (1875), p. 264-278 et 325-333. — *Gallia christiana*, t. XIV (1856), col. 620-640. — Gaulay : *Guide pittoresque et descriptif du voyageur dans la ville de Saumur, son arrondissement et ses environs*, Saumur, 1851, in-18. — Godard-Faultrier (V.) : *Monuments antiques de l'Anjou, arrondissement de Saumur*, dans le *Répertoire archéologique de l'Anjou*, Angers, 1863, in-8°, p. 211-220 et 385-396. — Guiffrey (Jules) : *Un bal de sauvages, tapisserie du XVe siècle appartenant à l'église de Notre-Dame-de-Nantilly à Saumur*, dans la *Revue de l'art ancien et moderne*, t. IV (1898), p. 75-82, pl. — Guilhermy (de) : Notes manuscrites, t. XVI, Bibl. nat., nouv. acq. fr. 6109. — Joly-Leterme : *Substruction du XIe au XIIe siècle, près la place Saint-Pierre à Saumur*, dans les *Mémoires de la Société d'agriculture d'Angers*, 3e série, t. XXVI (1884-1888), p. 20-23. — Mérimée (Prosper): *Notes d'un voyage dans l'ouest de la France*, Paris, 1836, in-8º, p. 345-358. — Palustre (Léon): *La Renaissance en France*, Paris, Quantin, 1879-1889, 3 vol. in-4º, t. II, p. 192-193.— Port (Célestin): *Dictionnaire historique, géographique et biographique de Maine-et-Loire*, Paris et Angers, 1874-1878, 3 vol. in-8º, t. III, p. 477-496. — *Les stalles et les tapisseries de Saint-Pierre de Saumur*, dans la *Revue des Sociétés savantes*, 4e série, t. VII (1868), p. 278; *Revue historique de l'Anjou* (1868), p. 283-287; *Notes et notices angevines*, Angers, 1879, in-8º, p. 117-129.— *Pillage de l'abbaye de Saint-Florent de Saumur en 1562*, dans les *Notes et notices angevines*, p. 14-23. — Cartulaire de Saint-Florent, XIIe-XIIIe siècles, Bibl. nat., nouv. acq. lat. 1930.

PREMIÈRE EXCURSION

MONTSOREAU, CANDES, FONTEVRAULT

Par M. A. RHEIN.

MONTSOREAU

L'histoire de Montsoreau (*Mons Sorellus*) se confond entièrement avec celle de son château. La seigneurie appartint
successivement aux familles de Montbazon, de Craon, de
Chabot, de Chambes ; elle fut érigée en baronnie en 1560 et
en comté en 1573.

ÉGLISE SAINT-PIERRE

L'église Saint-Pierre, aujourd'hui paroissiale, est située
à l'ouest de Montsoreau, dans l'ancien village de Rest. Elle
faisait partie d'un prieuré de Saint-Florent, établi à cet
endroit en 1150. La nef a été reconstruite en 1787 dans un
style insignifiant ; mais le transept et le chœur constituent
un excellent spécimen d'une église angevine du XIIIe siècle.
L'étage inférieur de la tour, située au nord de la nef, forme
une travée couverte d'une voûte à huit branches rayonnant
autour d'un œil et dans laquelle est comprise la tourelle de
l'escalier.

Les piles de la croisée ont été renforcées après coup et
les arcs en tiers-point qu'elles reçoivent ont leurs arêtes
abattues, sauf celui qui ouvre sur la nef, dont le bandeau

est cantonné de deux tores. Les quatre branches d'ogives, dont le profil présente un boudin engagé dans un dosseret, retombent dans les angles des piliers; quatre liernes rejoignent en outre la clef des grands arcs.

Les croisillons sont couverts chacun de la moitié d'une voûte semblable à celles que nous avons décrites à Saint-Jean de Saumur, à Asnières et au Puy-Notre-Dame : la demi-calotte offrant seulement le plan d'un triangle, la branche centrale, partant du mur du fond, ne décrit qu'un quart de cercle et vient rejoindre la clef de l'arc d'ouverture où aboutissent également les deux nervures diagonales qui soutiennent avec elle la partie principale de la voûte et qui, brisées à leur point de jonction avec les branches secondaires limitant la demi-calotte, nervent également ses deux pendentifs.

L'abside à cinq pans est percée de trois baies en tiers-point moulurées d'un boudin et encadrées de formerets semblables. Elle est couverte d'une voûte à sept branches, dont l'une vient rejoindre l'arc de tête.

Dans chacun des croisillons, s'ouvre une chapelle rectangulaire dont la voûte est portée sur une croisée d'ogives.

Les colonnes recevant la retombée des voûtes sont surmontées de chapiteaux restés depuis l'origine à l'état de simples cubes, bien que leurs tailloirs aient été moulurés. Nous avons vu qu'il en était de même, jusqu'au milieu du XIXe siècle, au carré du transept de Notre-Dame-de-Nantilly et nous aurons encore l'occasion d'en citer d'autres exemples dans la région.

L'église possède six stalles du XVe siècle et un panneau de bois représentant la Crucifixion; ces objets proviennent tous de l'abbaye de Fontevrault. La sacristie renferme un retable mutilé de la Renaissance.

La tour carrée est ajourée sur chaque face de baies géminées en tiers-point supportées par des colonnettes dont les chapiteaux ont leur corbeille nue.

On a détruit en 1865, dans le voisinage de l'église Saint-Pierre, une lanterne des morts de trois à quatre mètres de hauteur, dont le pied était muni d'un pupitre.

COLLÉGIALE SAINTE-CROIX

L'église Sainte-Croix, située à l'est du bourg et dont la fondation est fort ancienne, subit d'importantes modifications au début du XVIe siècle, car elle fut consacrée le 5 octobre 1509. Elle reçut un chapitre en 1520 ; mais, saccagée en 1607 par les Huguenots, elle ne se releva jamais de ses ruines et il n'en subsiste plus aujourd'hui que la base des murs et un portail en tiers-point sans aucun ornement.

ÉGLISE SAINT-MICHEL

L'église Saint-Michel, où les chanoines s'établirent en 1608, après la destruction de Sainte-Croix, et restèrent jusqu'à la Révolution, est convertie en habitations particulières. On peut encore voir, à l'intérieur, deux voûtes à quatre branches d'ogives et à liernes, dont les clefs sont décorées d'armoiries ; celles des doubleaux sont ornées de redents en quatre-feuilles. Extérieurement, les contreforts, placés de biais, portent de fines moulures et sont surmontés de pinacles.

CHATEAU

Il ne reste aucun vestige du château qu'Henri Plantagenet, alors simplement comte d'Anjou, assiégea en 1152. L'édifice actuel date du milieu du XVe siècle et est probablement l'œuvre de Jean II de Chambes, qui avait épousé, le 17 mars 1445, Jeanne Chabot, fille et héritière de Thibault, seigneur de Montsoreau. Il fut achevé vers 1455. Aliéné à la Révolution et divisé entre de nombreux propriétaires, il resta longtemps dans un état de dégradation lamentable; mais, grâce à notre confrère M. J. Hardion, qui vient de l'acquérir, sa conservation est désormais assurée.

Le château présente vers la Loire un aspect très imposant, bien que ses murs ne plongent plus dans le fleuve et que leur hauteur se soit trouvée réduite par la levée établie en 1820 pour la continuation de la route.

La partie centrale possède deux étages de fenêtres à meneaux et est couronnée d'un chemin de ronde porté sur mâchicoulis ornés d'arcs tréflés en accolade; les créneaux et les merlons percés d'archères qui garnissent le parapet alternent avec des baies rectangulaires empiétant dans le toit et surmontées de grandes lucarnes à pignons. A chacune des extrémités, une aile à trois étages, malheureusement découronnée, fait légèrement saillie sur le bâtiment central et forme tour d'angle.

Sur la face orientale est appliquée une tour barlongue, arrondie vers le nord, qui a conservé ses mâchicoulis, ses créneaux et ses archères. Au sud, du côté de la cour intérieure, dont le sol est au niveau du premier étage de la façade, le corps de logis principal est flanqué de deux ailes en retour d'équerre.. Il présente les mêmes dispositions générales que la face nord : en outre, les angles rentrants sont garnis de tourelles d'escalier octogones; celle de droite, ajoutée au XVIe siècle, est percée d'une porte surmontée de quatre étages de fenêtres en anse de panier, encadrées d'élégants motifs dans le goût de la Renaissance. Entre les deux derniers étages, un bas-relief, accompagné de la devise « JE LE FERAY », inscrite sur une banderole, représente une scène grotesque où figurent trois singes.

A l'intérieur, on remarque, dans l'aile occidentale, quelques salles voûtées d'ogives et, dans le bâtiment central, un beau plafond de chêne à caissons qui a servi de modèle pour la restauration du château de Saumur. L'escalier du XVI siècle se termine par une voûte en éventail.

Dans le village existent encore plusieurs logis des XV et XVI siècles; l'un d'eux, situé derrière le château, renferme une remarquable cheminée de la Renaissance.

BIBLIOGRAPHIE. — Carré de Busserolle (J.-X.): *Notice sur les églises et les chapelles de Montsoreau et de Rest*, Tours, Suppligeon, 1888, in-8°, 21 p. — Chavigny (O. de): *Notice historique sur les anciens seigneurs de Montsoreau du X au XVII siècle*, dans le *Bulletin de la Société archéologique de la Touraine*, t. VII (1886-1888), Tours, Péricat, 1888, in-8°, p. 413-453 et 586-620. — Ledru (Ambroise): *Le château de Montsoreau en Anjou*, dans le *Bulletin Monumental*, t. XLV, 1879, p. 507-511. — Port (C.): *Dictionnaire de Maine-et-Loire*, t. II, p. 733-736. — Quincarlet (Abbé Ed.): *Excursion de la Société archéologique à Candes, Montsoreau et Fontevrault le 11 mai 1885*, dans le *Bulletin de la Société archéologique de Touraine*, t. VI (1883-1885), Tours, 1885, in-8°, p. 433-480. — Raimbault (Louis): *Notice historique sur le château et la commune de Montsoreau*, dans le *Répertoire archéologique de l'Anjou*, 1865, p. 304.

CANDES

Le bourg de Candes (*Condatensis vicus, Candata, Canda*) tire son nom de sa situation au confluent de la Loire et de la Vienne. L'emplacement qu'il occupe aujourd'hui était déjà habité à l'époque gallo-romaine, comme le prouvent les vestiges assez importants de constructions qu'on y a découverts.

Saint Martin, qui avait fondé en ce lieu une église dédiée, croit-on, à saint Maurice, mourut à Candes, probablement en 397, alors qu'il était venu rétablir la concorde parmi les clercs préposés au service de ce sanctuaire.

On sait qu'après sa mort, une grande contestation s'éleva entre les Poitevins et les Tourangeaux pour la possession de ses reliques. Aucun des deux partis ne voulant renoncer à ce qu'il considérait comme son droit, les Tourangeaux profitèrent, une nuit, du sommeil de leurs adversaires pour enlever le corps de leur évêque et le descendre, par une fenêtre, dans une barque qui l'emporta à Tours.

Une collégiale fut fondée dans la suite sur le lieu même où le saint avait rendu le dernier soupir, et, lorsque Guibert de Gembloux vint à Candes en 1180, la maison considérée par les chanoines comme celle où saint Martin était mort, n'avait disparu que depuis cinq ans seulement.

C'est alors qu'on entreprit la construction de l'église actuelle, dont le chœur et le transept peuvent être attribués au dernier quart du XII⁰ siècle, tandis que la nef est d'une cinquantaine d'années postérieure.

Celle-ci, d'une admirable légèreté et d'une décoration à la fois riche et sobre, est une des plus brillantes productions du style gothique angevin. Elle compte quatre travées et est accompagnée de collatéraux aussi élevés qu'elle.

Au revers de la façade, une porte en tiers-point est surmontée d'une rose, actuellement bouchée, qu'encadre un arc porté sur colonnettes et dont les écoinçons inférieurs sont occupés par des quarts de roses, à redents peu accentués, dont les pointes sont soutenues par des rayons formés de courtes colonnettes.

Les piles à ressauts, très élancées, sont cantonnées de quatre colonnettes fortes et de huit plus faibles, dont les bases, garnies de griffes, reposent sur de hauts socles, et les chapiteaux à crochets fleuris sont surmontés de tailloirs moulurés. Elles reçoivent les grandes arcades en tiers-point profilées de trois boudins, ainsi que les nervures des voûtes, les doubleaux présentant un bandeau entre deux tores, et les formerets dont les clefs sont sculptées à la jonction des liernes.

A la dernière travée, au-dessus de l'arc d'ouverture du transept, moins élevé que la nef et d'une construction anté-

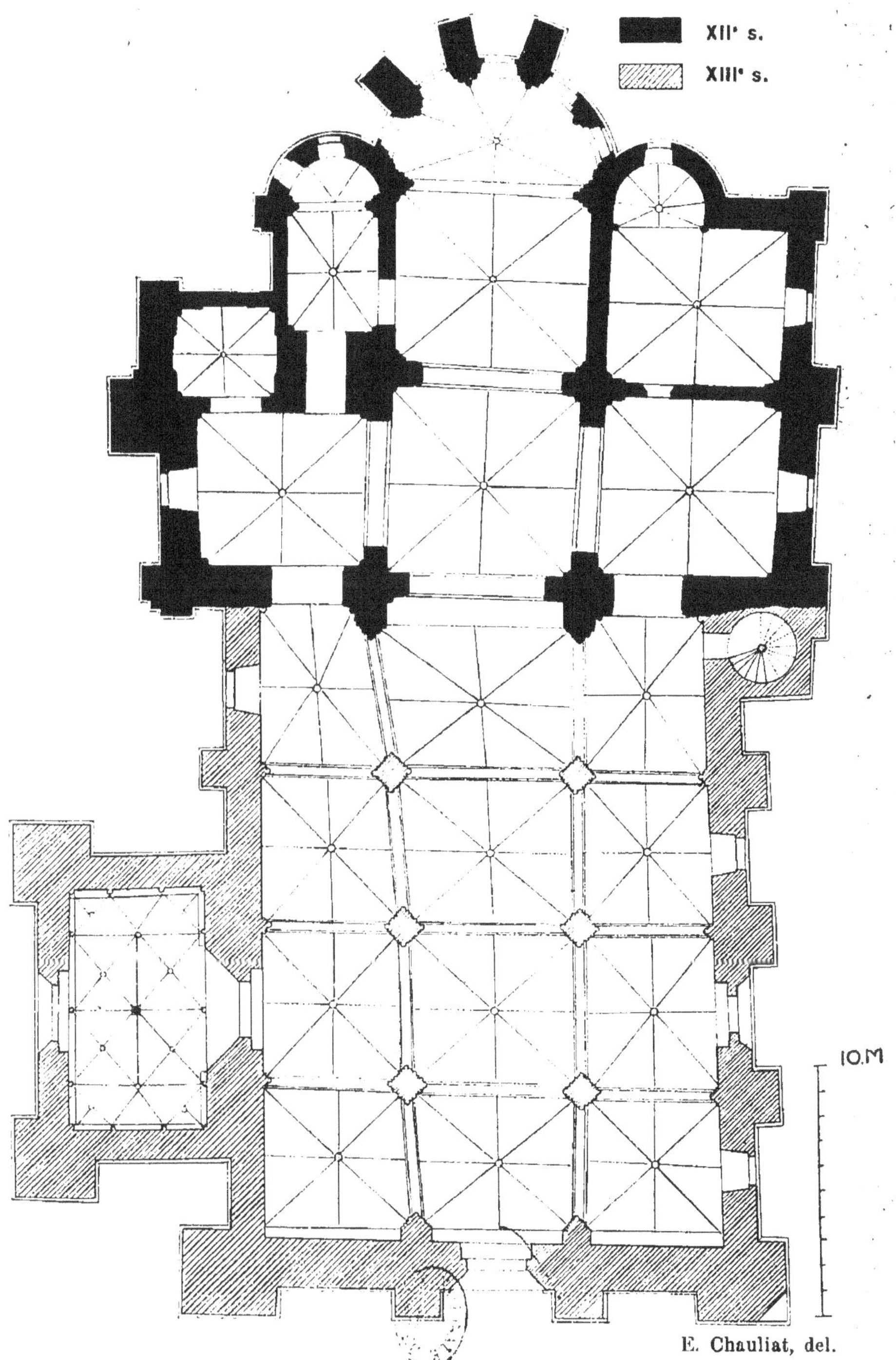

Plan de l'église de Candes.

rieure, quatre voussures moulurées de boudins, faisant
fonction d'un formeret, sont appliquées contre le mur de
la croisée et soutenues par des colonnettes portées elles-
mêmes sur des consoles sculptées: disposition fort originale, pour laquelle l'architecte de cet édifice paraît avoir
eu une prédilection toute particulière, et qui lui fournit
l'occasion de multiplier les motifs de décoration, traités du
reste avec un art remarquable.

Une colonne du XIIe siècle, appliquée dans les angles,
seule amorce de la nef projetée de la première campagne,
soutient les consoles dont nous venons de parler. Tronquée
dans sa partie inférieure, elle a conservé son chapiteau orné
de feuilles en volutes et son tailloir garni de dents de scie.
Le niveau auquel est placé ce chapiteau montre que la nef,
non exécutée, aurait été couverte de voûtes d'ogives notablement plus basses que les voûtes actuelles.

Le long des murs des collatéraux, des colonnettes reposant sur des consoles reçoivent la retombée des voûtes,
semblables à celles de la nef, et les doubleaux, de même
profil que les nervures.

Les fenêtres, très élevées, sont en plein cintre; leur archivolte est soutenue par des colonnettes dont les tailloirs
forment cordon sur le mur. Au-dessus des arcades donnant
accès dans les croisillons, on retrouve la même disposition
que dans la nef: un quadruple formeret retombe sur de
minces fûts que portent des statuettes formant consoles et
surmontées de dais; certains de ces supports reposent eux-
mêmes sur des figurines surmontant les chapiteaux de
colonnettes inférieures.

Le carré du transept, dont la construction est, comme
nous l'avons dit, antérieure à celle de la nef, est ouvert par
des arcs en tiers-point à double voussure, dont les arêtes
sont moulurées de boudins; les pilastres qui reçoivent ces
arcs ont leurs angles garnis de colonnettes.

Lors de la construction de la nef, les pilastres de l'arcade

occidentale ont été piochés dans leur partie basse, afin de
dégager la vue du chœur, et soutenus en encorbellement
par de larges consoles formées de six rangs de frises de
feuillages, qui rappellent la disposition adoptée à la cathédrale de Séez et dont le style ne peut laisser aucun doute
sur la date de cette réfection; les bases des colonnettes
d'angle furent également refaites à la même époque et
moulurées d'un tore aplati légèrement débordant. Les nervures de la voûte, identiques à celles de la nef, retombent
sur de hautes colonnes dont les chapiteaux sont ornés de
feuilles.

Les croisillons comprennent chacun une travée et appartiennent à deux campagnes distinctes. Les arcades ouvertes
vers les collatéraux, de la même époque que la croisée,
sont semblables aux grands arcs qui l'encadrent. Les colonnes engagées dans les angles du mur occidental, et qui
étaient destinées à soutenir les voûtes projetées, peuvent
aussi être rattachées à cette série de travaux, car celles
qui portent les voûtes actuelles, bien qu'appartenant probablement encore au XIIe siècle, sont d'une date un peu
postérieure.

Le mur du fond est percé, dans le croisillon nord, d'une
fenêtre en tiers-point et, au sud, d'une baie en plein cintre
à deux boudins.

Deux chapelles orientées sont ouvertes dans le croisillon
septentrional : la première, qui fut élevée, dit-on, sur l'emplacement de la cellule où mourut saint Martin, encadrée
par une arcade basse, en plein cintre et surmontée d'une
fenêtre bouchée, se termine en hémicycle et conserve au
dehors tout son intérêt ; mais elle a été, à l'intérieur, complètement modernisée. La deuxième, un peu plus récente,
de forme rectangulaire, communique avec le croisillon par
une arcade en tiers-point portée sur des colonnes jumelles
munies de bagues. Elle est couverte d'une voûte à quatre
branches, dont les supports, formés de colonnettes d'angle,

reposent sur des statuettes-consoles ; les quatre liernes qui renforcent la voûte s'appuient contre les formerets, dont les clefs sont décorées de bustes. Des palmettes et des têtes ornent en outre les tailloirs. Le fond de cette chapelle est ajouré d'une fenêtre en tiers-point ; sur les autres faces, des arcatures sont portées sur des colonnettes à très petits tailloirs.

La chapelle unique du croisillon sud a été établie sur un plan très singulier, afin de constituer à l'extérieur un pendant aux deux chapelles que nous venons de décrire : elle comprend une salle rectangulaire dans laquelle s'ouvre, à l'est et contre le mur latéral du chœur, une absidiole en hémicycle.

Elle est couverte d'une voûte à huit branches et éclairée au sud par deux baies. Une colonne engagée dans le mur oriental reçoit un arc en plein cintre, sous lequel est percée une fenêtre de même tracé, et l'arcade, plus étroite et en tiers-point, qui donne accès dans l'absidiole. Celle-ci possède une voûte que soutiennent quatre branches d'ogives reposant sur des colonnettes en encorbellement et sur quatre autres nervures rejoignant les clefs de l'arcade d'ouverture et des formerets. La fenêtre qui l'éclaire, encadrée d'un boudin continu, est percée au fond d'une très courte travée, voûtée en berceau, qui lui sert d'embrasure.

Le chœur, qu'on peut dater du dernier quart du XIIe siècle, comprend une travée droite couverte d'une voûte à quatre branches d'ogives et quatre liernes. Au nord, deux baies, dont les voussures sont soutenues par des colonnes engagées et des colonnettes surmontées de chapiteaux sur lesquels se détachent des feuilles d'acanthe, ont été bouchées.

L'abside en hémicycle, encadrée par une arcade en tiers-point doublée, est ajourée de cinq fenêtres en plein cintre reposant sur des colonnes communes et des colonnettes, partant toutes de l'appui des baies, à chapiteaux ornés de palmettes très finement traitées. La voûte très bombée est portée sur six nervures soutenues par les colonnes communes des fenêtres.

La façade occidentale, flanquée de quatre contreforts et surmontée d'un vaste pignon qui limite le toit unique couvrant les trois nefs, est percée d'un portail sans tympan, dont les trois voussures reposent sur des colonnes d'angle. Au-dessus d'une corniche de petits arcs portés sur des figurines, passe une galerie ouverte par des arcades en plein cintre que soutiennent des faisceaux de colonnettes. La rose, dont le remplage a disparu et qui est actuellement bouchée, avait, comme nous l'avons vu, ses écoinçons inférieurs garnis de quarts de roses. Elle est encadrée d'un arc de décharge en tiers-point, dont le tympan est orné d'une niche tréflée. Le pignon est ajouré d'une étroite baie.

La partie centrale est encadrée par deux contreforts que contourne la galerie de circulation et dont les angles sont garnis de colonnettes s'arrêtant à ce niveau. Au-dessus, ces contreforts passent au plan d'un demi-octogone et leurs colonnettes sont surmontées de chapiteaux soutenant des arcs tréflés; ils sont amortis contre le pignon par des flèches octogones engagées de moitié. Au droit des collatéraux, les fenêtres en tiers-point sont encadrées de trois boudins portés sur six fûts élancés.

Les massifs qui garnissent les angles de la façade ont été surélevés au XVe siècle et couronnés d'une plate-forme portée sur mâchicoulis et munie de créneaux. Au contrefort de droite, de dimensions plus considérables et présentant l'aspect d'une véritable tour, l'angle sud-ouest de la partie primitive, largement abattu, fut ramené au plan rectangulaire, suivant une méthode habituelle dans la région et que nous avons déjà signalée, par un corbeau formé de six quarts de rond.

Les murs latéraux, percés de hautes baies en tiers-point, sont flanqués de contreforts amortis en bâtière. A la base du toit court une corniche garnie, au sud, de petits arcs dont les clefs sont ornées de têtes et portées sur des modillons à personnages.

Sur la face méridionale s'ouvrent, dans la deuxième travée, une porte en tiers-point et, dans la quatrième, une porte plus ancienne.

Au nord de la deuxième travée est appliqué, hors œuvre, un corps de bâtiment qui paraît être un peu postérieur à la nef et présente l'aspect d'une véritable façade.

Encadré, comme celui de l'ouest, entre deux massifs rectangulaires, il est percé, au rez-de-chaussée, d'une porte en tiers-point, à trois voussures moulurées, portées sur des colonnes dont les chapiteaux sont ornés de crochets fleuris, donnant accès à un porche qui abrite le portail principal de l'église.

Trois étages d'arcs aveugles garnissent le mur et contournent les contreforts : de chaque côté du portail, ils sont tréflés et encadrent des statues ; à l'étage intermédiaire, ils sont soutenus alternativement par des colonnettes et des consoles ; les arcs du troisième étage, sur colonnettes garnies de bagues, servent de niches à des statues surmontées de dais. Cette dernière galerie se trouve interrompue, dans sa partie centrale, par une fenêtre devant laquelle fut appliquée, au XV° siècle, une bretèche munie de créneaux, dont l'établissement nécessita la disparition de deux statues et la mutilation de plusieurs arcs de l'étage inférieur.

A la base des rampants du pignon, ajouré d'une baie en plein cintre, les contreforts furent surmontés, au XV° siècle, d'une plate-forme défensive.

La face ouest du bâtiment est percée d'une porte, tandis que la face orientale est ajourée d'une fenêtre.

A l'intérieur, le porche présente une disposition exceptionnelle, car, au centre, s'élève une colonne monolithe qui porte deux systèmes de voûtes en forme de coupoles, établis suivant les procédés, déjà décrits, de l'architecture angevine, mais incomplets vers les murs latéraux qui limitent

les nervures diagonales à leur point de rencontre avec les
branches encadrant les pendentifs, les clefs de ces dernières
branches étant en outre réunies aux angles du porche par
une nervure supplémentaire. Des motifs sculptés décorent
toutes les intersections des nervures, formées d'un simple tore,
qui retombent, le long des murs et dans les angles, sur des
colonnettes soutenues en encorbellement par des consoles.

Au fond du porche, le portail comporte cinq voussures
qui sont restées nues, sauf le segment gauche de la voussure inférieure qui a reçu une décoration de statuettes. Trois
arcs géminés, dont le central est tréflé et dont les retombées
communes sont portées dans le vide, soutiennent le tympan,
décoré de l'image du Christ entre quatre personnages. Les
piédroits sont, comme au Puy-Notre-Dame, garnis d'arcs
tréflés servant de niches à des statues : de petits anges encadrés par les trèfles portent des phylactères. Une corniche
continuant les tailloirs des supports de la voûte reçoit la
retombée des voussures.

Le soubassement sur lequel reposent les arcs est décoré de
niches où apparaissent des têtes finement traitées et des
rinceaux au-dessous desquels on remarque, à droite, un
cordon d'étoiles à quatre branches. Une décoration analogue se continue sur les murs de chaque côté du portail,
mais le soubassement n'a pas été sculpté.

Au-dessus du porche, se trouve une jolie chapelle de trois
travées, dédiée à saint Michel, couverte de deux croisées
d'ogives et d'une voûte en forme de demi-coupole identique
à celles des croisillons de l'église de Montsoreau.

Le croisillon nord et la chapelle rectangulaire qui le
flanque sont percés de fenêtres en tiers-point.

La chapelle Saint-Martin est éclairée d'une baie en plein
cintre doublée, dont les boudins continus sont dégagés,
comme on le voit fréquemment en Anjou, par un cordon de
petits bâtons brisés ; cette baie a été entamée lors de la
construction de la chapelle rectangulaire. L'absidiole en

hémicycle qui termine la chapelle est percée, au fond, d'une fenêtre en plein cintre, sans caractère, et, au nord, d'une baie de même tracé refaite au XV⁰ siècle et garnie d'un remplage flamboyant.

Les deux chapelles ont été surmontées, à la même époque, d'un grand mur nu percé d'archères, auquel on donna, au-dessus de la chapelle Saint-Martin, le plan polygonal.

La chapelle du croisillon sud est ajourée de deux fenêtres en plein cintre, de grandeurs inégales, dont la principale a reçu la même décoration que celle de la chapelle Saint-Martin. Elle a été aussi surmontée d'un étage défensif.

L'abside en hémicycle, percée de baies en plein cintre, moulurées à l'archivolte, est garnie de contreforts formés de deux massifs superposés de grosseurs décroissantes.

Les archevêques de Tours possédaient à Candes un petit château que Robert de Lenoncourt fit reconstruire vers 1485 et qui fut achevé sous Martin de Beaune. Il sert actuellement de gendarmerie et possède une jolie tourelle d'escalier octogone percée d'une porte qu'encadre un gâble en accolade. Des lucarnes à meneaux, surmontées de pignons aigus, garnissent le toit.

BIBLIOGRAPHIE. — Bourassé (Abbé): *Notice historique et archéologique sur l'église de Candes,* dans les *Mémoires de la Société archéologique de Touraine,* Tours. Mame. 1845. in-8⁰, p. 141-147. — Carré de Busserolle (J.-X.): *Dictionnaire géographique, historique et biographique d'Indre-et-Loire et de l'ancienne province de Touraine,* Tours, Bouillé-Ladevèze, 1878-1884, 6 vol. in-8°, t. II (1879), p. 7-11. — *Notice sur la ville et la collégiale de Candes,* Tours, Suppligeon, 1885, in-8⁰, 16 p. — Guibert de Gembloux: *Epistolæ,* éd. Martène et Durand: *Amplissima collectio,* t. I, p. 916-943 (Migne, t. CCXI, p. 1287-1312). — Mérimée (P.): *Notes d'un voyage dans l'ouest de la France.* — Quincarlet (Abbé Ed.): *Excursion de la Société archéologique à Candes, Montsoreau et Fontevrault le 11 mai 1885,* dans le *Bulletin de la Société archéologique de Touraine,* t. VI (1883-1885), Tours, Péricat, in-8⁰, p. 433-480.

FONTEVRAULT

C'est à la fin du XIe siècle que Robert d'Arbrissel, né en 1047, au diocèse de Rennes, établit sur le territoire de Fontevrault (*Fons Ebraldi*), appartenant alors aux seigneurs de Montreuil-Bellay, l'abbaye qui devait acquérir dans la suite une telle célébrité.

Ce monastère présentait un caractère tout particulier, par suite de la présence dans son enceinte de religieux des deux sexes, séparés du reste en quatre communautés distinctes : le Grand-Moutier était réservé aux religieuses ordinaires, Saint-Lazare aux lépreuses, la Madeleine aux pécheresses repenties, Saint-Jean-l'Évangéliste aux hommes. Ces derniers remplissaient seulement les fonctions de chapelains et c'est à une femme, Pétronille de Chemillé, que Robert confia le gouvernement général.

Cette constitution spéciale, résumée dans la formule : « monachi sunt inferne, monachæ superne », resta toujours en vigueur.

Le succès de la nouvelle fondation fut si rapide, qu'il nécessita tout aussitôt la construction de vastes bâtiments monastiques; mais Robert d'Arbrissel était mort depuis deux ans lorsque le pape Calixte II vint, en 1119, consacrer l'église abbatiale.

Pendant les siècles suivants, sous le sage gouvernement de ses abbesses, Fontevrault jouit d'une remarquable prospérité. Devenue chef d'ordre, l'abbaye imposa sa règle à de nombreux monastères. Les rois de la famille Plantagenet tinrent à honneur de la protéger, et plusieurs d'entre eux voulurent être inhumés dans son église. La décadence où elle tomba au XVe siècle fut arrêtée par l'énergie de l'abbesse réformatrice Renée de Bourbon, qui fit établir une clôture rigoureuse.

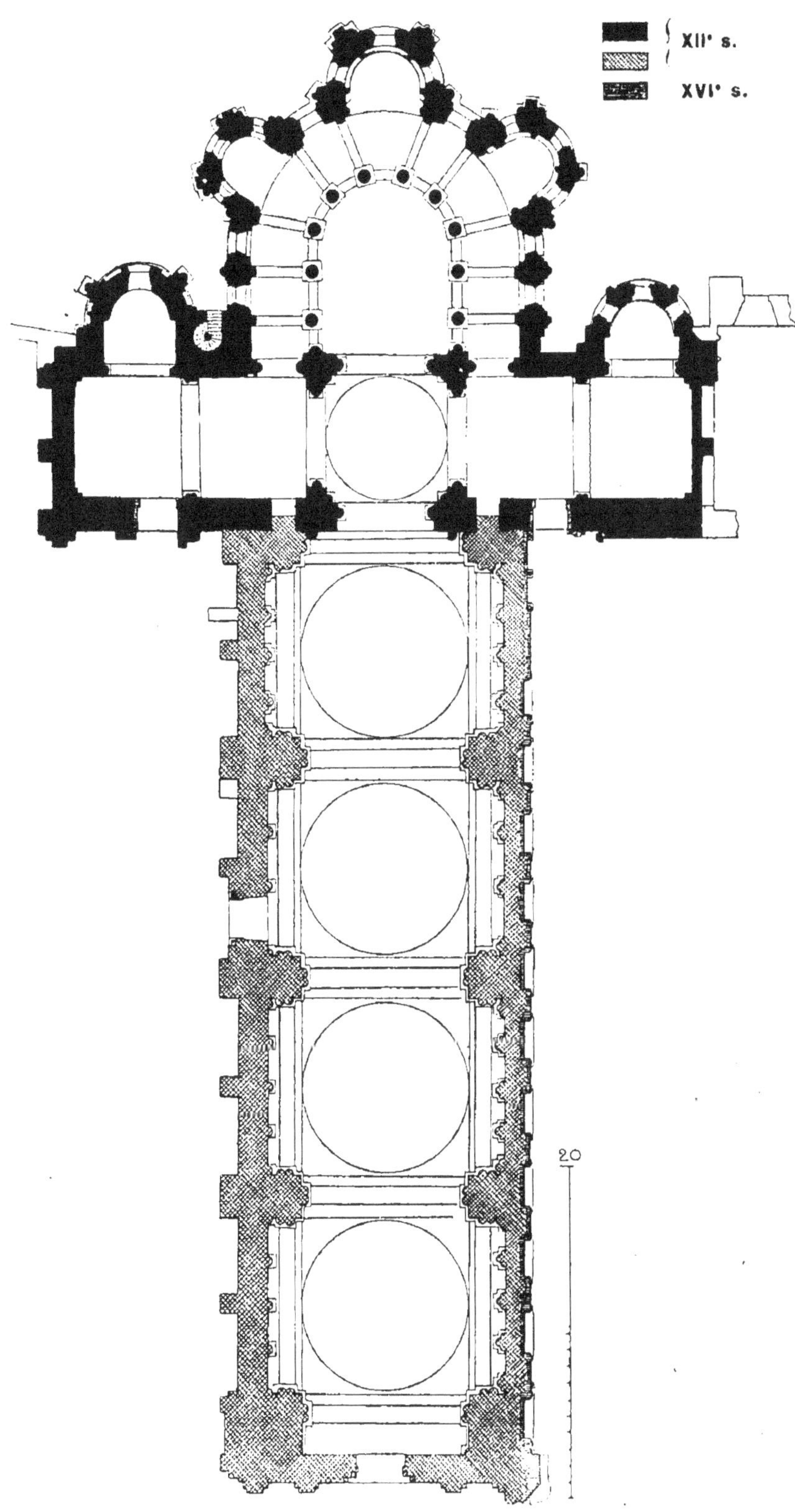

Relevé de M. L. Magne.   J. Hardion, del.

Plan de l'église de Fontevrault.

Pillé par les Huguenots en avril et en juillet 1562, le monastère resta néanmoins assez florissant jusqu'à la Révolution, et, parmi les abbesses les plus connues qui le dirigèrent pendant ces derniers siècles, il convient de citer en première ligne Gabrielle de Rochechouart-Mortemart, sœur de Mme de Montespan. Les bâtiments conventuels, envahis en 1793 par la populace qui les saccagea, furent en 1804 transformés en maison de détention.

Le vaste enclos de l'abbaye renferme encore, en dehors de nombreuses constructions annexes, le monastère principal et deux autres de moindre importance, en grande partie conservés.

L'entrée est constituée par une porte monumentale du XVIIe siècle.

Au nord-est de la cour qui fait suite à la porterie est située l'église abbatiale, monument qui occupe, dans l'histoire de l'architecture romane, une place à part en raison des coupoles qui constituent le voûtement de sa nef et de sa croisée.

Sa construction date de deux époques distinctes : il y a tout lieu d'admettre que le chœur et le transept sont ceux qui furent consacrés par le pape Calixte II ; quant à la nef, elle ne peut être antérieure au deuxième quart du XIIe siècle.

La nef unique, en contre-bas du sol extérieur, est couverte de quatre coupoles sur pendentifs en triangles sphériques, suivant le système habituel de l'architecture périgourdine. F. de Verneilh a cru pouvoir établir une corrélation entre la construction de ces coupoles et un voyage que les chefs de l'abbaye de Fontevrault firent à Angoulème en 1117 ; mais, quelque intérêt que puisse présenter ce rapprochement, il faut reconnaître que les influences pouvaient s'exercer d'un pays à l'autre de façons fort diverses.

Les coupoles, enlevées au moment où cette partie de l'église fut divisée en plusieurs étages par l'administration pénitentiaire, viennent d'être rétablies dans leur état primitif par les soins éclairés de notre éminent confrère M. Magne, inspecteur général des Monuments historiques, qui met sa science si scrupuleuse au service de la restauration de Fontevrault; quant aux pendentifs, ils ont été conservés intacts et sont formés, comme ceux de Saint-Front et de Saint-Étienne de Périgueux, d'assises horizontales posées en encorbellement, de façon à présenter une résistance à la poussée des calottes, sans exercer eux-mêmes une pression oblique sur leurs supports. Des doubleaux, en cintre brisé et à arêtes nues, lancés à travers la nef, et de grands arcs semblables, appliqués le long des murs latéraux, sont portés sur des colonnes jumelles engagées dans des piles rectangulaires. La décoration historiée des chapiteaux se continue sur les piles, ainsi que les tailloirs ornés de plusieurs rangs de damiers.

La partie inférieure des murs est garnie, dans chaque travée, de quatre arcs en plein cintre, dont les doubles voussures à arêtes nues reposent alternativement sur des colonnes engagées dans un dosseret et sur d'autres colonnes, également engagées, présentant en section la forme d'un trèfle. Les bases sont moulurées d'une gorge entre deux tores sur le même plan, les chapiteaux sont ornés de feuilles d'acanthe et d'entrelacs et les tailloirs profilés d'un filet et de deux cavets; un cordon de boutons de fleurs et de palmettes contourne les archivoltes. Sur la face nord, est percée la « porte papale », dont les bases ont conservé des traces de l'escalier descendant dans la nef. Au-dessus d'une corniche en biseau décorée de damiers, une galerie de circulation passe à l'appui des fenêtres géminées en plein cintre, portées sur des colonnes dont les chapiteaux ne sont pas surmontés de tailloirs.

Bien que les chapiteaux des arcs soient d'un style plus archaïque que ceux des fenêtres et des hautes colonnes, qui empiètent du reste sur plusieurs d'entre eux, il ne paraît pas possible d'admettre qu'on soit en présence d'une reprise et que les murs latéraux fassent partie d'un projet différent de celui qui a été exécuté. Les fondations, profondes pour les piles et assez superficielles pour les murs, qui ne constituent qu'une simple cloison, semblent bien prouver que l'état actuel a été prévu dès l'origine.

Le carré du transept, plus étroit que la nef, est encadré par quatre piles cruciformes, flanquées de colonnes engagées et d'une haute colonne d'angle, et reliées par des arcs doublés en cintre brisé. Derrière les piles de l'ouest, un étroit passage forme l'amorce des bas-côtés projetés de la première campagne.

La coupole qui le couvre, heureusement conservée, appartient à un type fort rare : alors que, dans la nef, les calottes n'ont pour rayon que la moitié du côté de la travée, celle de la croisée est établie, comme les pendentifs euxmêmes, suivant un rayon égal à la moitié de la diagonale du carré. Il résulte de ce fait que, dans cette coupole, la calotte ne se distingue pas de ses pendentifs et que les quatre grands arcs la pénètrent directement. Cette disposition présente une importance toute particulière, comme l'a exposé M. Berthelé dans ses savantes études sur l'architecture Plantagenet, car c'est évidemment d'elle que s'inspirèrent les constructeurs des coupoles sur nervures de Saint-Pierre et de Notre-Dame-de-Nantilly de Saumur, et dont on peut logiquement faire dériver toutes les voûtes en forme de coupoles sur quatre ou huit nervures qu'adopta l'architecture angevine dans sa première période.

Quant aux voûtes à ramifications compliquées, comme nous en avons vu à Saint-Jean de Saumur ou à Asnières, elles dérivent plutôt de la coupole sur pendentifs distincts, leurs nervures étant brisées pour suivre la courbe de la calotte.

Il paraît nécessaire d'attirer l'attention sur le procédé singulier qu'employa l'architecte en faisant porter la retombée des pendentifs sur les hautes colonnes logées dans les angles des piles.

Les croisillons, qui comptent deux travées, sont couverts d'une voûte en berceau soutenue par un doubleau légèrement brisé, qui retombe sur des colonnes jumelles engagées. A l'ouest, on remarque l'arcade étroite qui devait donner accès aux collatéraux projetés de la nef.

Sur la face orientale, à la suite de l'arc d'ouverture des bas-côtés du chœur, une chapelle est encadrée par un arc en plein cintre, dont la double voussure repose sur des colonnes jumelles couronnées de chapiteaux à palmettes ; elle comprend une courte travée droite et une absidiole en hémicycle percée de trois baies.

Au fond du croisillon sud, une fenêtre de la Renaissance est actuellement bouchée.

Le chœur, dont les dispositions générales rappellent celles de plusieurs grandes églises de la région de la Loire, telles que Saint-Benoit et Fontgombault, comprend une partie droite, couverte d'une voûte en berceau, et une abside en hémicycle surmontée d'un cul-de-four.

La partie droite est ouverte sur les bas-côtés par deux arcades dont la voussure, légèrement brisée, repose sur de hautes piles cylindriques surmontées de chapiteaux à corbeille nue, garnis d'arêtes sur leurs angles, qui rappellent ceux de Saint-Étienne de Nevers : au-dessus, passe une galerie de petits arcs en plein cintre portés sur colonnettes. Une fenêtre ajoure les parois de l'étage supérieur.

L'abside est encadrée par un arc reposant sur des pilastres que supportent des piles cylindriques semblables à toutes celles du chœur, alors que, dans la plupart des églises, des piles de dimension plus considérable marquent la naissance de la partie tournante. Elle communique avec le déambulatoire par sept arcades très étroites, et présente la même élévation que la partie droite ; elle n'était primitivement éclairée que par trois baies séparées par des arcs

Coupe en long de l'église de Fontevrault.

aveugles ; deux de ceux-ci furent ajourés à une époque postérieure.

Le déambulatoire est voûté en berceau annulaire dont les doubleaux, légèrement brisés, retombent vers l'extérieur sur des pilastres cantonnés de colonnes d'angle sans chapiteaux, simplement moulurés à l'imposte par un ressaut du cordon qui court à la base de la voûte. A l'entrée du déambulatoire et de chaque côté de la chapelle du chevet, ces pilastres sont remplacés par des colonnes engagées dont les bases sont garnies de griffes et les chapiteaux ornés de feuilles d'eau.

Les trois chapelles rayonnantes sont séparées par une travée qu'éclaire une fenêtre. Chacune de ces chapelles, voutée en cul-de-four, est percée de trois baies encadrées, dans la chapelle centrale et dans celle du nord, par des arcs retombant sur des colonnes.

Dans le déambulatoire est placée une clôture du XVIe siècle, provenant de l'ancien « cimetière des rois », dont nous allons parler.

Nous avons vu que plusieurs rois de la famille Plantagenet avaient choisi l'abbaye de Fontevrault comme lieu de leur sépulture. Six membres de cette famille y furent en effet enterrés : Henri II Plantagenet, roi d'Angleterre, mort à Chinon en 1189 ; son fils, Richard Cœur de Lion, blessé à mort le 26 mars 1199 au siège de Chalus en Limousin, et dont le corps fut apporté à Fontevrault le 27 septembre de la même année ; Jeanne d'Angleterre, fille de Henri II et d'Éléonore de Guyenne, qui naquit en 1165, épousa en premières noces Guillaume, roi de Sicile, puis Raymond VI, comte de Toulouse, et mourut le 27 septembre 1199 ; Éléonore de Guyenne, dont on connaît la vie mouvementée ; après avoir épousé successivement Louis VII de France et Henri II d'Angleterre, à qui elle apporta ses riches domaines, elle se retira à Fontevrault où elle mourut en 1204 ; Isabelle d'Angoulème, femme de Jean sans Terre, puis de

Hugues X, comte de la Marche, qui mourut en 1246 ; enfin, Raymond VII, le dernier membre de la famille des comtes de Toulouse, fils de Raymond VI et de Jeanne d'Angleterre, qui naquit à Beaucaire en 1197 et mourut en 1249.

On ignore la situation exacte qu'occupaient primitivement les tombeaux ; mais, lorsque l'abbesse Renée de Bourbon établit, le 20 juin 1504, une grille de clôture entre la nef et le transept, le « cimetière des rois » fut transporté contre le pilier occidental, à l'entrée du croisillon nord. En 1638, l'abbesse Louise de Bourbon-Lavedan réunit les tombeaux dans un mausolée unique, où prirent place les quatre gisants de Henri II, Richard, Éléonore de Guyenne et Isabelle d'Angoulême ; des statues de marbre représentant Jeanne d'Angleterre et Raymond VII à genoux complétèrent cet ensemble.

Les bandes qui saccagèrent Fontevrault sous la Révolution n'épargnèrent pas le mausolée : elles détruisirent les priants, mais se contentèrent de marteler les statues, qui avaient déjà échappé aux innovations du XVIIᵉ siècle. Les tombeaux, placés au XIXᵉ siècle dans un cellier, puis dans la tour d'Évrault, ont été, à plusieurs reprises, l'objet de démarches de la part du gouvernement anglais, désireux de leur donner une place d'honneur à l'abbaye de Westminster ; mais l'opposition des Sociétés scientifiques de l'Anjou et les protestations de l'opinion publique ont toujours empêché les négociations d'aboutir. Transportés à Paris en 1846, ramenés à Fontevrault en septembre 1849, ils restèrent, pendant quelque temps, déposés dans une galerie du grand cloître ; ils occupent actuellement, dans l'église, l'absidiole du croisillon méridional.

Trois de ces statues sont en pierre ; celle d'Isabelle est en bois. Ce sont de remarquables spécimens de l'art français de la fin du XIIᵉ et du début du XIIIᵉ siècle. Malheureusement, les mutilations qu'elles ont subies, jointes aux couches de peinture qu'elles reçurent au XVIIIᵉ et au XIXᵉ siècle, empêchent d'en apprécier tout le mérite.

A l'extérieur, la façade occidentale de l'église est percée
d'un portail qui était, jusqu'à ces dernières années, dissi-
mulé par un placard du XVIIe siècle, mais qui a pu être
fidèlement restitué d'après d'indiscutables témoins encore
en place : il est formé de quatre voussures en plein cintre,
à arêtes nues, dont l'arc intérieur repose sur des piédroits, et les autres sur six colonnes surmontées de chapiteaux historiés que couronnent des tailloirs ornés de rinceaux ; d'autres rinceaux décorent les entre-colonnements et
contournent l'archivolte. Au-dessus du portail, une grande
baie, qui n'était qu'aveuglée et qu'il a suffi de déboucher
pour la remettre dans son état primitif, présente un arc nu,
encadré de trois voussures, dont la première est seule ornée
d'entrelacs ; quatre colonnes d'angle les soutiennent : leurs
chapiteaux sont finement décorés, ainsi que les tailloirs qui
forment cordon sur le mur et l'archivolte.

Les quatre contreforts doublés, appliqués contre la façade,
s'arrêtent au niveau de l'étage supérieur refait au XVe
siècle ; il est orné de deux niches géminées, surmontées de
moulures en accolade, et encadré de deux tourelles octogones.

Les faces latérales sont flanquées, au droit de chaque
pile, de puissants contreforts alternant avec d'autres plus
faibles. Les fenêtres, en plein cintre, sont encadrées de
deux voussures à arêtes nues ; l'arc intérieur retombe sur
des colonnettes dont les chapiteaux sont surmontés de
tailloirs ornés d'entrelacs et de palmettes se continuant en
cordon sur le mur. La corniche qui supporte le toit repose
sur des modillons non sculptés. Au nord de la cinquième
travée, une porte est surmontée de deux bas-reliefs. Le fond
des croisillons, encadré de contreforts, est en outre renforcé d'un contrefort central ; des colonnes engagées sont
appliquées contre les absidioles orientées.

Sur la croisée, une belle tour carrée du XIIIe siècle,
garnie de colonnettes d'angle, est percée sur chaque face
de deux baies en tiers-point.

Les trois chapelles rayonnantes qui entourent le déambulatoire sont séparées par des travées ajourées d'une baie; elles sont flanquées de contreforts rectangulaires cantonnés de colonnes, ou bien de simples colonnes engagées; les fenêtres qui les éclairent sont surmontées d'un rang d'arcatures. Une modification fut apportée dans la construction de la chapelle centrale au niveau de l'appui des fenêtres, car les contreforts ont été achevés sur un plan différant sensiblement de celui qui avait été adopté à l'origine. La corniche du déambulatoire est formée de petits arcs sur modillons, dont les clefs sont garnies de têtes.

L'étage supérieur de l'abside est percé de baies ne possédant qu'un cordon mouluré à l'archivolte et ses contreforts-colonnes soutiennent, avec un rang de modillons sculptés, la tablette qui le couronne.

Le long de la face ouest du croisillon septentrional, subsistent trois travées d'une galerie du XVe siècle couverte de voûtes d'ogives, dont les nervures reposent sur des consoles. Une de ces travées est ouverte par deux portes géminées en anse de panier, encadrées de gâbles en accolade et réunies sous un arc en plein cintre dont le tympan a reçu une décoration flamboyante assez originale.

Le grand cloître situé au sud de l'église date en entier du XVIe siècle et, malgré certaines lourdeurs de décoration, présente un aspect réellement imposant.

La galerie méridionale, qui a été élevée la première, encore gothique d'inspiration, est ajourée d'arcades à moulures continues et voûtée d'ogives. L'abbesse Louise de Bourbon commença par l'est, en 1548, la reconstruction des autres galeries, également voûtées d'ogives, mais entièrement inspirées par ailleurs des principes de la Renaissance : les arcades en plein cintre retombent sur des pilastres classiques et, à l'extérieur, les contreforts sont formés de colonnes jumelles ioniques, posées sur un stylobate élevé et soutenant une saillie de l'entablement. Un étage de même caractère n'a été édifié qu'au-dessus de l'angle nord-est ; peut-être était-il projeté sur les quatre côtés.

Au milieu de la face orientale, une lucarne, d'une décoration assez riche mais qui manque de finesse, porte les armes de Bourbon et, dans le fronton, un bas-relief représente l'Annonciation. Dans l'angle sud-ouest, un lavabo, commencé en 1558, achevé en 1565 et détruit dans la suite, était orné de cinq figures de plomb représentant le baptême du Christ.

La salle capitulaire, dont la première pierre fut posée en 1539, n'a été achevée qu'en 1547 ; elle est couverte de six voûtes d'ogives reposant sur deux colonnes isolées, dont les chapiteaux sont inspirés du type corinthien. Elle ouvre sur la galerie orientale par une porte, encadrée de niches et surmontée d'une frise, dont le caractère décoratif ne peut faire oublier la sécheresse que lui a si justement reprochée L. Palustre : des cartouches, suspendus au milieu d'arabesques, portent la date de 1543. De chaque côté, deux fenêtres de 1541 ont leurs voussures ornées de caissons et retombent sur des colonnes jumelles. Des fresques exécutées de 1565 à 1570 par Thomas Pot représentent plusieurs scènes de la vie de Notre-Seigneur et de la Vierge. Quelques portraits d'abbesses ont été ajoutés aux XVIIe et XVIIIe siècles.

Contre la face méridionale du cloître, s'étend le réfectoire, de proportions considérables, qui date également du XVIe siècle. Sa voûte est soutenue par dix croisées d'ogives à liernes ; la première est en outre renforcée de tiercerons ; les retombées sont portées sur des consoles ornées de feuillages.

Contiguë au pignon occidental du réfectoire, s'élève une construction du XIIe siècle connue sous le nom de Tour d'Évrault : ce célèbre édifice, dont la destination resta longtemps obscure, après avoir été successivement pris pour la demeure du brigand Évrault et pour une chapelle funéraire, fut enfin reconnu, d'une façon incontestée, comme étant la cuisine de l'abbaye.

Parmi le petit nombre de monuments de cette espèce, datant du moyen âge, qui nous ont été conservés, il n'en est pas d'une époque aussi reculée, de dimensions aussi vastes,

Relevé de M. L. Magne.   J. Hardion, del.

Cuisine de l'abbaye.

ni d'une structure aussi savante. On peut lui comparer l'ancienne cuisine de Marmoutier, aujourd'hui détruite, mais qui nous est connue par un dessin du *Monasticon Gallicanum*.

Cette construction présente le plan d'un octogone dont chaque pan est flanqué d'une absidiole ; trois de celles-ci ont disparu, mais leurs fondations furent retrouvées dans des fouilles récentes.

A l'intérieur, chaque pan est percé d'une arcade à double voussure légèrement brisée, portée sur des colonnes engagées dont les chapiteaux sont ornés de feuilles plates, encadrant les absidioles qui constituent les foyers. Les hémicycles sont ajourés d'une petite baie en plein cintre et les culs-de-four qui les couvrent sont surmontés d'un tuyau.

L'étage supérieur passe au plan carré au moyen de quatre grands arcs reposant sur des colonnes d'angle, dont les tailloirs sont cruciformes pour épouser leur retombée : des colonnes, plus élevées, sont logées dans les angles alternant avec les premiers et reçoivent de petits arcs en quart de cercle qui viennent buter contre le sommet des grands arcs déjà signalés et qui laissent, entre eux et le mur, un espace libre constituant les coffres de cheminées situées au-dessus de celles des foyers. D'autres arcs, bandés dans les angles et derrière lesquels des cheminées étaient encore ménagées, ramènent l'étage carré au plan d'un octogone servant de base à la haute pyramide à huit pans qui couronne l'édifice et qui forme elle-même la cheminée centrale.

A l'extérieur, les absidioles sont séparées par des contreforts-colonnes soutenant un mur amorti en glacis, qui constitue, de deux en deux piles, la culée des petits arcsboutants intérieurs.

Au-dessus d'une corniche ornée d'arcatures, un glacis à plusieurs ressauts porte la pyramide, garnie d'imbrications, dont l'orifice supérieur est surmonté d'un lanternon, reconstruit au XIIIe siècle, qui servait de mitre à la cheminée.

Tous les autres tuyaux extérieurs ont été détruits.

Du petit monastère Saint-Benoit, situé à l'est du grand cloître, il ne reste qu'une partie de l'église du XIIe siècle, transformée aujourd'hui en brasserie, et dont le sol a été considérablement surhaussé.

La nef ne comprend plus que deux travées dont les voûtes sont portées sur des croisées d'ogives moulurées d'un filet entre deux tores, séparées par des doubleaux à deux voussures en cintre brisé et encadrées de formerets ; les supports sont constitués par des piles flanquées d'une colonne engagée et cantonnées de cinq colonnettes.

Dans chaque travée, sont percées deux fenêtres en plein cintre, supportées par des colonnettes dont les chapiteaux sont dépourvus de tailloirs. L'abside en hémicycle est encadrée d'un arc doublé, en tiers-point, dont les arêtes sont moulurées de boudins dégagés du bandeau par un rang de demi-disques. Elle est couverte d'une voûte à six branches profilées d'un tore entre deux cavets.

Le monastère Saint-Lazare, au sud-est du grand moutier, possédait également tous les lieux réguliers ; il sert actuellement d'infirmerie.

Son cloître, resté intact, ne date que du XVIIe siècle ; mais il subsiste, du XIIe siècle, une chapelle de quatre travées, dont les voûtes sont supportées par des nervures retombant sur des colonnes engagées. Elle est éclairée par des baies en plein cintre, contournées d'une moulure à l'archivolte, et terminée par un chevet plat.

ÉGLISE PAROISSIALE

L'église paroissiale, dédiée à saint Michel, date en grande partie de la fin du XIIe siècle, à l'exception de la première travée de la nef, construite au XVe et qui est couverte d'une voûte dont les branches d'ogives et les doubleaux, formés d'un tore à filet, retombent en pénétration au-dessus des chapiteaux à feuillages, surmontés de tailloirs octogones, qui couronnent une colonne et deux colonnettes reposant sur des socles prismatiques.

Les deux travées suivantes, restées intactes, ont des
voûtes portées sur croisées d'ogives et quatre liernes profilées en simple boudin ; les clefs des formerets sont ornées de
têtes. Les doubleaux, formés de cinq voussures moulurées,
retombent, avec les nervures, sur des colonnes dont les
chapiteaux sont surmontés de tailloirs décorés.

Au nord de la dernière travée, une chapelle voûtée d'o-
gives a été ajoutée au XV⁰ siècle.

Le chœur rectangulaire ne comprend qu'une travée ; sa
voûte est à huit nervures et deux branches supplémentaires
limitent, dans les angles du chevet, les pendentifs soutenant la partie centrale. Les colonnes qui reçoivent les retombées possèdent des chapiteaux ornés de feuilles d'acanthe et des tailloirs décorés d'anges.

L'église Saint-Michel s'est enrichie de plusieurs objets
d'art provenant de l'abbaye : le maître-autel, exécuté **en**
1621 par l'architecte manceau Gervais Delabarre ; un
certain nombre de tableaux, parmi lesquels il faut citer **une**
Passion du XVI⁰ siècle, un Christ, une Flagellation, **une**
Résurrection de Lazare, du XVII⁰ siècle.

CHAPELLE SAINTE-CATHERINE

La très curieuse chapelle funéraire Sainte-Catherine, qui
s'élevait autrefois au milieu du cimetière, a été construite
vers 1225 par Ala, duchesse de Bourgogne ; elle sert actuellement de grenier à fourrage. Au-dessus d'une salle basse,
la chapelle, de forme octogone, est couverte d'une voûte
angevine à seize nervures.

A l'extérieur, elle fut surmontée, au XV⁰ siècle, d'une
lanterne octogone ouverte par des arcades tréflées.

BIBLIOGRAPHIE. — Berthelé (Jos.) : *L'architecture Plantagenet,*
dans les *Recherches pour servir à l'histoire des arts en Poitou,*
Melle, 1889, in-8⁰, p. 111-160, et le *Congrès archéologique de France,*

LXXe session, Poitiers, 1903, p. 234-275. — Bodin: *Recherches historiques sur quelques monuments anciens de l'abbaye de Fontevrault*,
Saumur, 1810, in-8°, xvi-78 p., pl. — Bosseboeuf (L.-A.): *Fontevrault,
son histoire et ses monuments*, Tours, s. d., in-8°, 104 p. — Caumont
(A. de), dans le *Bulletin Monumental*, 1867, p. 73-77. — Courajod

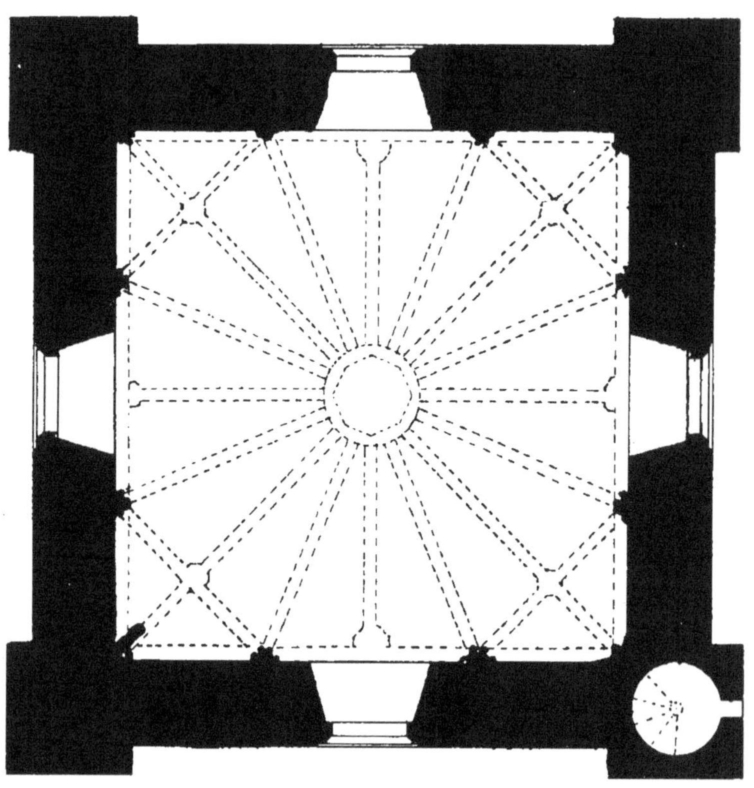

Plan de la chapelle Sainte-Catherine.

(Louis): *Les sépultures des Plantagenets à Fontevrault*, dans la
Gazette des beaux-arts, 1er décembre 1867: Paris, 1867, gr. in-8°,
21 p. — Édouard [Biron (Arm.)]: *Fontevrault et ses monuments*,
Paris, 1874-1875, 2 vol. in-8°, 614 et 367 p. — Espinay (G. d'): *Notices
archéologiques ; l'abbaye de Fontevrault*, dans la *Revue historique,
littéraire et archéologique de l'Anjou*, 1876, t. I, p. 113-128, pl. —
*Les statues de Fontevrault et la Société d'agriculture, sciences et
arts d'Angers (1866-1867)*, dans les *Mémoires de la Société*, 5e série,

Coupe de la chapelle Sainte-Catherine.

t. V, 1902, p. 175-182. — Godard-Faultrier: *Les statues de Fontevrault*, dans les *Mémoires de la Société d'agriculture d'Angers*, t. V, 1842-1846, p. 348. — *Commune de Fontevrault; l'abbaye et Robert d'Arbrissel*, dans le *Répertoire archéologique de l'Anjou*, [t. III], Angers, 1861. in-8°, p. 193-223. — *Congrès archéologique à Saumur*, dans le *Répert. arch.*, 1862, p. 209-253. pl. II et III. — *Les statues de Fontevrault*, dans le *Répert. arch.*, 1866, p. 360-377. — *La tour d'Évrault à Fontevrault ; nouvelles archéologiques*, Angers, s. d., in-8°, 10 p. — Joubert (Joseph): *Le dernier lieu de repos des rois angevins*, dans les *Mémoires de la Société d'agriculture d'Angers*, 5e série. t. VI. 1903. p. 125-163. — Lenoir (Albert): *Architecture monastique*, Paris, 1856, 3 vol. in-4°, t. II. p. 476-477, fig. 551. — Malifaud (G.): *L'abbaye de Fontevrault; notices historiques et archéologiques*. Angers. 1866, gr. in-8°, 88 p.— Marchegay: *L'abbaye et les sépultures de Fontevrault*, dans la *Revue de l'Anjou*, t. III, 1854, p. 129-135. — Nicquet: *Histoire de l'ordre de Fontevrault*, 1642. in-4°. — Palustre (Bernard) : *Essai sur la réforme de l'ordre de Fontevrault (1459-1641)*, dans les *Positions des thèses de l'École des Chartes*, 1897. — Pavie (Vict.): *Westminster et Fontevrault*, dans les *Mémoires de la Société d'agriculture d'Angers*, t. IX, 1866, p. 229-237. — Port (C.): *Dictionnaire de Maine-et-Loire*, t. II, p. 167-173. — *Protestation contre l'enlèvement des statues de Fontevrault*, dans le *Répert. arch.*, 1867, p. 31-59. — Urseau (Ch.): *Les statues de Fontevrault: réclamations de l'Angleterre en 1817 et 1819*, dans les *Mémoires de la Société d'agriculture d'Angers*, 5e série, t. IX, 1906, p. 61-74. — Verneilh (F. de): *L'architecture byzantine en France*, Paris. 1852, in-4°, p. 275-283, pl. XV et XVI. — *Excursion à Fontevrault, Candes et Chinon*, dans le *Congrès archéologique de France*, XXIXe session, Saumur, 1862, p. 188-199. — *Influences byzantines en Anjou, Ibid.*, p. 315. — Viollet-le-Duc: *Dictionnaire de l'architecture française*, t. I, p. 171-172, fig. 6-7; t. IV, p. 466-470, fig. 7-9. — *Cartulaire de l'abbaye de Fontevrault*, XIIe s., Bibl. nat., nouv. acq. lat. 2414.

SECONDE EXCURSION

ASNIÈRES, LE PUY-NOTRE-DAME, MONTREUIL-BELLAY

Par M. A. RHEIN.

Le chemin qui, après s'être détaché de la route de Saumur à Doué-la-Fontaine, conduit à l'abbaye d'Asnières, traverse le petit village de Cizay-la-Madelaine *(Siziacus, Curia de Sizeio)*, dont l'église, en partie reconstruite de 1863 à 1865, possède encore un chœur de deux travées, du XIIIᵉ siècle, terminé par un chevet plat : les quatre nervures, simplement moulurées d'un tore, de ses voûtes bombées retombent, avec le doubleau brisé, à arêtes nues, et les formerets, sur une colonne engagée et des colonnettes surmontées de chapiteaux à crochets. Au nord de l'église, la tour, de la même époque, percée sur chaque face de deux baies, est couverte d'une flèche octogone du XVᵉ siècle, dont les pans correspondant aux angles du clocher sont percés de lucarnes, suivant une disposition assez fréquente dans la région.

ASNIÈRES

La terre d'Asnières *(Asinaria, Asneriæ)* appartenait au XIᵉ siècle aux puissants seigneurs de Montreuil. L'un d'eux la céda, vers le milieu de ce même siècle, aux moines de Saint-Nicolas d'Angers. Cette donation ne paraît pas avoir été suivie d'effet, car, vers 1114, saint Bernard de Tiron, disciple de Robert d'Arbrissel, qui avait récemment institué au diocèse de Chartres le monastère dont il porte le nom, établit à Asnières quelques religieux.

Érigée en abbaye en 1129, cette nouvelle fondation reçut en 1133 de grands privilèges de Giraud Berlay, seigneur de Montreuil. Quatre ans plus tard, celui-ci dut indemniser les moines de Saint-Nicolas qui, se souvenant de la donation précédemment octroyée, faisaient valoir leurs droits sur le domaine. Giraud voulut à ce moment imposer à Asnières le nom, plus noble, de Clairefontaine ; mais l'ancienne appellation resta dans l'usage.

Après une longue période de prospérité où elle devint une des plus importantes abbayes du petit ordre de Tiron, Asnières tomba, au XVI⁵ siècle, dans une profonde décadence. Ses bâtiments, ravagés par les Huguenots en 1569, ne furent plus occupés que par un petit nombre de moines. Six religieux seulement l'habitaient en 1650 ; ce chiffre s'étant encore trouvé réduit dans la suite, un concordat, passé en 1746, réunit l'abbaye au collège des Jésuites de La Flèche.

Vendu à la Révolution, le domaine fut morcelé au XIX⁵ siècle et l'église eut le malheur de tomber entre les mains de propriétaires inconscients qui détruisirent sa nef vers 1853. Le chœur et le transept, transformés en grenier à foin, laissés dans un état de lamentable abandon, allaient sans doute, en 1901, subir le même sort, lorsque la Société artistique des Amis des Monuments de la Loire réussit à en faire l'acquisition et put les conserver pour le plus grand profit de l'art et de l'archéologie.

Comme on peut le constater par les vestiges encore subsistants, la nef devait dater du début du XIII⁵ siècle ; elle n'avait pas de collatéraux et était couverte de voûtes portées sur des branches formées d'un tore. Pour les parties intactes, la marche des travaux est très facile à suivre : le croisillon sud une fois élevé au début de la seconde moitié du

XIIe siècle, on continua la construction du transept, dont le croisillon nord ne doit pas être antérieur à l'an 1200. Enfin le chœur peut être attribué au premier quart du XIIIe siècle.

Les piles de la croisée sont cruciformes et cantonnées de colonnes engagées et de colonnes d'angle dont les bases sont munies de griffes. Au sud, les chapiteaux sont, comme dans le croisillon adjacent, garnis de feuilles plates nervées et leurs tailloirs moulurés d'un filet, d'une baguette et d'un cavet, tandis qu'au nord ils sont semblables à ceux du croisillon du même côté : les feuilles qui les décorent forment crochets et leurs tailloirs sont ornés de rinceaux de feuillages.

Les grands arcs en tiers-point à double voussure ont leurs arêtes moulurées, sauf le bandeau inférieur de l'arc méridional.

Autour de la clef de voûte, percée d'un œil, rayonnent quatre branches d'ogives et quatre liernes formées chacune d'un boudin. Des figurines garnissent toutes les jonctions et notamment la retombée des liernes sur les formerets qui contournent les grands arcs.

Le croisillon méridional est, comme nous l'avons vu, la partie la plus ancienne de tout l'édifice : sa voûte est portée sur quatre fortes nervures à épannelage rectangulaire, moulurées de boudins, dont la clef ne porte aucune décoration : elles reposent, avec les formerets appliqués seulement contre l'arc d'ouverture et le mur du fond, sur des colonnes dont les chapiteaux sont ornés de feuilles d'eau. A l'ouest, deux baies, en plein cintre et à arêtes nues, sont percées au-dessus d'un cordon de ces petits chevrons si répandus au XIIe siècle dans l'architecture angevine (cathédrale d'Angers, cathédrale et la Couture du Mans, etc.). Sur la face orientale, une étroite arcade en tiers-point sur colonnettes d'angle donne accès dans le collatéral du chœur; elle est suivie d'une arcade plus grande, reposant sur des colonnes

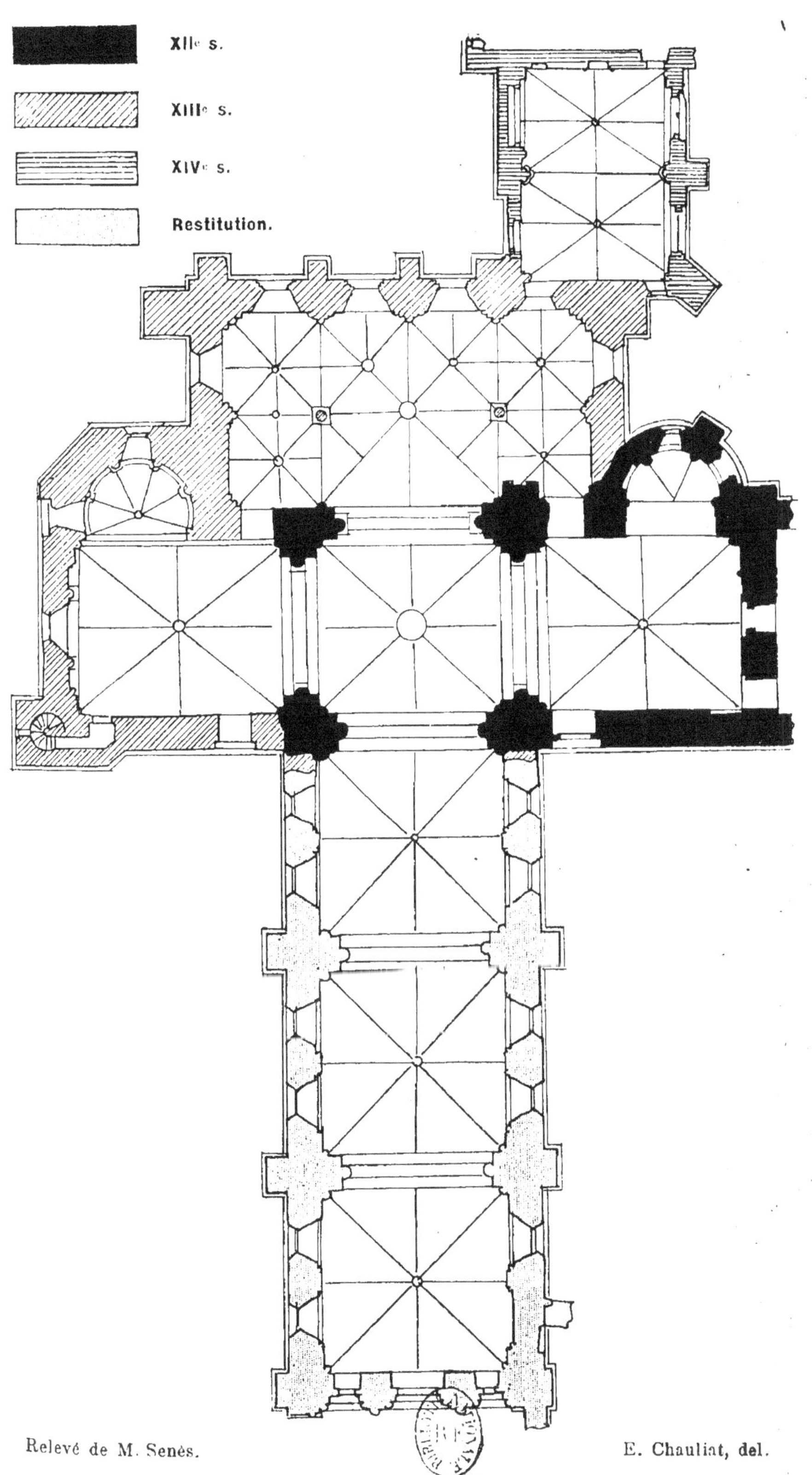

Plan de l'église d'Asnières.

à chapiteaux garnis de feuilles recourbées en volutes. La chapelle que cette dernière encadre comprend une courte travée droite voûtée en berceau brisé et une absidiole en hémicycle, dont l'arcade est moulurée d'un filet entre deux tores, et la voûte est portée sur deux boudins s'appliquant contre l'arc de tête ; à l'appui des deux fenêtres et d'une arcade aveugle, court un cordon de chevrons.

Le croisillon nord est postérieur à la croisée ; les quatre branches d'ogives et les quatre liernes, profilées en boudin, retombent sur de hautes colonnettes et possèdent une belle clef commune décorée de l'image du Christ entre deux anges ; d'autres figures d'anges ornent la rencontre des liernes avec les formerets. Sur les faces ouest et nord, une grande baie en plein cintre, contournée d'un boudin, est accostée de deux arcs aveugles de plus petite dimension. A l'est, une arcade en tiers-point sans moulure ouvre sur le chœur et une seconde, en plein cintre, encadre une absidiole en hémicycle couverte d'une voûte à sept branches, dont l'une vient buter contre la clef de l'arc d'ouverture ; des colonnettes, dont la base repose sur un cordon mouluré, soutiennent la retombée de ces nervures et des cinq formerets en plein cintre. Deux fenêtres de même tracé éclairent l'absidiole.

Le chœur, du début du XIIIᵉ siècle, forme une vaste salle rectangulaire divisée en deux travées et en trois nefs d'égale hauteur. Cette dernière disposition se rencontre fréquemment à la même époque dans les églises de la région et nous la retrouverons au Puy-Notre-Dame, à Candes et à Saint-Serge d'Angers. Le dernier de ces trois monuments est celui auquel le chœur d'Asnières peut être le plus justement comparé : ils présentent tous deux le parti le plus élégant qu'aient jamais adopté les architectes de cette école. Une structure très savante s'y trouve unie à une grande hardiesse de conception et le problème si délicat de la butée des voûtes y a reçu une solution particulièrement heureuse, qui

évite l'emploi d'arcs-boutants et semble une survivance des
procédés poitevins de l'époque romane. L'élévation égale
donnée aux trois nefs permet, en effet, aux voûtes des collatéraux de contre-buter efficacement la poussée du vaisseau
central, tandis qu'elles sont elles-mêmes directement maintenues par de puissants contreforts extérieurs.

Deux minces colonnes en délit, dont les bases sont garnies de griffes, et les chapiteaux à crochets sont surmontés
de tailloirs moulurés, séparent les trois nefs et reçoivent les
nervures de leurs voûtes qui retombent, le long des murs et
dans les angles, sur de hautes colonnettes. La voûte du
vaisseau central appartient au même type que celle, déjà
décrite, couvrant le chœur de Saint-Jean de Saumur, mais
les branches secondaires qui circonscrivent le carré retombent de chaque côté sur les colonnes isolées; de plus,
les deux voûtains encadrant les fenêtres du chevet et ceux
qui leur sont tangents vers les collatéraux ont seuls leur
ligne de faîte renforcée d'une nervure. Les deux travées des
bas-côtés sont couvertes de voûtes à quatre branches
d'ogives et quatre liernes à simple tore; des formerets
semblables sont appliqués contre les murs. Toutes les intersections sont décorées de clefs très finement traitées et
rehaussées de peintures; elles représentent différentes
scènes de la vie de Notre-Seigneur.

Le chevet est ajouré de quatre fenêtres en tiers-point,
encadrées d'un boudin sur colonnettes; les murs latéraux
sont percés, à la deuxième travée, d'une baie semblable et
garnis, à la première, d'une arcade aveugle. Notons, sur le
mur méridional de la première travée, un cordon de chevrons identique à celui du croisillon contigu.

Lors de l'acquisition de l'église par la Société des monuments de la vallée de la Loire, qui l'a sauvée de la ruine,
trois autels étaient encore en place; peu de temps après,
des fouilles, pratiquées dans les décombres, firent découvrir
la vaste dalle consacrée qui formait le maître-autel.

Plusieurs tombes ont également été conservées, comme la statue gisante que l'on croit être celle du premier abbé, Bernard, moine de Tiron ; une pierre tombale double du XVᵉ siècle qui couvrit les corps d'un abbé et d'un chantre ; la pierre de Guillaume, onzième abbé. Sur les murs, plusieurs inscriptions indiquent les endroits où furent déposés les corps de quelques seigneurs, bienfaiteurs de l'abbaye.

Des carreaux émaillés, où les dessins se détachent en jaune sur fond brun, pavent encore en partie le chœur et ses collatéraux ; ils décrivent une rosace devant le maître-autel.

Une porte, percée au XIVᵉ siècle sous la dernière fenêtre de droite du chevet plat, conduit dans une chapelle ajoutée à la même époque et connue sous le nom de chapelle de l'abbé. C'est un charmant oratoire de deux travées ; les nervures des voûtes, moulurées d'un tore à filet entre deux gorges et deux baguettes, retombent, dans les angles, sur des consoles et, au milieu des murs latéraux, ainsi que le doubleau de profil semblable et les formerets, sur un faisceau de supports répondant à la mouluration des nervures et constitué par une colonne à filet et deux colonnettes reliées par des gorges. Les chapiteaux sont ornés de deux rangs de feuillage et surmontés de tailloirs octogones.

Au sud s'ouvrent deux fenêtres dont le remplage décrit deux arcs tréflés et trois quatre-feuilles encadrés dans des quadrilatères curvilignes.

Au-dessus de l'autel, une niche tréflée, surmontée d'un gâble et flanquée de pinacles, formait retable.

Dans la deuxième travée, contre le mur nord, un enfeu du début du XVᵉ siècle, dont le tombeau a disparu, est encadré d'un gâble aigu, accosté de pinacles, orné sur ses rampants de crochets retroussés et garni d'un remplage qui décrit, au-dessus d'un arc tréflé dont chaque redent contient un triangle curviligne, un cercle quadrilobé cantonné de mouchettes et surmonté d'un soufflet renversé.

Sur le transept, une tour carrée du XIIIe siècle est percée sur chaque face de deux baies en tiers-point, dont les trois voussures moulurées retombent sur six colonnettes ; les extrémités de chaque pan sont en outre garnies d'un arc de même tracé que les fenêtres, dont la retombée extérieure est portée sur une console placée à l'angle même de la tour. Quelques restaurations y furent effectuées au XVIIe siècle, car on y voit figurer les armes de l'abbé Verdier avec la date de 1633.

Le chœur, éclairé de fenêtres en tiers-point simplement garnies d'une moulure à l'archivolte, est flanqué au chevet de quatre larges contreforts à glacis. Le pignon unique qui le surmonte, ajouré d'une petite baie, dépasse sensiblement le toit actuel, établi au XVIe siècle sur les reins mêmes des voûtes, après les ravages exercés par les Huguenots.

La chapelle, appliquée au XIVe siècle contre le chevet, est munie aux angles de contreforts biais ; ses fenêtres, dont nous avons précédemment décrit le remplage, sont encadrées de colonnettes à chapiteaux ornés de deux rangs de feuilles.

La salle capitulaire, qui remontait au XIIe siècle et ne paraît pas avoir jamais été voûtée, faisait suite au croisillon méridional ; il en subsiste le mur oriental, percé de trois baies en plein cintre à colonnettes surmontées de chapiteaux décorés de palmettes et de monstres ; le filet des tailloirs est orné de petites dents de scie.

Plusieurs bâtiments conventuels existent encore dans une propriété voisine : deux salles du XIVe siècle sont divisées chacune en deux travées et couvertes de voûtes dont les ogives formées d'un boudin dégagé par des cavets, les doubleaux à épannelage rectangulaire mouluré de tores et les formerets retombent sur une colonne et deux colonnettes ; une grande salle du XVe siècle, actuellement partagée en plusieurs pièces, comptait quatre travées ; les nervures à filet de ses voûtes reposent sur des consoles.

La ferme située au sud-est de l'abbaye possède encore une belle grange du XIIIe siècle, ouverte au nord sur un bas-côté par six arcades en tiers-point à arêtes biseautées, soutenues par des piles octogones dont les chapiteaux, à corbeille nue, sont creusés d'un large cavet.

Un vaste colombier du XVIIe siècle faisait encore partie des dépendances du monastère.

BIBLIOGRAPHIE. — *Gallia christiana*, t. XIV (1856), col. 693-695. — Berger (Eugène): *L'abbaye d'Asnières*, dans la *Revue de l'Anjou,* t. II (1861), p. 37-50. — Bosseboeuf (L.-A.): *Une excursion en Anjou: Montreuil-Bellay, Le Puy-Notre-Dame et Asnières*, Tours, s. d., in-8°. — Chappée (J.): *Carrelage de l'abbaye d'Asnières*, dans la *Revue de l'art chrétien*, t. LVII (1907), p. 289-296, fig. et pl. — Godard-Faultrier: *Nouvelles archéologiques, Abbaye d'Asnières,* dans le *Répertoire archéologique de l'Anjou*, t. I, Angers, 1859, in-8°, p. 195-209. — La Brière (de): *L'église et la chapelle abbatiale de l'abbaye d'Asnières*, dans la *Revue de l'Anjou*, et Angers, 1904, in-8°, 31 p. — Port (C.): *Dictionnaire de Maine-et-Loire*, t. I, p. 143-145. — Cartulaire d'Asnières: original perdu: extr. du XVIIe siècle, Bibl. nat., lat. 13816, fol. 102-108.

LE PUY-NOTRE-DAME

Le bourg du Puy-Notre-Dame (*Podium Beatæ Mariæ*) faisait partie du diocèse de Poitiers et de l'archiprêtré de Thouars. Il possède une ceinture de la Vierge qui attira pendant des siècles des multitudes de pèlerins. Louis XI, qui avait cette relique en grande vénération, fonda en son honneur, en janvier 1482 (n. st.), un chapitre de chanoines dont l'institution fut approuvée l'année suivante par Sixte IV. Le précieux trésor que la générosité des rois et des seigneurs avait réuni au Puy fut dispersé pendant les guerres de religion.

L'église, un des spécimens les plus complets de l'architecture angevine du XIIIe siècle, est le seul des édifices de cette époque, visités par le Congrès, qui présente une aussi grande homogénéité.

La nef de six travées est reliée aux collatéraux, aussi élevés que le vaisseau principal, par des arcades en tiers-point, formées d'un bandeau entre deux tores, reposant sur des piles cruciformes flanquées de quatre colonnes engagées et de quatre colonnettes. Les bases sont restées à l'état de simples cubes; les chapiteaux, dont les astragales se continuent sur la pile, sont garnis de crochets et surmontés de tailloirs moulurés. Séparées par des doubleaux de même profil que les arcades, les voûtes sont portées sur quatre branches d'ogives et quatre liernes formées d'un tore rayonnant autour d'une clef percée d'un petit œil. Des têtes et des figurines marquent la retombée des liernes sur les quatre formerets qui encadrent les arcades et les doubleaux.

Les collatéraux sont garnis au niveau du sol d'arcatures en cintre brisé, dont le tore repose sur des colonnettes. Dans les quatre premières travées, les fenêtres, très larges, sont subdivisées par un remplage en deux arcs et un quatre-feuilles inscrit dans un cercle; à la travée suivante, une étroite baie en plein cintre est percée entre deux arcs brisés; par suite de la présence de la tour, la dernière travée, privée d'ouvertures, est ornée de quatre arcs aveugles. Les branches d'ogives qui supportent les voûtes et les doubleaux, assez aigus, retombent sur une colonne et deux colonnettes autour desquelles un cordon horizontal forme bague.

Le carré du transept et les croisillons sont couverts de voûtes qui présentent les mêmes dispositions que celles de la nef; il faut signaler néanmoins que les tailloirs des piles contiguës au chœur sont décorés de feuillages et de curieux animaux à tête humaine. Dans les croisillons, les nervures retombent sur des colonnettes ceintes de bagues et les formerets sont moulurés de deux boudins. Les murs sont, comme dans les collatéraux, garnis d'arcatures; la partie

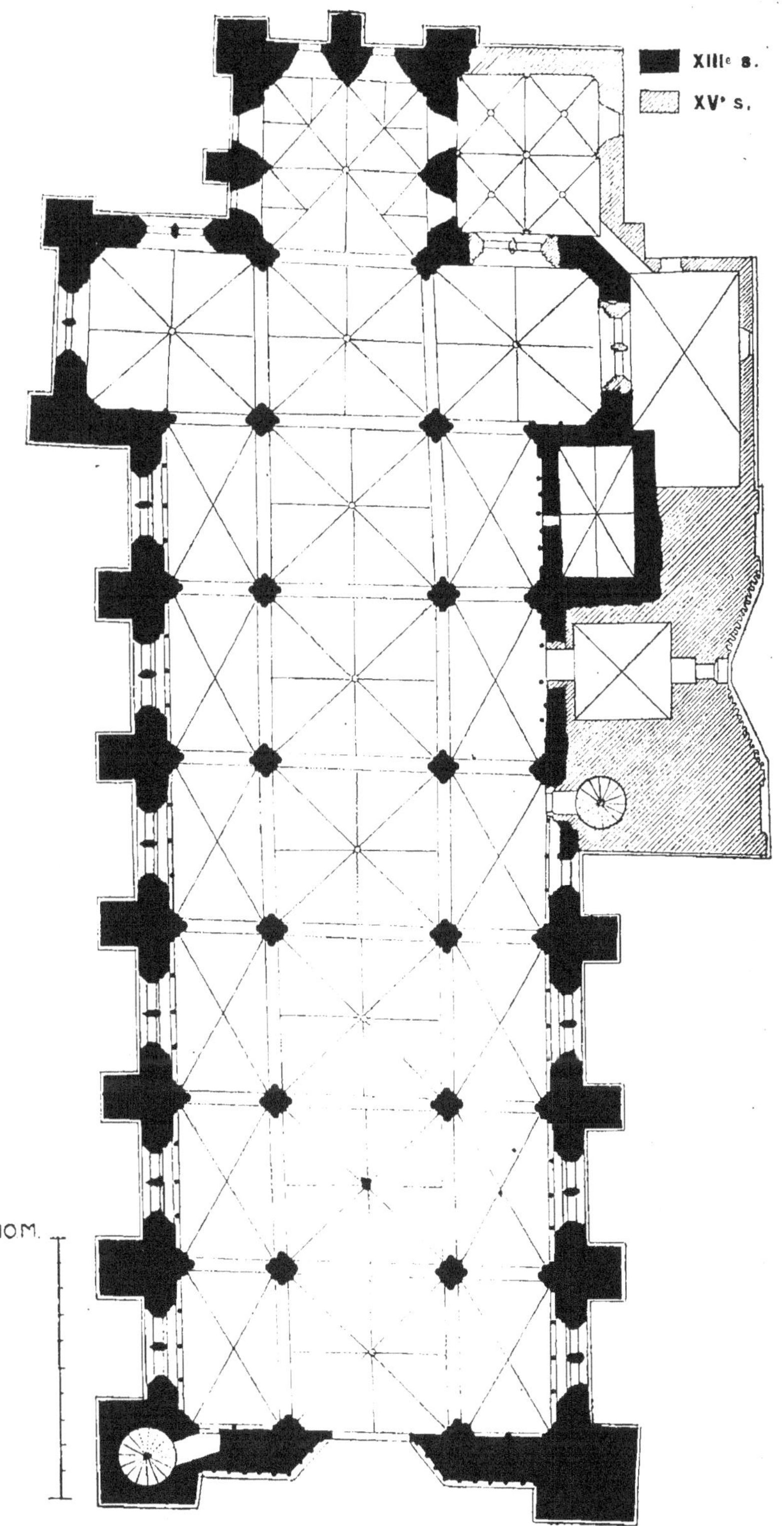

Plan de l'église du Puy-Notre-Dame.

supérieure du mur occidental est en outre décorée de trois
arcs, dont le premier encadre l'arcade ouvrant dans les
collatéraux. Les autres faces sont ajourées d'une large baie
en tiers-point moulurée de trois boudins sur six colonnettes; celles du croisillon nord ont gardé leur remplage
primitif formant deux arcs reposant sur une colonnette
commune et surmontés d'une rose redentée; dans le croisillon sud, les fenêtres ont reçu des remplages flamboyants.

Le chœur rectangulaire, également orné d'arcatures,
possède une voûte identique à celle qui couvre la partie
centrale du chœur d'Asnières, mais les six fenêtres qui
l'éclairent sont toutes encadrées de voûtains nervés. La clef
centrale est décorée d'un Christ glorieux; des anges et des
têtes garnissent les autres intersections.

Au droit de la cinquième travée du collatéral sud, une
petite salle carrée, voûtée d'ogives, a été ajoutée au XVe
siècle. Sous la tour appliquée contre la travée suivante, une
salle du XIIIe siècle est couverte d'une voûte portée sur huit
branches qui retombent, avec les formerets, sur des consoles ornées de têtes et surmontées de hauts tailloirs sculptés; les clefs des formerets sont restées simplement épan-
nelées. A l'étage supérieur, une porte renforcée d'arma-
tures de fer donne accès dans une salle voûtée, dont les
huit nervures sont de profil carré.

Une autre porte, percée dans le mur du fond du croisillon sud et dont l'unique vantail est décoré de quatre
panneaux dans le style de la Renaissance, ouvre dans une
petite sacristie du XVe siècle, dont la voûte, à clef armoriée, retombe sur des consoles. Dans l'angle formé par ce
croisillon et le chœur, une salle carrée, également du XVe
siècle, de dimensions plus vastes que la précédente, possède
une voûte encore conçue suivant les procédés angevins du
XIIIe siècle : elle compte huit nervures formées d'un tore à
filet entre deux cavets et deux baguettes; en outre, quatre
branches supplémentaires, décrivant un carré, réunissent

entre eux les milieux des côtés et coupent les ogives qui se
brisent à cet endroit pour joindre la clef centrale. Des
armoiries décorent toutes les jonctions. Les colonnes présentent le même profil que les nervures qu'elles supportent;
de petits chapiteaux à feuillages surmontés de tailloirs
octogones les couronnent. Au milieu du mur oriental, un
petit dais en encorbellement, voûté d'ogives, qui abritait
une statue, actuellement disparue, reçoit la retombée.

La relique de la ceinture de la Vierge, but du pèlerinage,
est enfermée depuis le XVe siècle dans une double enve-
loppe, dont les extrémités sont ornées de fermoirs d'or très
finement ciselés.

Quatorze stalles du XVIe siècle sont placées dans le
chœur : leurs appuis-main et leurs miséricordes sont sculptés de bustes et de têtes; sur les jouées, des panneaux représentent saint Martin, saint Michel, saint Georges et
sainte Madeleine; les dossiers, garnis d'ornementations
flamboyantes, sont surmontés de dais dont la décoration est
entièrement inspirée de la Renaissance.

Une chaire en bois sculpté paraît dater du XVIIe siècle.

Au fond du chœur est placée une statue du XVIe siècle en
bois de noyer, représentant la Vierge et l'Enfant.

A l'extérieur, l'église du Puy-Notre-Dame offre cet aspect
d'imposante nudité qui est un des caractères les plus frap-
pants des édifices religieux de l'école angevine.

La face occidentale, dont le faîte est horizontal, dépasse
sensiblement le toit de l'église, suivant une disposition
assez peu logique, qu'on retrouve également à Notre-Dame-
de-Nantilly de Saumur et à Cunault. Le portail unique,
dont les piédroits sont décorés de deux étages d'arcatures
mutilées qui se continuent sur le mur, est encadré de cinq
voussures moulurées en cintre brisé. Sur le tympan nu, fut
appliquée, au XVe siècle, une statue de la Vierge accostée
de deux anges. Trois rangs d'arcatures de hauteur décrois-
sante garnissent la vaste surface du mur au-dessus du

portail; la galerie inférieure est percée en son centre d'une large baie à remplage. Des tourelles rectangulaires formant contreforts encadrent la façade; contournées par le rang intermédiaire d'arcatures, elles sont couronnées d'un étage décoré d'arcs tréflés et couvertes de flèches à huit pans.

Les murs latéraux, flanqués d'épais contreforts, sont surmontés d'une corniche ornée de crochets.

La tour appliquée contre la face méridionale a été complètement modifiée au XVe siècle : sa base est garnie d'un faux portail en tiers-point aigu, mouluré de sept boudins soutenus par quatorze colonnettes. Des arcatures encadrent ce portail et ornent les parois de la tour, dont le dernier étage, cantonné au sud de deux clochetons, est ajouré d'une baie sur chacune de ses faces et couronné d'une haute flèche octogone.

BIBLIOGRAPHIE. — Bossebœuf (L.-A.), *op. cit.* — Port (C.): *Dictionnaire de Maine-et-Loire*, t. III, p. 201-204.

MONTREUIL-BELLAY

La ville de Montreuil-Bellay *(Castrum Monasteriolum, Monasterium-Berlai, Monstrum-Belleium)*, pittoresquement située sur la rive droite du Thouet, a, croit-on, pour origine une forteresse construite au XIe siècle par Foulques Nerra et remise par lui à Berlay, beau-frère de Gelduin, à qui Foulques avait enlevé Saumur.

Dans la suite, Montreuil fut pris en 1124 par Foulques V le Jeune et, en 1151, par Geoffroi Plantagenet, sur leurs vassaux révoltés. Le domaine passa ensuite aux maisons de Melun, d'Harcourt, de La Meilleraye, de Brissac et de La Trémoïlle.

CHATEAU

Le château est entouré d'une enceinte du XVe siècle qui domine le Thouet à une grande hauteur et se trouve, sur les autres faces, séparée de la ville par un profond fossé. Les courtines de cette enceinte sont flanquées d'échauguettes portées sur des consoles à nombreux ressauts et dont les parapets sont percés de baies rectangulaires; les angles sont protégés par de hautes tours partant de fond. Un escalier renfermé dans une cage hexagonale, qu'éclairent des fenêtres munies de balustrades ajourées, met en communication la basse-cour et le chemin de ronde, dont le parapet présente la même disposition que ceux des échauguettes.

Une barbacane en hémicycle défend vers la ville l'entrée du châtelet. Celui-ci fait corps avec les remparts et est flanqué de deux tours cylindriques assez rapprochées, percées d'archères et surmontées de flèches coniques qu'ajourent des lucarnes en saillie, couronnées de pignons; il est percé d'une porte en tiers-point qui était primitivement munie d'un pont-levis, et ajouré de trois baies superposées à meneaux. La voûte qui couvre le passage est en berceau brisé dans la première partie et en cintre surbaissé dans la seconde : ce fait, joint au manque de liaison de l'appareil, semblerait indiquer que la face extérieure du châtelet, malgré le style de ses fenêtres qui indique incontestablement le XVe siècle, pourrait dater d'une époque antérieure et aurait été simplement remaniée et doublée à l'intérieur d'un nouveau bâtiment.

Vers la cour, la façade, beaucoup plus large, percée également de fenêtres à meneaux et de lucarnes à pignons, est encadrée de deux tourelles d'escalier octogones, dont les portes sont surmontées de moulures en accolade ornées de crochets frisés. Quelques pièces ont encore conservé leurs voûtes d'ogives et leurs cheminées du XVe siècle.

Près du châtelet se dressait autrefois le donjon, complètement rasé au milieu du XIXe siècle.

Le château proprement dit s'élève à l'extrémité occidentale de l'enceinte, à pic sur la vallée. Il était « fraischement refaict » en 1480 et ne fut jamais achevé; les pierres d'attente qu'on avait laissées en vue de constructions projetées ont été ravalées au XIXe siècle, lorsqu'on établit de ce côté l'entrée principale. Tel qu'il se présente aujourd'hui, il comprend un corps de logis flanqué, vers le Thouet, de deux grosses tours cylindriques couronnées de hauts parapets légèrement en surplomb, percés de baies rectangulaires et, sur la face opposée regardant la cour, de deux tourelles d'escalier, l'une octogone, l'autre cylindrique, dont les lucarnes sont surmontées de pignons aigus; il se termine, du même côté, par un bâtiment en saillie qui renferme l'oratoire.

A l'extérieur, la partie la plus remarquable est la grande tourelle d'escalier, percée d'une porte et de six étages de fenêtres rectangulaires à meneaux cruciformes, dont l'appui est orné d'élégantes balustrades à réseaux flamboyants.

Le château renferme, dans le bâtiment principal, plusieurs salles, dont le plafond est soutenu par de puissantes poutres et des solives rehaussées de peintures. Elles contiennent de fort belles cheminées dont la hotte, limitée en sa partie inférieure par une frise ornée de rinceaux, est portée sur des colonnettes.

Dans chacune des tours cylindriques, sont ménagées de petites pièces carrées voûtées d'ogives.

L'oratoire principal, d'une décoration très élégante, compte deux travées couvertes de voûtes, dont les nervures à filet, les doubleaux et les formerets retombent sur des consoles sculptées. Il est éclairé par des fenêtres à remplage flamboyant et possède un piscine voûtée d'ogives et surmontée d'un dais à deux pans. Des fresques très intéressantes, récemment restaurées avec soin, couvrent les murs et la voûte; on y remarque notamment : une Cène, une Crucifixion, des anges musiciens. L'étage supérieur contient une seconde chapelle à peu près semblable à celle qui vient d'être décrite.

Entièrement séparé du château, mais faisant suite à l'oratoire, s'élève un corps de logis construit en forme d'équerre et connu sous le nom de Petit Château. On a voulu y voir le logement des chanoines chargés de desservir la chapelle. Il présente la singulière disposition de quatre petites habitations particulières réunies sous un toit commun et possédant chacune son escalier contenu dans une tourelle cylindrique spéciale, dont l'une est logée dans l'angle rentrant. Les fenêtres à meneaux qui éclairent le premier étage sont percées sous de petits pignons empiétant dans le toit. A l'intérieur, quelques cheminées ont conservé leurs hottes et d'anciens carreaux de terre cuite pavent encore plusieurs pièces.

A l'extrémité de l'aile faisant retour vers le châtelet est située la grande cuisine du XV⁵ siècle; actuellement isolée du corps d'habitation principal, elle lui était autrefois reliée par une galerie couverte. C'est une des plus curieuses constructions de ce genre qui existent encore en France, et il est intéressant d'en comparer les dispositions avec celles qui étaient en usage trois siècles auparavant et dont nous pourrons voir un remarquable exemple à Fontevrault.

Élevée sur plan carré, elle comprend une partie centrale communiquant avec le collatéral qui la contourne par quatre larges arcades en cintre brisé très surbaissé, reposant sur des piles cylindriques couronnées de chapiteaux octogones à corbeille nue. C'est dans ce collatéral que sont placées, face à face, les deux vastes cheminées, munies de hottes verticales.

Le système que l'architecte imagina pour la construction des voûtes est des plus ingénieux : sur la partie centrale, il éleva une pyramide curviligne à quatre pans, dont les angles rentrants sont soutenus par des nervures rayonnant autour d'un œil d'un grand diamètre, surmonté d'un tuyau qui sert à l'évacuation de la vapeur et de la fumée que les deux autres cheminées n'auraient pas rejetées au dehors. Les galeries du collatéral sont couvertes de berceaux en plein cintre dans lesquels pénètre le manteau des cheminées ; mais, afin de maintenir la poussée des quatre arcades et de la voûte centrale, l'architecte crut utile de bander dans chaque angle trois arcs en quart de cercle partant de la pile, dont deux sont perpendiculaires aux galeries et le central est placé diagonalement.

COLLÉGIALE NOTRE-DAME

La collégiale Notre-Dame, qui était également utilisée comme chapelle principale du château, fut fondée le 7 août 1475 par Guillaume d'Harcourt.

Elle se compose d'une nef unique de cinq travées, dont les voûtes bombées sont portées sur quatre branches et des liernes longitudinales. Les ogives et les doubleaux, dont les nervures s'entre-croisent, retombent avec les formerets sur un faisceau de cinq colonnettes de même profil, surmontées de petits chapiteaux et interrompues à mi-hauteur de façon fort illogique par des niches à dais.

Les fenêtres, percées au fond d'une embrasure assez profonde, sont garnies de remplages flamboyants d'un beau dessin et possédaient autrefois des vitraux de la Renaissance, exécutés par Christophe More et dont il ne reste plus aujourd'hui aucun fragment.

L'abside à cinq pans présente les mêmes dispositions que la nef ; six branches d'ogives partent d'une clef centrale qu'une courte nervure, dans le prolongement des liernes, unit à l'arc d'encadrement.

Une litre peinte fait le tour de l'édifice.

Au nord de la cinquième travée, une porte en accolade ouvre dans un petit oratoire couvert d'une voûte à quatre branches et éclairé par deux baies rectangulaires de grandeur différente, surmontées d'arcs tréflés.

Sur la façade occidentale, deux portes jumelles en anse de panier sont réunies sous une haute arcade, encadrée d'une moulure en accolade, dont le tympan est orné de trois niches à dais et que surmonte une rose garnie d'un remplage flamboyant.

De chaque côté de la façade, des tourelles carrées sont terminées par un étage de même plan, mais dont les angles correspondent au milieu des faces de la partie inférieure; des clochetons occupent les quatre triangles laissés libres. Des flèches à quatre pans couronnent les tourelles.

ÉGLISE SAINT-PIERRE

L'église Saint-Pierre, située sur le bord même de la rivière et actuellement ruinée, servait à la fois de paroisse et d'église conventuelle à un petit prieuré.

La nef, qui avait été reconstruite au XVe siècle, est presque entièrement détruite, mais on peut encore se rendre compte que les nervures de ses voûtes retombaient en pénétration, le long des murs, dans une colonne engagée.

La partie orientale de l'église, qui n'a pas été modifiée depuis le XIIe siècle, est, quoique fort dégradée, dans un meilleur état de conservation. Le croisillon méridional, percé, au fond, d'une baie en plein cintre, possède une absidiole en hémicycle éclairée, au-dessous de la voûte en cul-de-four, par trois baies dont la voussure extérieure repose sur des colonnettes.

Le chœur compte une travée droite et une abside en hémicycle voûtée en cul-de-four, dont les cinq fenêtres sont encadrées d'arcs retombant sur des colonnettes jumelles à chapiteaux ornés d'entrelacs et tailloirs garnis de petites dents de scie.

Des bâtiments du prieuré, il subsiste encore une salle du XVe siècle, couverte de deux voûtes d'ogives, et une galerie de cloître du XVIIe siècle.

Sur la route de Thouars, on trouve encore une église du XVe siècle qui offre peu d'intérêt et qui a été transformée en magasin. Une petite chapelle de la même époque est située à peu de distance de la porte Saint-Jean.

REMPARTS

Les remparts de la ville, qui datent du XVe siècle, subsistent encore en partie et possèdent deux portes intéressantes. Sur la route de Thouars, la Porte Saint-Jean est percée entre deux grosses tours cylindriques, dont l'appareil à bossages en forme de boulets engagés est un des exemples les plus connus de ce genre de construction. La Porte Nouvelle, sur la route de Brézé, présente le même plan, mais les deux tours qui l'encadrent ont leurs parements lisses.

Signalons en outre que, des remparts du château, se détachent deux courtines assez bien conservées, qui établissaient une communication entre la place principale et les tours commandant la rivière. Elles sont percées de portes donnant accès au prieuré Saint-Pierre.

En aval de ces courtines, la route de Saumur traverse le Thouet sur un pont du XVe siècle, dont les arches en cintre brisé reposent sur des piles en éperon.

La grande route, qui conduit presque en droite ligne de Montreuil-Bellay à Saumur, traverse le petit village de

Distré (*Distriacus, Distreum*), siège d'un prieuré fondé par
l'abbaye de Saint-Florent et supprimé en 1751. Son église,
dont le chœur offre peu d'intérêt, possède une nef d'un
aspect fort archaïque et qui peut remonter au Xe siècle. Les
murs latéraux, en petit appareil, sont percés de baies très
étroites qui s'ébrasent vers l'intérieur. Au sud, s'ouvre une
porte dont les claveaux, assez allongés et terminés en
pointe, sont encadrés dans plusieurs rangs de losanges qui
forment un appareil décoratif.

Bibliographie. — Bossebœuf (L.-A.), *op. cit.*— Port (C.): *Diction-naire de Maine-et-Loire*, t. III, p. 719-725.— Viollet-le-Duc: *Diction-naire raisonné de l'architecture française du XIe au XVIe siècle*, t. 1V, p. 477-480, fig. 15-18. — Cartulaire du chapitre de Montreuil-Bellay, XVIIIe siècle, Arch. départ. de Maine-et-Loire.

TROISIÈME EXCURSION

THOUARS, OIRON, SAINT-JOUIN-DE-MARNES, AIRVAULT

Par M. A. RHEIN.

THOUARS

La ville de Thouars, pittoresquement située sur un promontoire qu'enserre la rivière du Thouet, a une origine très reculée.

C'est sur un tiers de sou d'or de l'époque mérovingienne qu'on trouve, pour la première fois, son nom sous la forme de TOAREC CA[STRUM]. Pépin le Bref s'en empara en 762, dans sa lutte contre le duc d'Aquitaine Waïfre.

Les seigneurs de Thouars, qui portaient le titre de vicomtes au moins depuis le IXe siècle, furent toujours parmi les plus puissants du Poitou : il faut notamment citer Aimery IV, qui prit part à la conquête de l'Angleterre par les Normands, et Aimery VII à qui Philippe Auguste donna en 1204 le titre de sénéchal du Poitou et de l'Aquitaine.

Thouars fut pris en 1104 par le comte d'Anjou, en 1158 par Henri II d'Angleterre, en 1372 par Du Guesclin.

La seigneurie passa, à la fin du XIVe siècle, dans la maison d'Amboise qui la céda à Louis XI en 1462 ; mais les La Trémoïlle, ayant fait valoir leurs droits, en obtinrent la restitution.

La Réforme, introduite en 1549, se répandit rapidement et les Huguenots firent régner pendant quelque temps dans la ville une véritable terreur. Duché depuis 1567, ce fief fut érigé en pairie en 1594. Thouars qui était, avant la Révolution, le siège d'une élection de la généralité de Poitiers et d'un archidiaconé, devint le chef-lieu d'un district, puis d'un arrondissement dont l'administration fut transférée à Bressuire en 1804.

ÉGLISE SAINT-LAON

L'abbaye Saint-Laon, fondée au XI⁰ siècle, fut donnée presque aussitôt par Pierre, évêque de Poitiers, à l'abbaye de Saint-Florent-lès-Saumur, mais devint autonome en 1107. Elle suivait la règle de Saint-Augustin.

Les bâtiments conventuels, affectés aujourd'hui aux services municipaux, ont été entièrement reconstruits au XVIII⁰ siècle.

Du moyen âge, il ne reste plus que l'église; elle a elle-même subi, dans le cours des siècles, des remaniements très importants qui en rendent l'étude assez difficile.

Les trois travées de la nef remontent à la fin du XII⁰ siècle; mais elles ont été dénaturées au XV⁰. Les voûtes actuelles, portées sur quatre branches d'ogives à clefs armoriées, datent de cette dernière époque; elles retombent sur une colonne et deux colonnettes reliées entre elles par des gorges et surmontées de petits chapiteaux à corbeille nue, de forme octogone. Les fenêtres, peut-être de la construction primitive, sont coupées par les formerets.

Les colonnes du XII⁰ siècle logées dans les angles du mur séparant la nef et le transept, ont des bases garnies de griffes et des chapiteaux ornés de feuillages et de têtes, placés de biais, ce qui semble prouver que des voûtes d'ogives existaient à cette époque, ou que, du moins, elles étaient projetées.

La nef ne possédait pas de bas-côtés; mais, au sud de la troisième travée et communiquant avec elle par des arcades

en tiers-point, se trouvent deux petites chapelles du XIIe
siècle : la première, couverte d'un berceau transversal, la
deuxième, d'une voûte d'ogives dont les nervures, formées
de deux tores accouplés, sont portées, dans les angles, sur
des colonnes à chapiteaux de biais.

Au XVe siècle, des chapelles rectangulaires furent ajoutées au sud de la deuxième travée et au nord de la troisième : cette dernière renferme une Mise au tombeau, œuvre
médiocre de la même époque et, du reste, très restaurée.

Le transept appartient à deux campagnes distinctes :
l'une du commencement, l'autre de la deuxième moitié du
XIIe siècle. C'est dans la croisée qu'on peut le plus facilement se rendre compte de la reprise qui a été effectuée. Les
grands arcs sont brisés et leurs voussures à arêtes nues
retombent sur des colonnes engagées et d'angle, dont les
bases et les chapiteaux sont identiques à ceux, déjà décrits,
situés à l'extrémité de la nef. Mais, pour faire place à ces
supports, on dut piocher, au sud, des piles primitives
formées d'un faisceau de colonnes, présentant des caractères fort archaïques, avec leurs bases grossières garnies
de griffes taillées en boules, leurs chapiteaux ornés de
feuilles d'eau et de volutes, leurs tailloirs moulurés simplement d'un filet et d'un large cavet.

La voûte d'ogives qui couvre le carré du transept est
portée sur des nervures à trois tores, dont les sommiers
seuls sont anciens ; elle remplaça, au milieu du XIXe siècle,
une voûte de plâtre en forme de coupole.

Le croisillon nord n'a jamais été exécuté ; de ce côté,
l'église est limitée par un mur, auquel n'adhère pas l'arc de
la croisée, et qui est ajouré de deux baies en plein cintre.

Le bras méridional appartient à la première campagne :
son unique travée est encadrée par des arcs à double voussure, en cintre brisé et à arêtes nues, que reçoivent des
faisceaux de colonnes se pénétrant, suivant la disposition
très répandue en Poitou, et surmontées de chapiteaux

décorés d'animaux affrontés et de palmettes plates. Une coupole octogone est portée sur des trompes dont les culs-de-four sont ornés de têtes. Le mur du fond présente la particularité déjà signalée au nord : il est établi un peu en retrait de l'arc. L'absidiole située à l'est de ce croisillon est moderne.

Le chœur comprend trois travées. Les deux premières, du XIIe siècle, sont couvertes d'un berceau brisé dont les doubleaux reposent sur des colonnes contemporaines de la reprise du transept. La troisième, terminée par un chevet plat et voûtée d'ogives, date du XVe siècle et aurait, d'après Palustre, remplacé l'abside primitive.

Contre la paroi méridionale, un enfeu contient la statue tombale de l'abbé Nicolas Lecoq, mort en 1479. Les panneaux qui décorent la face du sarcophage y furent appliqués au XVIIe siècle.

Au sud du chœur, une chapelle de deux travées, accompagnée d'un petit collatéral, fut fondée par Marguerite d'Écosse, première femme de Louis XI. Les restes de cette princesse, décédée en 1445 à Châlons, y furent placés en 1479 et y reposèrent jusqu'en 1562. L'enfeu qui les abritait est décoré de crochets fleuris très finement traités.

Jusqu'au XVIIIe siècle, on pouvait encore admirer à Saint-Laon le magnifique tombeau que Jean Ignebert exécuta pour Louis d'Amboise.

A l'extérieur, la seule partie de l'église qui mérite d'attirer l'attention est la tour carrée surmontant le croisillon méridional. Le premier étage est garni de deux arcs brisés encadrant chacun trois petits arcs en plein cintre. Le deuxième étage, percé de quatre baies sur chaque face, paraît avoir été entièrement refait à l'époque moderne.

La flèche octogone du XVe siècle qui surmontait la tour s'est écroulée en 1711, mais sa base a subsisté, cantonnée de quatre clochetons, jusqu'au milieu du XIXe siècle, où elle fut remplacée par un toit en pavillon.

ÉGLISE SAINT-MÉDARD

L'église paroissiale Saint-Médard, dont les dispositions actuelles datent du XVe siècle, a conservé tous les murs extérieurs d'une construction ancienne qui se place entre la moitié du XIIe siècle et le premier quart du XIIIe et comprenait une nef accompagnée de bas-côtés.

Dans la dernière période gothique, on transforma cette église en une vaste nef rectangulaire de six travées. Les voûtes, légèrement bombées, sont soutenues par des croisées d'ogives et renforcées de liernes longitudinales. Les nervures sont moulurées d'un tore à filet, ainsi que les doubleaux en cintre brisé. Des armoiries décorent toutes les clefs ; des angelots soutenant des écus ornent également le milieu des liernes et leur point de jonction avec les doubleaux.

Afin de réduire la portée des voûtes que l'élargissement de la nef, à la suite de la suppression des bas-côtés, aurait rendue trop considérable, on établit entre chaque travée un massif intérieur formant contrefort, sur lequel sont appliquées, pour recevoir le doubleau et les ogives, une colonne et deux colonnettes reliées par des gorges et surmontées de chapiteaux bas ornés de rinceaux.

Les formerets retombent derrière le sommier des ogives. Entre la troisième et la quatrième travée, le doubleau est d'une section plus forte, ainsi que ses supports.

Les espaces compris entre les massifs, encadrés par des arcs établis au-dessous des formerets et dont les moulures retombent en pénétration, sont couverts de berceaux transversaux contribuant à résister à la poussée des voûtes. Le fond de ces chapelles latérales est constitué par les murs primitifs des bas-côtés. Sur la face méridionale, les fenêtres, en tiers-point, n'ont pas été modifiées et les berceaux du

XVe siècle empiètent sur elles. A claveaux nus ou moulurés d'un boudin continu dans les quatre premières travées, elles sont un peu plus grandes et encadrées d'un tore porté sur colonnettes à chapiteaux formant crochets dans les deux dernières, ce qui semble indiquer que la première construction a été exécutée de l'ouest à l'est. Au sud de la deuxième travée, on établit, également au XVe siècle, un petit oratoire rectangulaire voûté en berceau brisé.

Dans la même travée s'ouvre, vers le nord, une porte du XIIe siècle, dont nous décrirons la décoration dans la suite, et, dans la troisième, une porte basse du XVe, aujourd'hui bouchée, en anse de panier, et surmontée d'une moulure en accolade. Aux quatrième et cinquième travées, le mur a été défoncé pour faire communiquer la nef avec une chapelle ; enfin la dernière est éclairée par une fenêtre identique à celle qui lui fait face au sud.

Le chevet est percé d'une vaste baie en tiers-point dont l'archivolte est ornée de crochets formés de choux frisés et garnie d'un remplage d'une élégante composition. De chaque côté s'ouvre une porte décorée de motifs flamboyants.

Contre la face nord de la quatrième travée, a été construite en 1480, par le curé Nicolas Daigremont, la petite chapelle des Trois-Maries ou du Saint-Sépulcre, dont les deux voûtes d'ogives sont renforcées de liernes. Au sud de cette chapelle, la porte bouchée, qui ouvrait primitivement à l'extérieur, est ornée de redents tréflés, de beaux crochets frisés, de pinacles et de gâbles se terminant en piédestaux. Le mur oriental, percé d'une porte de la Renaissance, est en outre occupé par un retable de même style, malheureusement mutilé, qui sert actuellement d'armoire.

Plus à l'est, la vaste chapelle de deux travées, élevée en 1510 par Gabrielle de Bourbon, femme de Louis II de La Trémoïlle, est éclairée par des fenêtres à remplages flamboyants et couverte de voûtes à liernes et tiercerons dont les nervures partent de fond.

L'étage inférieur de la façade occidentale peut être attribué au milieu du XIIe siècle et il offre tous les caractères de l'architecture poitevine. Dégagé vers 1870 de constructions parasites, il subit une restauration radicale qui en a diminué l'intérêt. Sa partie centrale, légèrement en saillie, est percée d'un portail sans tympan, dont les quatre voussures en cintre très peu brisé sont décorées : la première, de palmettes ; la seconde, de personnages traités en méplat et placés suivant le sens de l'arc : les deux dernières, de figurines sculptées séparément sur chacun des claveaux. Ces voussures reposent sur deux colonnes engagées et six colonnes d'angle ; un cordon de palmettes contourne l'archivolte. Les contreforts encadrant la saillie du mur sont ornés de niches portées sur des colonnettes.

Les parties latérales, en retrait, sont garnies chacune d'un grand arc aveugle en plein cintre, à deux voussures décorées de palmettes et de rinceaux.

Au-dessus du portail, le Christ, dans une gloire, est accosté de huit anges encadrés de petites arcades ; des galeries semblables surmontées de baies en plein cintre existent au-dessus des arcs latéraux. Toute cette décoration, trop restaurée du reste, est d'une grande richesse, mais manque de finesse dans l'exécution.

La fenêtre qui devait ajourer la nef, au centre de la façade, fut remplacée au XVe siècle par une rose garnie d'un remplage. La galerie d'arcs tréflés et en accolade qui couronne l'étage supérieur limitant le pignon, date de la même époque, à moins qu'elle ne soit une invention du restaurateur.

Au nord, une tour carrée du XVe siècle, inachevée, est flanquée de contreforts de biais jusqu'à la base de l'étage supérieur, décoré de moulures et percé de baies tréflées. Une échauguette octogone renfermant l'escalier est appliquée contre l'angle sud-ouest de cet étage.

A la suite de la tour, la face septentrionale est percée d'un portail de la même époque et du même style que le

principal. Sa voussure intérieure, d'un tracé indécis qui
tient du plein cintre et du tiers-point, est entourée de trois
autres voussures à sept lobes, portées sur colonnes d'angle,
rappelant la disposition spéciale des portails du Dorat, de
La Souterraine ou de Celles, près Niort. Un cordon de rinceaux décrivant un arc outrepassé décore l'archivolte. Le
mur en saillie dans lequel s'ouvre ce portail est surmonté
d'une corniche à modillons garnie de feuilles plates ; il est
amorti, suivant l'habitude du Centre et du Midi, par un
talus à imbrications.

Les murs extérieurs, en partie dissimulés par les chapelles construites au XVe siècle, sont conservés dans leur
état primitif ; ils sont percés de baies en tiers-point à
boudin continu.

La chapelle des Trois-Maries est contiguë au portail nord ;
celle que fit élever Gabrielle de Bourbon est percée de
deux fenêtres séparées par un contrefort central et flanquée
aux angles de contreforts de biais ; ses deux travées sont
couvertes d'un toit unique limité par un pignon beaucoup
plus élevé.

Le chevet plat n'a été modifié que par l'ouverture de la
grande fenêtre dont nous avons parlé : des quatre contreforts qui le soutiennent, ceux des angles, placés d'équerre,
ont été décorés au XVe siècle et surmontés de pinacles.

CHATEAU

Le château du moyen âge fut entièrement détruit au XVIIe
siècle pour faire place aux bâtiments actuels.

Marie de la Tour, femme de Louis II de La Trémoïlle,
après avoir élevé le corps de logis irrégulier qui fait suite
au pavillon méridional, décida la reconstruction complète de
l'édifice, dont les travaux furent commencés en 1635 par le
nivellement du sol.

Le château, plus remarquable par ses proportions colossales que par le mérite de son architecture, se compose d'une partie centrale et de pavillons aux extrémités, sans ailes en retour. La cour d'honneur est encadrée d'un portique en fer à cheval.

A l'intérieur, un escalier à double évolution conduit aux pièces de réception, maintenant blanchies à la chaux. Seuls les appartements privés de Marie de la Tour, qui occupent la partie la plus ancienne du château, ont conservé des restes de leur décoration primitive et notamment un plafond à caissons orné de peintures. Il ne subsiste rien du pavement en faïence de Nevers qu'on y admirait.

Plusieurs étages de vastes souterrains, qui ont donné au château de Thouars une certaine célébrité, forment une suite de pièces voûtées de grandes dimensions. On remarque surtout la salle où étaient renfermées, dit-on, les très riches archives de la famille de La Trémoïlle.

Contiguë au pavillon nord du château, se trouve la chapelle, dont la construction fut confiée par Louis II de La Trémoïlle et Gabrielle de Bourbon à l'architecte Jean Chahureau, qui dut seulement amorcer les travaux, étant mort en décembre 1504. Son successeur, André Amy, apparaît en mars 1505 : Palustre a supposé, sans preuves suffisantes, qu'il était fils de Philippe Amy, à qui on doit l'achèvement des stalles de Saint-Pierre de Saumur. On peut du moins le croire membre de cette famille d'artistes locaux, dont fit également partie Denis Amy, maître maçon de l'Isle-Bouchard, qui construisit en 1483 le château de Montpensier. Le gros œuvre ne devait pas être, en tout cas, éloigné de son achèvement en 1509, puisqu'à cette date, contrat fut passé pour l'exécution des verrières avec Pierre de l'Apostolle, vitrier à Champdeniers. André effectua encore en 1515 dans la chapelle des travaux de sculpture et de ravalement.

Cette chapelle, une des plus intéressantes productions du début du XVI⁰ siècle, présente les caractères de sobre et nerveuse élégance communs à tous les édifices construits vers cette époque dans la région de la Loire, tels que Cléry, Sainte-Catherine-de-Fierbois et la collégiale de Montreuil-Bellay.

On a prétendu qu'André Amy resta toujours fidèle au style du moyen âge et que les motifs de décoration classique qui se rencontrent dans cet édifice, associés au flamboyant de la dernière période gothique, sont le fruit d'un remaniement exécuté par un successeur anonyme ; mais la rapidité avec laquelle l'influence italienne vint modifier, pendant la première moitié du XVI⁰ siècle, nos traditions nationales, rend difficile une affirmation catégorique.

Moins de quatre-vingts ans après son achèvement, la chapelle aurait été détruite sur les ordres de Charlotte de Nassau, femme de Claude de La Trémoïlle et huguenote fanatique, si un ministre protestant ne s'était opposé à cet acte de vandalisme. Elle fut restaurée en 1875.

Elle comprend une nef de cinq travées, flanquée de bas-côtés. Des piles cylindriques portent les arcades en tiers-point, dont les moulures se continuent jusqu'au sol. Les combles des bas-côtés sont ouverts sur la nef par des arcs en plein cintre garnis de remplages flamboyants. Les nervures des voûtes et les formerets retombent en pénétration dans les piles, tandis que la moulure des doubleaux part de fond, comme celles des arcades.

La porte qui s'ouvre dans la façade occidentale et la fenêtre qui la surmonte ont été encadrées d'une riche décoration Renaissance. Une grande baie en tiers-point ajoure le chevet plat.

Dans les bas-côtés, les nervures des voûtes se continuent sur les piles. La voûte de la dernière travée sud présente une décoration d'une exubérance qu'il est rare de rencontrer dans cette région ; la clef est formée d'une grande couronne détachée, dont les points de jonction avec les ogives et les liernes, ces dernières détachées des voûtains, sont également ornés de clefs pendantes.

Il convient aussi de signaler, sous la fenêtre de la troisième travée méridionale, une porte en anse de panier, dont l'intrados est garni de caissons et qui est encadrée de pilastres ornés d'arabesques, ainsi qu'une élégante piscine surmontée d'un dais. Toutes les fenêtres sont garnies de remplages à réseaux flamboyants.

Dans cette chapelle, s'élevaient, avant la Révolution, les trois admirables tombeaux de Louis II de La Trémoïlle et de Gabrielle de Bourbon ; de Charles de La Trémoïlle, prince de Talmont, et de Louise de Coëtivy ; du cardinal Jean de La Trémoïlle, archevêque d'Auch. Ils avaient été exécutés de 1519 à 1521 par Martin Cloître, imagier, originaire de Grenoble, qui fonda, après la mort de Michel Colombe, le nouvel atelier de la vallée de la Loire. Sur un soubassement rectangulaire orné de pilastres et de niches abritant des apôtres, des tenants d'armes ou des pleureurs, étaient placés les gisants en marbre blanc. Complètement détruits, ces superbes monuments ne nous sont plus connus que par les dessins de Gaignières et de Beaumesnil.

A l'extérieur, la partie la plus remarquable est la façade : une arcade très élevée, à nombreuses voussures décorées de statuettes et de redents, encadre une porte en anse de panier, surmontée d'une haute fenêtre à remplage : disposition dont on retrouve des types analogues dans beaucoup de monuments de cette région, notamment à Saint-Marc-la-Lande et à la collégiale de Ménigoute. A la base du pignon, passe une galerie dans le style de la Renaissance.

On voit, contre la face méridionale, la porte dont nous avons déjà parlé en décrivant l'intérieur, et qui présente des motifs classiques habilement traités.

Par suite de la différence de niveau considérable qui existe entre le terre-plein du château et la gorge du Thouet, la chapelle se trouve construite sur plusieurs étages de cryptes ; l'une d'elles sert encore de sépulture à la famille de La Trémoïlle.

ÉGLISE DES CORDELIERS

Les Cordeliers, appelés à Thouars au XIVe siècle par Louis Ier de La Trémoïlle, commencèrent en 1358 la construction d'une église qui n'était pas encore achevée en 1376. Elle fut presque entièrement démolie vers le milieu du XIXe siècle, et il n'en reste plus que le chevet plat percé d'une grande baie en tiers-point, dont le remplage, très particulier, décrit cinq arcs en accolade tréflés, surmontés de soufflets.

Les remparts de la ville, flanqués de tours cylindriques, remontent encore, en grande partie, au XIIIe siècle et sont assez bien conservés. On remarque surtout la grosse tour, dite Grènetière ou de Fringall et, par corruption, du Prince de Galles, et la très belle Porte au Prévôt, percée dans un massif rectangulaire flanqué de deux tours vers l'extérieur.

Parmi les quelques maisons du XVe siècle que Thouars possède encore, il faut citer en première ligne l'Hôtel du Président Tyndeau, dont la curieuse tour d'escalier pentagonale est surmontée d'une chambre haute portée sur mâchicoulis et éclairée de lucarnes à deux étages.

Un pont, que ses arches en tiers-point à double voussure permettent d'attribuer au XIVe siècle, traverse le Thouet au pied du château.

BIBLIOGRAPHIE. — Berthre de Bourniseaux : *Histoire de la ville de Thouars depuis l'an 759 jusqu'en 1815*, Niort, Mousset, 1824, in-8°. — Delavaud (Ch.) : *Thouars*, dans *Grande encyclopédie*, t. XXXI, p. 41-42. — Drouyneau de Brie : *Mémoires historiques de la ville de Thouars*, 1740 (Copie manuscrite aux Arch. départ. des Deux-Sèvres, suivie des *Recherches* de Ch.-Louis-Marie, comte d'Orfeuille). — Guilhermy (de) : Notes manuscrites sur Thouars, Bibl. nat., nouv. acq. fr. 6110, fol. 15-26. — Imbert (Hugues) : *Notice sur les vicomtes de Thouars de la famille de ce nom*, dans les *Mémoires de la Société des Antiquaires de l'Ouest*, t. XXIV, 1864, p. 321-431. — *Le château de Thouars*, dans le *Bulletin de la Société de statistique des Deux-Sèvres*, t. 1, 1870-1873, p. 248. — *Histoire de Thouars*, dans les *Mémoires de la Soc. de stat. des Deux-Sèvres*, 2e série, t. X, 1870, et Niort, Clouzot, 1871, in-8°. — *Cartulaire de l'abbaye de Saint-Laon de Thouars*, dans les *Mém. de la Soc. de stat. des Deux-Sèvres*, t. XIV, 1875, p. 1-216. — *Documents inédits sur Thouars et ses environs*, 1re et 2e séries, Thouars, Deschamps-Jardin, 1879, 2 fasc. in-8°. — La Trémouille (duc de) : *Chartrier de Thouars, documents historiques et généalogiques*, Paris, 1877, in-fol. — La Trémouille (duc de) et Clouzot (Henri) : *Les fiefs de la vicomté de Thouars*, Niort, 1893, in-4°. — Palustre (Léon) : *La Renaissance en France*, t. III, p. 214-217. — *Thouars*, dans Robuchon (Jules) : *Paysages et monuments du Poitou*, t. VIII, Paris, May et Motteroz, 1894, in-fol., 12 pl. — Pinson (Paul) : *Examen critique sur l'Histoire de Thouars de M. Hugues Imbert*, Thouars, Couronce, 1871, in-8°, 35 p. — *Recherches historiques et archéologiques sur Thouars*, dans les *Mém. de la Soc. de stat. des Deux-Sèvres*, 2e série, t. IX, 1869, p. 30. — *Cartulaire de Saint-Laon de Thouars*, Bibl. nat., lat. 5484.

OIRON

Oiron (*villa Orioni, Orionium, Oironium*) était un fief peu important relevant de la vicomté de Thouars, lorsque Louis d'Amboise le céda, au milieu du XVe siècle, à Pierre Bérard, maître d'hôtel de Louis XI. Jean de Xaincoins, receveur général des finances en Poitou, l'acheta en 1448 ; mais, compris dans la disgrâce de Jacques Cœur, il s'en vit bientôt dépossédé en faveur de Guillaume Gouffier, chambellan de Charles VII. Un procès s'ensuivit et, pendant plusieurs années, selon les alternatives de faveur des deux propriétaires rivaux, Oiron passa tour à tour de l'un à l'autre, jusqu'à ce qu'en 1465, il échût définitivement à la puissante famille des Gouffier, qui devait y réunir des richesses d'art de toute nature.

Le domaine resta en leur possession pendant deux cents ans, jusqu'en 1667, année où Artus II le vendit à son beau-frère, François d'Aubusson, duc de La Feuillade. Il fut acheté en 1700, pour trois cent quarante mille livres, au petit-fils de ce dernier, criblé de dettes, par la marquise de Montespan qui y passa les dernières années de sa vie dans la retraite et la pénitence. Son fils, le duc d'Antin, le céda en 1745 au maréchal de Villeroy et il appartint ensuite, en 1772, à la famille de Boisairault.

CHATEAU

Le château d'Oiron fut commencé par Artus Gouffier, chambellan de François Ier: la construction, interrompue par sa mort survenue en 1519, fut reprise et menée à bonne fin par Hélène de Hangest, sa veuve, et son fils, Claude Gouffier. Les travaux considérables que le duc de La Feuillade y fit exécuter en ont grandement modifié le caractère.

Il se compose actuellement d'un corps de logis central datant du XVIIe siècle et de deux ailes en retour, encadrant la cour d'honneur. L'aile de gauche, qui a seule gardé son aspect primitif de la Renaissance, présente au rez-de-chaussée une série d'arcades en anse de panier, ouvrant sur une galerie, et un premier étage percé de fenêtres, dont les allèges sont ornées de médaillons de marbre exécutés en 1551 par l'orléanais Mathurin Bouberault et représentant des Césars. A l'époque de La Feuillade, des œils-de-bœuf ont remplacé les lucarnes qui existaient auparavant.

Entre chaque travée, des contreforts, formés d'une colonne décorée de moulures en spirale, portent, au niveau de l'étage supérieur, des niches où se trouvaient des termes en terre cuite qui ont disparu, mais dont un spécimen est conservé au musée de la Manufacture de Sèvres.

L'élégante galerie du rez-de-chaussée est encore entièrement conçue suivant les principes de l'architecture gothique, couverte de voûtes d'ogives à liernes et tiercerons retombant en pénétration et ornées de clefs armoriées.

Le bâtiment central, reconstruit presque entièrement au XVIIe siècle, est couronné d'un fronton vers la cour d'honneur et encadré de pavillons plus élevés.

De la même époque, date la galerie à jour qui fait pendant à l'aile Renaissance et relie le château à la tour cylindrique, dite des Ondes, construite quelques années auparavant par Artus II : elle a été transformée en communs au dernier siècle.

A l'intérieur, le pavillon situé à gauche de la façade, appelé pavillon des Trophées, a encore conservé certaines parties primitives. Un vestibule, couvert d'un plafond de pierre sur nervures, à clefs pendantes, donne accès à un remarquable escalier construit par Claude Gouffier, comme le prouve la date de 1544 inscrite sur un chapiteau du premier étage.

Il présente une disposition très singulière : tenant à la fois de la vis et de l'escalier droit, il n'a qu'un seul palier par étage, car, pour relier les deux rampes parallèles, les marches contournent une colonne évidé qui termine le mur formant noyau, suivant une disposition qu'on retrouve, d'après Palustre, au château de Saint-Élix (Haute-Garonne). Comme il est inscrit dans une cage rectangulaire, la corniche, tournant avec les marches, laisse dans les angles du mur un espace triangulaire, dont le plafond est porté sur des nervures sinueuses. La voûte très écrasée qui le couvre ne date que du XVIIe siècle. Sur le palier du premier étage, est établi un berceau de pierre en anse de panier, orné de caissons.

La chapelle, contiguë à l'escalier, est formée d'une travée droite et d'une abside à trois pans : elle est couverte de voûtes à ramifications compliquées, où les ogives sont remplacées par des nervures secondaires réunissant à un losange central les angles de la voûte et le centre de chacun des pans. Les supports sont formés de colonnes engagées surmontées de chapiteaux à corbeille nue. Le dallage se compose de carreaux de terre cuite émaillée, portant chacun une armoirie ou une lettre de la devise des Gouffier.

A la suite de cette chapelle, se trouve la grande galerie qui occupe presque en totalité l'aile gauche du château et offre un des spécimens les moins retouchés de la décoration en usage à la fin du règne de François Ier et au début de celui de Henri II. Le long des murs, quatorze grandes fresques représentant des scènes de l'*Énéide* sont dues à Noël Jallier, qui reçut, en 1549, pour leur exécution, quatre cent quatre-vingt-deux livres tournois ; elles forment encore, malgré leur détérioration, un ensemble fort intéressant et d'un indiscutable mérite. Le plafond, que Palustre attribue au XVIIe siècle, se compose de caissons où figurent des monogrammes, des devises, des fleurs, de petits personnages et autres motifs. Sur le sol, des carreaux vernissés dessinent des labyrinthes. Presque à l'extrémité de la galerie, une cheminée monumentale, entièrement peinte, mais d'une sculpture très médiocre, porte les initiales de Claude Gouffier et de sa femme, Françoise de Brosse, qu'il épousa en 1445.

Dans le corps de logis central, la Grande Salle et la Chambre du Roy ont été accommodées au goût de l'époque par le duc de La Feuillade ; on croit pourtant que les poutres datent de la première construction et ont été simplement retouchées.

La décoration du cabinet des Muses, exécutée au XVIIe siècle sur les ordres de Gilbert Gouffier, duc de Roannez, pourrait être, d'après M. Clouzot, l'œuvre de Jacques

Bellange, qui travailla à Nancy pour le palais des ducs de Lorraine; seul, le plafond, lourdement orné, a été fait du temps de La Feuillade.

COLLÉGIALE

La collégiale, qui servait de chapelle au château, fut fondée, comme celui-ci, par Artus Gouffier très peu de temps avant sa mort. Achevée par Hélène de Hangest, elle fut consacrée en 1526. La petite église, d'une époque antérieure, qui se trouvait enclavée dans les constructions nouvelles, ne fut démolie qu'après l'achèvement de la collégiale.

La nef unique se compose de trois travées voûtées d'ogives, dont les nervures retombent, avec les doubleaux en cintre surbaissé et les formerets, sur une colonne et deux colonnettes. De grandes fenêtres, légèrement brisées, sont garnies de remplages flamboyants. Au sud de la première travée, la base de la tour renferme une chapelle couverte d'une haute voûte à quatre branches, percée d'un œil et portée sur des colonnes d'angle. Cette chapelle est éclairée par d'étroites baies à nombreuses voussures.

Le carré du transept et les croisillons, comprenant chacun une travée, possèdent des voûtes à liernes et tiercerons dont toutes les jonctions sont ornées de clefs armoriées. Dans cette partie de l'église, on remarque deux belles portes, d'une décoration toute italienne, ouvrant sur les chapelles qui encadrent le chœur, et le retable de même style surmontant l'autel du croisillon sud. Le fond de ce croisillon est occupé par une vaste tribune de bois à laquelle on accède par un escalier à jour. A l'ouest du croisillon nord, une porte a été percée après coup, comme l'indique la date de 1540 inscrite à l'extérieur; elle est ornée de motifs en demi-relief et surmontée de grandes coquilles, de candélabres et de rinceaux soutenus par des amours.

8

Le chœur est formé d'une travée droite et d'une abside à trois pans, dont la voûte, portée sur deux nervures s'appuyant contre l'arc de tête, est renforcée de liernes et de tiercerons. De chaque côté de la partie droite, fut ajoutée postérieurement une petite chapelle rectangulaire ouverte par deux arcades jumelles, dont la retombée commune est soutenue dans levide; des pilastres, garnis d'attributs divers, portent un entablement couronné d'une décoration trop luxuriante, empruntée aux motifs courants de la Renaissance.

La chapelle méridionale, où figurent les salamandres de François I⁰ʳ, est couverte de deux voûtes à liernes et à tiercerons. Celle du nord, portant la date de 1540, possède huit petites croisées d'ogives disposées sur deux rangs. M. Daviau a cru reconnaître dans ces oratoires la main de Philibert Delorme; Palustre n'admet pas cette attribution en raison du trop jeune âge qu'aurait eu l'artiste à cette époque. Nous savons que François Charpentier a « besoigné à la chapelle de senestre » : Palustre en a conclu qu'il l'avait construite, mais M. l'abbé Bossebœuf fait remarquer que Charpentier était potier et non sculpteur.

Il faut signaler encore les retables qui surmontent les autels; celui de la chapelle méridionale est orné de petits bas-reliefs imités des plaquettes italiennes et dont les sujets se retrouvent à la Sainte-Chapelle de Champigny-sur-Veude.

Le maître-autel est adossé à une clôture formant retable, garnie de six niches et renfermant les statues des apôtres ; sur les contreforts sont appliquées des moulures dans le style gothique flamboyant et des niches surmontées de dais élevés. A droite, une porte donne accès dans le réduit laissé libre derrière la clôture, tandis qu'à gauche est ménagée une armoire.

Les quatre tombeaux des Gouffier, conservés dans la collégiale d'Oiron, sont des morceaux justement célèbres de la sculpture funéraire de la Renaissance. Mutilés en 1568 par les Protestants sous les ordres de La Colombière, puis à la Révolution, restaurés en 1839, ils offrent néanmoins un réel intérêt.

Ils sont tous attribués à Jean Juste, le sculpteur italien établi à Tours, qui exécuta le tombeau de Thomas James, évêque de Dol, ainsi que celui de Louis XII et d'Anne de Bretagne à l'abbaye de Saint-Denis ; mais si leurs caractères communs viennent confirmer cette attribution, il faut pourtant rappeler que, seul, celui de Claude Gouffier est incontestablement l'œuvre de Juste. Dans une quittance datée du 16 février 1559 (n. st.) et publiée naguère par Benjamin Fillon, l'artiste reconnaît avoir reçu vingt-cinq livres tournois de l'argentier de Mgr le Grand, pour « avoir achevé de pollir et assir la sépulture de mon dit seigneur et de defuncte Madame la Grand ».

Il s'agit, sans aucun doute, de Claude Gouffier, grand écuyer de France, et, très probablement, de sa première femme, Jacqueline de La Trémoïlle, morte en 1548 à Chinon. Malheureusement, du tombeau commun qui devait renfermer les deux époux et qui aurait permis de faire, avec les autres, d'utiles comparaisons, il ne subsiste plus que le gisant de Claude, placé actuellement contre le mur du fond du croisillon sud et qui se trouve dans un très mauvais état de conservation. La statue de Jacqueline fut détruite en 1793.

Au milieu du même croisillon, est placé le tombeau, beaucoup mieux conservé, d'Artus Gouffier, grand maître de France, mort à Montpellier en mars 1519. La statue couchée, de marbre blanc, le représente vêtu d'une armure, les mains jointes, la tête nue reposant sur des coussins ; à ses côtés, sont placés une épée et un ceinturon. Les niches qui décorent le soubassement renferment des moines ou des pèlerins debout, les pilastres sont ornés d'arabesques formées de trophées d'armes à l'antique, d'attributs de marine, d'instruments de musique, traités peut-être avec moins de finesse et

de légèreté que ceux des monuments de Thomas James et de
Louis XII.

Dans l'autre croisillon, on voit le tombeau de Philippe de
Montmorency, veuve de Guillaume Gouffier, morte à Chinon
en 1516. Elle est représentée couchée, les mains jointes,
vêtue d'une robe à longs plis droits. Malgré les mutilations
que la figure a subies, les traits ont conservé une expression
charmante. Le soubassement, très riche, mais d'un art un
peu lourd, est orné, sur les faces principales, de six niches
où sont représentées priant des religieuses agenouillées et,
sur les petits côtés, d'autres niches dans lesquelles des
angelots soutiennent les armes des Gouffier et des Montmorency. Sur les pilastres, l'artiste a reproduit, avec une
grande délicatesse, des objets d'usage féminin : dévidoirs,
rouets, quenouilles, livres d'heures.

Au fond de ce croisillon, est conservé le tombeau de
l'amiral Bonnivet, fils de Guillaume Gouffier, tué devant
Pavie le 29 février 1525 (n. st.). Le gisant, en marbre
blanc, casqué et armé, repose sur un soubassement de
marbre noir, sans niches ni statuettes, mais orné de reliefs
symboliques.

La collégiale possédait, il y a peu d'années encore, vingt-
neuf stalles du XVIᵉ siècle; plusieurs d'entre elles ont été
transportées à Bressuire. Sur les accoudoirs et les miséricordes, figurent des anges, des oiseaux, des dragons et des
grotesques.

La grande vasque de marbre blanc, placée à l'entrée de
l'église et qui sert maintenant de bénitier, décorait autrefois
la cour d'honneur du château. C'est une œuvre toute classique, et Montaiglon, qui y voit la main des Juste, la compare
à celle que la république de Venise donna au cardinal
d'Amboise pour Gaillon et à celle que le même personnage
fit faire à Gênes en 1530 pour son château de Nantouillet.
Décorée en dessous de larges oves aplatis et de masques
destinés à rejeter l'eau, elle est portée sur un pied renflé à

la base, dont le chapiteau est orné de petites têtes reliées par de légères guirlandes.

L'église contient quelques tableaux provenant de l'admirable collection que les Gouffier avaient réunie à Oiron : une Institution du Rosaire, par Beaubrun ; une Résurrection qui avait peut-être constitué la partie centrale d'un retable, dont un panneau, représentant Claude Gouffier et son saint patron, est conservé au presbytère ; enfin, un saint Jérôme et un saint Jean formant retables aux autels des chapelles latérales. Malgré une regrettable restauration, cette dernière toile, copie du saint Jean de Raphaël, mérite d'être signalée, parce que, d'après Vasari, l'original appartenait autrefois aux Gouffier.

Sous la tour, un bas-relief très grossier reproduit l'image d'un homme ferrant un cheval.

A l'extérieur, la haute tour carrée qui s'élève contre la face méridionale est terminée par un tambour circulaire que flanquent des arcs-boutants : le sommet des contreforts leur sert de culée.

La façade principale, achevée seulement au milieu du XVIᵉ siècle, est d'une composition assez défectueuse. Deux portes basses en plein cintre sont comprises sous un entablement à l'antique, sur la frise duquel on lit la devise de la famille Gouffier : Hic TERMINUS HAERET. Un second ordre supporte la retombée d'un grand arc en plein cintre qui encadre une rose : un entablement reposant sur des pilastres est surmonté d'un fronton.

D'un goût plus pur est la petite porte qui met en communication le croisillon septentrional avec le parc du château. Amortie en anse de panier, elle est accompagnée de niches, vides aujourd'hui, et couronnée d'une frise ornée d'amours et de rinceaux. Toute la décoration est formée de salamandres, de candélabres et de coquilles ; on y remarque aussi les initiales d'Hélène de Hangest : sur le pilastre de droite, se lit la date de 1536 et celle de 1540 au-dessus de la porte.

Dans l'hospice, fondé en 1703 par Mme de Montespan, est conservé le portrait de la marquise par Mignard ; mais il a subi d'importantes restaurations.

On ne peut quitter Oiron sans rappeler que son nom est resté attaché aux faïences, dites également de Saint-Porchaire, dont l'origine et l'histoire ont soulevé de nombreuses controverses.

BIBLIOGRAPHIE. — Baudot (A. de) et Perrault-Dabot: *Archives de la Commission des monuments historiques*, Paris, Laurens, s. d., 5 vol. in-fol., t. II, pl. XC. — Bounceault (Arthur) : *Les clefs de voûtes de la chapelle du château d'Oiron*, dans le *Congrès archéologique de France*, LXX, Poitiers, 1903, p. 292-298. — Bosseboeuf (Abbé): *Oiron, le château et la collégiale*, Tours, 1889, in-8°, 80 p. — *Excursion de la Société archéologique à Loudun et à Oiron le 14 mai 1888*, dans le *Bulletin de la Société archéologique de Touraine*, t. VII (1886-1888), Tours, Péricat, 1888, in-8°, p. 505-585. — Chergé (de): *Notice historique sur Oiron,* dans les *Mémoires de la Société des Antiquaires de l'Ouest*, 1840. — Clouzot (Henri) : *Oiron, le château, la collégiale, les tombeaux*, dans les *Musées et monuments de France*, 1906, p. 92-94, 1 pl. — *Les peintures du château d'Oiron*, dans la *Revue de l'art ancien et moderne*, t. XX, 1906, p. 177-190 et 285. — Daviau (N.): *Oiron,* dans Robuchon : *Paysages et monuments du Poitou*, t. VIII, 10 pl. — Montaiglon (Anatole de): *La famille des Juste en France*, dans la *Gazette des beaux-arts*, 2e période, t. XIII, p. 559-566. — Palustre (Léon): *La Renaissance en France*, t. III, p. 229-241.

SAINT-JOUIN-DE-MARNES

Le monastère d'Ension (*monasterium Enessione, Ensionense*), fondé vers la fin du IVe siècle par saint Jouin, qui passe pour être le frère de saint Maximin, évêque de Trèves, et de saint Maixent, évêque de Poitiers, reçut dans la suite le nom de son fondateur. Soumis au VIe siècle à la règle de saint Benoît par saint Martin de Vertou qui en devint abbé, il fut ensuite régi par saint Généroux et resta un des principaux foyers de la vie monastique dans le Poitou. Pendant les guerres qui mirent aux prises Pépin et Waïfre, les Bénédictins firent place à des chanoines réguliers, qui accueillirent en 843, après les avoir d'abord repoussés, les moines de Vertou fuyant devant les invasions normandes avec le corps de leur saint patron.

L'abbaye jouit d'une grande prospérité pendant tout le cours du moyen âge, et des foules de pèlerins y étaient attirées par les précieuses reliques qu'elle renfermait. Mise en commende en 1505, elle vit dilapider ses biens et piller son trésor par l'abbé Arthur de Cossé, qui avait embrassé le protestantisme. En outre, le 28 février 1568, un parti huguenot incendia les bâtiments conventuels.

La réforme de Saint-Maur, introduite en 1655 par l'abbé François Servien, n'empêcha pas la décadence du monastère, qui fut réuni en 1770 au chapitre de Saint-Florentin d'Amboise et devint un simple prieuré.

ÉGLISE

L'église abbatiale, un des édifices les plus remarquables de l'architecture romane poitevine, a déjà fait l'objet d'une visite de notre Société en 1902 : elle rentre néanmoins dans le cadre des études du Congrès, par suite de la présence sur sa nef de voûtes conçues suivant les procédés angevins.

Nous connaissons heureusement les dates extrêmes de sa construction, car elle semble bien devoir prendre place entre l'année 1095 où, d'après la chronique de Saint-Maixent, le moine Raoul, placé quelques années plus tard sur le siège abbatial, commença la reconstruction de l'abbaye, et l'année 1130 qui est celle de la consécration de l'autel majeur.

Il est toutefois nécessaire de noter que la plus grande partie de la nef et le transept sont d'une époque bien antérieure aux trois premières travées et au chœur.

La nef comprend dix travées : le sol étant en déclivité de l'ouest à l'est, deux groupes de deux marches ont été établis pour remédier à cette différence de niveau. Les trois premières piles sont rectangulaires et cantonnées de quatre grosses colonnes engagées ; leurs arêtes sont abattues et le biseau ainsi formé est creusé d'un cavet ou garni de demi-cercles ; de larges feuilles forment griffes sur les bases. Les chapiteaux, ornés de palmettes, de rinceaux, d'animaux et de volutes, sont surmontés de tailloirs, moulurés d'un filet et d'un biseau légèrement concave, qui contournent tout le massif de la pile, sauf la colonne engagée vers la nef. Les piles suivantes, sans décoration aux angles, présentent la même disposition. Un grand nombre de chapiteaux, de bases et de tailloirs ont été refaits récemment, mais on trouve encore quelques chapiteaux authentiques, décorés de personnages traités en méplat, et des tailloirs garnis de torsades. A la quatrième pile, un ressaut forme dosseret à la colonne faisant face à la nef. La dernière pile avant la croisée est entièrement neuve, car l'ancien support avait été démoli au XVIIe siècle afin de réunir deux travées en une seule.

Les arcades sont doublées et à arêtes nues ; les cinq premières légèrement brisées et les suivantes en plein cintre.

La voûte romane n'a été conservée qu'aux trois premières travées : elle est en berceau brisé, portée sur des doubleaux à profil rectangulaire. Les autres travées ont été couvertes au XIIIe siècle de voûtes angevines à ramifications. Elles sont établies suivant les mêmes principes que celles de Saint-Jean de Saumur, d'Asnières et du Puy-Notre-Dame ; mais, comme l'a fait remarquer M. Berthelé, elles présentent, suivant un principe appliqué en 1235 à Toussaint d'Angers, un tracé encore plus compliqué : les calottes

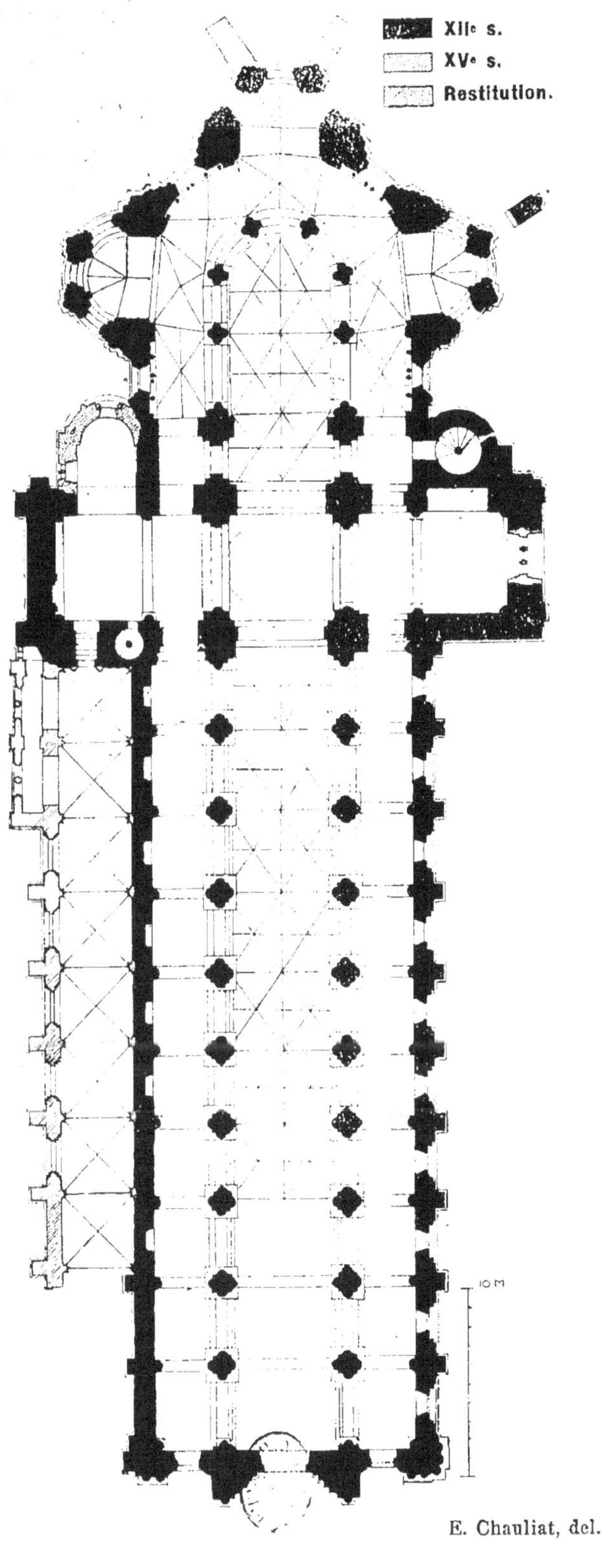

Plan de l'église de Saint-Jouin.

quadrangulaires, dont les angles latéraux retombent au-dessus des piles, embrassent chacune deux travées et chevauchent les unes sur les autres, de sorte qu'elles touchent, au milieu de la voûte de la nef, l'extrémité d'une autre calotte au centre même de la calotte intermédiaire. En conséquence, les coupoles ne sont pas aussi nettement délimitées que dans le système précédemment décrit, et les pendentifs sur lesquels empiètent les calottes voisines n'offrent pas la disposition en triangle sphérique, qui rappelle d'une façon si frappante les procédés périgourdins.

Des nervures longitudinales présentant la disposition de liernes continues unissent entre elles les sommets des calottes; et, comme complément de ce qui existait à Toussaint, celles qui sont établies transversalement entre les intersections des calottes, se prolongent jusqu'aux clefs des formerets. Les trois lignes de clefs qui se trouvent ainsi formées par les croisements des nervures sont décorées de médaillons finement sculptés. Toutes les branches constituant l'armature de ces voûtes sont profilées en boudin; celles qui retombent contre les murs sont soutenues soit par des pilastres, soit par des colonnettes jumelles reposant sur les colonnes primitives coupées un peu au-dessus du sommier des arcades. Contre le carré du transept, elles sont portées sur des consoles.

Les bas-côtés sont voûtés en berceau : dans les quatre premières travées, une moulure en biseau contourne les baies en plein cintre et se continue en cordon sur le mur; les doubleaux brisés retombent sur des colonnes engagées, dont les chapiteaux, ornés pour la plupart d'animaux ou de feuilles, sont surmontés de tailloirs moulurés d'un filet et d'un cavet. Aux travées suivantes, un peu plus anciennes, la moulure de l'archivolte des fenêtres est décorée de palmettes plates et continuée par un cordon formant bague sur les colonnes, qui s'arrêtent à ce niveau et portent deux colonnettes jumelles; ces dernières, dont les chapiteaux,

décorés de feuillage, sont surmontés d'un tailloir commun
à rinceaux, reçoivent les doubleaux en plein cintre.

Le carré du transept est couvert d'une coupole octogone
portée, dans les angles, par des trompes en cul-de-four.
Les grands arcs, doublés et à arêtes nues, reposent sur des
piles à ressauts cantonnées de colonnes seulement vers les
croisillons : les chapiteaux sont ornés de rinceaux et de
personnages, et l'un des tailloirs est garni de billettes.

Les croisillons, divisés en deux travées, sont voûtés en
berceau soutenu par un doubleau : un autre doubleau est
engagé dans le mur du fond, percé, au sud, d'une baie en
tiers-point du XV⁰ siècle, et, au nord, de deux baies en plein
cintre refaites à l'époque moderne. Les arcades communiquant avec les bas-côtés retombent sur des pilastres
moulurés à l'imposte. L'absidiole qui s'ouvrait, dans chaque
croisillon, à l'est de la deuxième travée, a disparu.

Le chœur a deux travées droites : la première, qui est
un précieux témoin de l'église antérieure, est percée, sur
chaque face, d'une arcade en plein cintre portée sur la pile
de la croisée et la pile rectangulaire qui lui fait suite. Au-
dessus, deux petites baies géminées, qui prouvent l'existence d'une tribune primitive, s'ouvrent sous un oculus.
A la deuxième travée, l'arcade repose sur trois colonnes
appliquées contre la pile rectangulaire et sur un faisceau
de quatre autres, dont les chapiteaux sont ornés de feuilles
d'eau. Une galerie de cinq arcs en plein cintre surmonte les
arcades ; au-dessus, passe un cordon de billettes. La pile en
quatre-feuilles correspond à un pilastre, qui porte, à la hauteur des arcs aveugles, deux colonnettes jumelles.

L'abside, en hémicycle, présente la même élévation que
la deuxième travée droite : elle possède cinq arcades supportées par des piles en quatre-feuilles, type de supports rarement employé à cette place, mais qu'on retrouve pourtant
aussi à Vertheuil, en Médoc, et à Dun-sur-Auron, et qui se
voyait également autrefois à l'abbatiale de Saint-Aubin

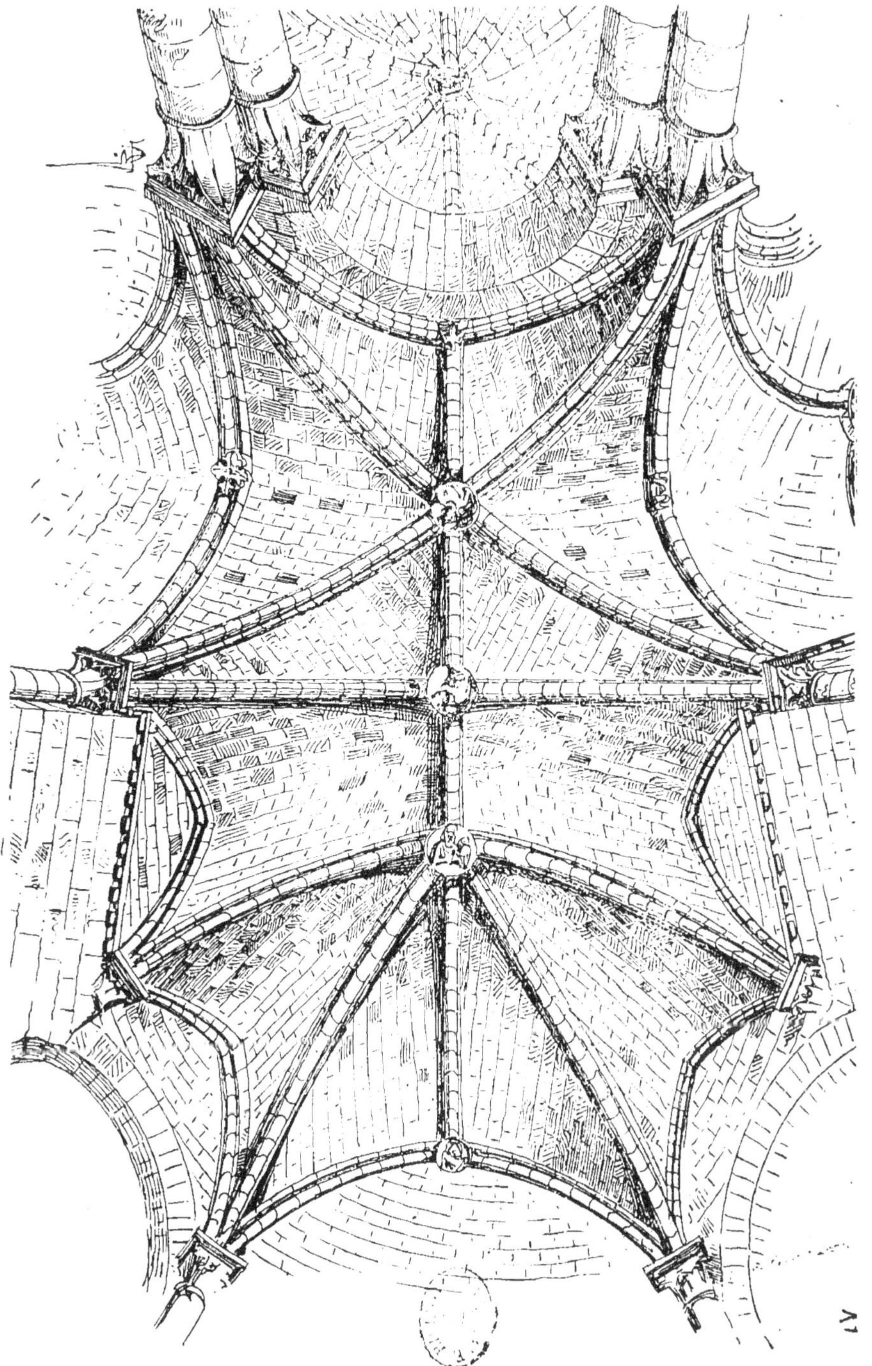

Église de Saint-Jouin.

Voûtes du déambulatoire et d'une chapelle.

d'Angers (musée Saint-Jean, n° 3089). Les arcs de la galerie sont partagés en trois groupes de cinq par de courtes colonnes engagées. L'étage supérieur du chœur avait sans doute été modifié au XIII⁰ siècle. lors de l'établissement des voûtes, ainsi qu'au XV⁰, époque où l'église fut mise en état de défense : il a été récemment restauré et on y a rétabli de petites baies en tiers-point.

Les voûtes des deux travées droites sont identiques à celles de la nef. Sur l'abside, cette disposition n'a pu être entièrement appliquée : après une demi-voûte du même modèle, les nervures qui partent de la naissance de l'hémicycle vont rejoindre la branche médiane près de son extrémité, tandis que d'autres branches, partant du point d'intersection de la nervure médiane avec la dernière nervure transversale, viennent retomber, derrière une statuette, sur les colonnes que nous avons signalées, placées au niveau de la galerie aveugle.

Le déambulatoire est accompagné de trois chapelles rayonnantes non tangentes entre elles. La première travée est voûtée en berceau, mais les suivantes ont été couvertes de voûtes d'ogives, seul exemple d'une tentative faite pour appliquer le système angevin simplifié, il est vrai, à une galerie tournante.

De chaque côté, deux travées, celle qui précède la première chapelle et celle qui la sépare de la chapelle du chevet. sont garnies, au niveau du sol, de quatre arcs et ajourées d'une grande baie en plein cintre sur colonnettes qu'encadre un formeret du XIII⁰ siècle porté sur des colonnes primitives. Toute la partie des murs, à partir du cordon de billettes qui continue le tailloir des colonnes recevant les doubleaux, a été refaite en même temps que les voûtes.

Les branches d'ogives ne retombent pas, vers l'extérieur, contre les doubleaux, mais, comme à la cathédrale de Chartres, leur écartement a été diminué afin de donner aux voûtes un plan se rapprochant autant que possible du carré ;

de petits arcs aigus garnissent l'espace compris entre la
retombée des ogives et celle des doubleaux.

A la deuxième travée, la voûte est garnie d'une nervure
supplémentaire reliant entre elles les clefs des doubleaux.
Les travées donnant accès aux chapelles ne présentent pas
la particularité que nous venons de signaler; seule la voûte
centrale est renforcée d'une branche unissant l'arcade du
chœur à celle de la chapelle. Bien que les nervures ne soient
pas dans le prolongement les unes des autres, leurs clefs
sont très rapprochées des arcades du chœur.

Les chapelles rayonnantes sont ouvertes par des arcs,
refaits au XIII⁰ siècle, mais qui retombent sur des colonnes
primitives; elles sont éclairées chacune de trois baies en
tiers-point doublées, sans mouluration, portées sur des
colonnettes d'angle et une colonne engagée commune; les
chapiteaux, ornés de feuilles d'acanthe et de rinceaux, sont
surmontés de tailloirs moulurés d'un filet et d'un cavet, ou
bien décorés de feuillage.

Les voûtes sur croisée d'ogives reposant sur des consoles
constituent une sorte de berceau, garni à son sommet d'une
branche longitudinale et séparé, par un doubleau, de l'abside
couverte d'une voûte à deux nervures, dont le voûtain central est également renforcé d'une branche continuant celle
du berceau.

L'église possède de belles stalles du XVII⁰ siècle; le
lutrin, en bois sculpté, date de la même époque: il est
décoré de trois enfants portant un bouquet surmonté de
trois têtes d'anges, sur lesquels est posé un aigle aux ailes
déployées.

La façade occidentale offre les dispositions générales et la
décoration caractéristique de l'école romane poitevine:
divisée en trois parties par de grosses colonnes formant
contreforts, sur lesquelles reposent des colonnes jumelles,
elle est percée de trois portails sans tympan. Le principal, ouvert dans un mur en saillie surmonté d'un glacis,

comprend cinq voussures soutenues par des piédroits et huit colonnes d'angle; les portails secondaires qui l'encadrent ont une décoration plus simple. Des statuettes sont encastrées dans le mur de l'étage supérieur ajouré de trois fenêtres, celle du centre percée à un niveau plus élevé que les autres. Un cordon de dents d'engrenage court à la base du pignon garni de figures de saints et d'une statue du Christ adossé à une croix.

Des contreforts formés de faisceaux de colonnes garnissent les angles et portent de petites tourelles octogones surmontées de flèches de pierre. Leurs deux étages, ornés d'arcades et séparés par une corniche, sont, le premier, aveugle, et le second, ajouré.

Sur les faces latérales. les fenêtres en plein cintre sont encadrées par des arcs sur colonnettes. A partir de la cinquième travée, l'appareil est plus petit et les fenêtres moins largement ouvertes que dans les précédentes.

Le croisillon nord reçut à la fin du XIV⁰ siècle et au début du XV⁰ des ouvrages défensifs; il fut surélevé et garni de mâchicoulis qui subsistent encore en partie, malgré les destructions systématiques effectuées au XIX⁰ siècle. Une tourelle d'escalier conduisant au chemin de ronde fut substituée à l'absidiole orientée de l'époque romane.

Bien qu'elle soit l'œuvre de plusieurs campagnes distinctes, la tour centrale, de forme carrée, appartient entièrement au XII⁰ siècle. L'étage inférieur présente deux groupes de deux arcades sur pilastres; au-dessus d'une corniche portée sur modillons, le second étage, un peu en retrait, paraît moins ancien et est également percé de deux groupes de baies jumelles dont la voussure extérieure repose sur des colonnes d'angle et sur une colonne commune. L'étage supérieur, encore en retrait sur le précédent, a été fortement restauré à l'époque moderne.

Le déambulatoire et ses chapelles rayonnantes sont garnis de contreforts-colonnes.

Contre la chapelle méridionale, la culée d'un arc contrebutant la voûte du XIIIe siècle est garnie d'une colonne engagée, dont le chapiteau à volutes présente tous les caractères du XIIe: il a peut-être été rapporté, à moins qu'il ne soit le fruit d'un singulier archaïsme.

Le mur des parties basses, formé d'un appareil décrivant des losanges et des imbrications, est garni, au niveau du sol, d'une galerie d'arcs en plein cintre.

Les parties hautes de l'abside ont été refaites : jusqu'à ces dernières années, au-dessus des chapelles et masquant les fenêtres, s'élevaient d'importantes constructions militaires du XVe siècle, composées d'un chemin de ronde flanqué d'échauguettes; malgré tout l'intérêt qu'elles présentaient, elles ont été détruites sous le prétexte de restituer le monument dans son état primitif.

Les bâtiments conventuels, reconstruits en 1476 par l'abbé Pierre d'Amboise, furent, à l'exception du cloître, démolis par l'abbé commendataire Auguste Servien, qui les réédifia dans le style classique. Vendus comme biens nationaux, ils ont, en grande partie, disparu depuis.

La galerie méridionale du cloître, datant de la fin du XVe siècle, subsiste encore le long de la face nord de l'église : ajourée d'arcades en tiers-point à remplage flamboyant, elle est couverte de voûtes sur croisées d'ogives qui retombent, avec les doubleaux, sur des colonnettes surmontées de petits chapiteaux à feuillage.

BIBLIOGRAPHIE. — *Acta Sanctorum*, jun., t. I, p. 73-74. — Baudot (A. de) et Perrault-Dabot: *Arch. de la Com. des mon. hist.*, t. II, pl. XXXII, XXXIII. — Berthelé (Joseph): *L'église de Saint-Jouin-lès-Marnes*, dans le *Bulletin Monumental*, t. LI, 1885, p. 263, 393. — Cougny (G. de): *La façade de l'église de Saint-Jouin*, dans la *Revue poitevine et saintongeaise*, t. III, 1886, p. 225. — *Gallia christiana*, t. II, 1720, col. 1273-1277. — Grandmaison (Ch. de): *Cartulaire de Saint-Jouin*, dans les *Mémoires de la Société de statistique des Deux-Sèvres*, t. XVII, 1854, XIV-135 p. — La Bouralière (A. de):

Saint-Jouin-de-Marnes, dans le *Congrès archéologique de France*, LXX, Poitiers, 1903, p. 70-72. — Ledain (Bélisaire): *Notice historique et archéologique de l'abbaye de Saint-Jouin*, dans les *Mémoires de la Société des Antiquaires de l'Ouest*, 2ᵉ série, t. VI, 1883, p. 49-136, et Poitiers, 1884, in-8°. — *Saint-Jouin-lès-Marnes*, dans Robuchon: *Paysages et monuments du Poitou*, t. VII, 4 pl. — Lerosay: *Ension ou Saint-Jouin-lès-Marnes*, Paris, 1906, in-12.

AIRVAULT

L'abbaye Saint-Pierre d'Airvault (*Aurea Vallis, Oirevau, Aureval*) a été fondée dans la deuxième moitié du Xᵉ siècle par Hildearde d'Aulnay, femme d'Herbert Iᵉʳ, vicomte de Thouars. Les religieux, qui suivaient la règle de saint Augustin, se relâchèrent bientôt de la discipline primitive; et, à la fin du XIᵉ siècle, sur la prière d'Aimery, vicomte de Thouars, Pierre II, évêque de Poitiers, dut les réformer en leur donnant pour abbé un moine de Lesterps, Pierre de Saine-Fontaine.

La seigneurie qui sortit au milieu du XIIIᵉ siècle des mains des vicomtes de Thouars, n'a jamais tenu dans l'histoire du Poitou une place bien importante; elle devint marquisat en 1660.

La chronique de Saint-Maixent nous apprend que l'église, reconstruite par l'abbé Pierre, fut consacrée en l'an 1100. Son style peut parfaitement en faire remonter la construction vers cette époque, et elle présente avec Saint-Jouin-de-Marnes de nombreux points de ressemblance.

L'édifice est précédé d'un vaste narthex à deux étages, dont l'axe ne correspond pas à celui de l'église proprement dite. Le rez-de-chaussée compte six travées divisées en trois nefs couvertes de voûtes d'arêtes séparées par des doubleaux, celui de la nef centrale entièrement garni de billettes. Le long des murs, les supports sont formés de piles tréflées surmontées de chapiteaux décorés de feuilles d'acanthe; les tailloirs sont ornés de rinceaux. Les deux piles isolées, refaites sans doute au XV⁰ siècle, sont carrées et ont leurs angles abattus par un biseau dont les extrémités présentent une arête en pénétration; elles reposent sur des bases romanes décorées d'animaux. Les colonnes engagées possédaient primitivement des bases semblables, mais elles ont été remplacées à l'époque moderne par d'autres à mouluration attique, et elles sont actuellement déposées dans un bâtiment annexe.

La porte de l'église est en plein cintre et sans tympan; ses trois voussures moulurées reposent sur des colonnes d'angle.

La tribune qui surmonte le narthex est divisée de la même façon que l'étage inférieur: elle a été couverte au XIII⁰ siècle de voûtes d'ogives semblables à celles dont nous allons parler.

La nef de sept travées est séparée des collatéraux par des piles en quatre-feuilles, dont les bases, moulurées d'une gorge entre deux tores, sont garnies de griffes formées de boules, de monstres ou de têtes, et les chapiteaux ornés de feuilles d'acanthe d'un très beau style, d'entrelacs ou de figurines; les tailloirs présentent une décoration de damiers ou de palmettes. Les arcades sont en plein cintre, sauf dans la dernière travée où elles sont brisées; sur chaque face, des consoles représentant des animaux supportent des statues. Les colonnes des piles, du côté de la nef, sont surmontées, un peu au-dessus du sommet des arcades, de chapiteaux dont les tailloirs, profilés d'un filet et de deux cavets séparés par une baguette, se continuent en cordon sur le mur. Cette mouluration, si différente de celle qui se voit dans les parties basses, permet de croire que les tailloirs ont été refaits en même temps que l'étage supérieur.

Des fenêtres hautes ajourent actuellement la nef; mais la situation des chapiteaux des colonnes engagées, la présence d'un cordon du XIII⁰ siècle au-dessous des baies, enfin et surtout le fait que ces fenêtres, limitées à l'intérieur par les

A. Bouneault, del.

Église d'Airvault.

Coupe sur le porche.

formerets, ne conservent à l'extérieur aucun vestige d'un autre tracé, toutes ces considérations paraissent prouver d'une façon évidente que la nef d'Airvault devait, à l'origine, être couverte d'une voûte en berceau sur doubleaux, prenant naissance au-dessus des arcades, suivant le type universellement adopté dans la région, et que les parties hautes de l'édifice ont été refaites et la nef éclairée au XIIIe siècle, lors de l'établissement des voûtes.

Celles-ci sont identiques aux voûtes de Saint-Jouin : la dernière travée, séparée des précédentes par un doubleau en tiers-point de forte section, possède une croisée d'ogives renforcée de quatre liernes.

Le bas-côté sud est éclairé par des fenêtres en plein cintre contournées, à l'archivolte, par un cordon de feuillage qui se continue le long du mur et forme bague sur les colonnes engagées, surmontées à ce niveau, comme à Saint-Jouin-de-Marnes, de deux colonnettes jumelles dont les chapiteaux, ornés de feuilles d'acanthe, ont un tailloir commun garni d'une décoration semblable.

La voûte en berceau plein cintre repose sur des doubleaux à arêtes nues. A la sixième travée, une piscine du XIVe siècle est encadrée par une arcade à redents ornée de fleurettes d'une exécution assez lourde.

Dans le bas-côté nord, très restauré, les fenêtres sont percées sous de grands arcs portés sur des pilastres, formant dosserets aux colonnes engagées, et dont l'imposte est garnie d'entrelacs, de palmettes, de billettes et d'animaux. On remarque à la sixième travée une belle porte du XVe siècle, seul reste d'une intéressante chapelle que le Congrès de 1903 a encore pu visiter et qui a disparu depuis, sacrifiée dans les restaurations récemment effectuées. Elle possédait une voûte à huit nervures du système angevin.

Des plaques décorées d'entrelacs et d'animaux traités en méplat, provenant sans doute de l'église du XIe siècle, ont été encastrées dans le mur de la travée suivante.

Les piles du carré du transept furent en partie refaites au XIIIᵉ siècle, quand on construisit la tour centrale. Elles sont cruciformes et cantonnées de quatre colonnes dont les chapiteaux sont garnis de crochets. Les grands arcs, en tiers-point et sans mouluration, sont doublés, suivant l'habitude angevine, d'un boudin remplissant le rôle d'un formeret.

La voûte, percée d'un œil, est portée sur huit nervures profilées en boudin. Les ogives retombent, dans les angles des piles, sur des consoles à têtes.

Les croisillons comptent deux travées séparées par un doubleau en plein cintre sur colonnes engagées : la première, percée d'arcades vers les bas-côtés, est couverte d'une voûte d'ogives sur consoles ; la deuxième, voûtée en berceau, est accompagnée à l'est d'une chapelle encadrée d'un arc en plein cintre sur colonnettes jumelles. Cette chapelle comprend une courte travée, voûtée d'arêtes, communiquant avec le bas-côté du chœur, et une absidiole en hémicycle surmontée d'un cul-de-four.

Le chœur semble un peu antérieur à la nef, mais il a subi au XIIIᵉ siècle d'importants remaniements. Les deux arcades de sa partie droite ont été refaites à cette époque, et la première est plus large que la seconde : elles sont toutes deux en tiers-point, formées d'un bandeau entre deux tores, et doublées d'un boudin. Elles retombent sur une pile commune en quatre-feuilles, dont la base, profilée d'un tore aplati, est garnie de griffes, et les chapiteaux à crochets sont surmontés de tailloirs ornés de feuillages, et reposent sur de courtes colonnes du XIIIᵉ siècle supportées par les tailloirs des piles romanes.

Les cinq arcades de l'abside en hémicycle sont en plein cintre un peu surhaussé et à doubles voussures : les piles cylindriques qui les reçoivent ont des chapiteaux historiés et des tailloirs décorés de palmettes. Trois fenêtres éclairent cette partie de l'église. Les voûtes sont disposées suivant le même procédé que celles de la nef : l'angle du dernier

losange vient s'appuyer au fond même de l'abside, et deux
nervures partant de la dernière clef centrale se trouvent
brisées, en raison de la courbe de l'hémicycle, et ont leur
sommier masqué par des statues d'anges.

Les deux travées droites du déambulatoire ont reçu, également au XIII° siècle, des croisées d'ogives, portées sur des
consoles ; comme elles ont été établies à un niveau sensiblement supérieur à celui des voûtes primitives, on dut sur-
monter de colonnettes les colonnes engagées, pour supporter
les doubleaux.

Les cinq travées tournantes possèdent toujours leurs
voûtes d'arêtes, séparées par des doubleaux en plein cintre
sur de hautes colonnes jumelles engagées. Au nord et au
sud, la première de ces travées est seule éclairée, car trois
chapelles tangentes s'ouvrent sur les travées centrales : disposition fort rare qu'on rencontre encore à San Lorenzo de
Carboiero, près Pontevedra (Galice) et, à l'époque gothique, à Villeneuve-sur-Yonne et à Santa Maria dei Servi de
Bologne.

Les deux chapelles latérales, encadrées d'un arc sur
colonnes jumelles, sont en hémicycle et couvertes d'un
cul-de-four. La chapelle du chevet, dont l'arc d'encadrement
est porté sur de simples colonnes engagées, comprend une
courte travée droite voûtée en berceau et décorée d'une
arcade aveugle ; l'hémicycle est percé de trois baies soutenues par des colonnes.

Dans la chapelle du croisillon nord, est placé le tombeau
de l'abbé Pierre de Saine-Fontaine, qui mourut en 1110 :
surmonté d'un couvercle à deux rampants, il est porté sur
des pieds formés de petits personnages ; ses faces sont
décorées de frises de palmettes et de neuf arcs en plein
cintre reposant sur des colonnettes torses qui encadrent
des statuettes. L'enfeu où il se trouve est ouvert par une
arcade soutenue par des colonnes et surmontée d'une corniche dont les modillons à têtes séparent des métopes ornés

d'entrelacs. Des recherches faites en 1880 par le P. de la Croix à l'intérieur du tombeau ont amené la découverte d'une lame de plomb sur laquelle est gravée l'inscription : PETRUS PRIMUS ABBAS.

En 1888, on a retrouvé dans le chœur un devant d'autel en pierre de la deuxième moitié du XII° siècle, actuellement déposé au bas du collatéral nord, et qui représente le Christ dans une gloire, entre les symboles des évangélistes ; de chaque côté, des arcs en plein cintre encadrent quatre personnages debout.

La façade principale ne présente pas une décoration aussi riche que celle de Saint-Jouin. Trois arcades donnent accès au narthex : la centrale en tiers-point et les deux latérales en plein cintre.

Au-dessus de l'arcade septentrionale, on remarque une de ces statues équestres, assez répandues dans les églises romanes de la Saintonge, où l'on croit pouvoir reconnaître l'image de Constantin. La fenêtre, qui est percée dans le mur de la nef, a été surélevée et remaniée au XIII° siècle.

Les bas-côtés, couronnés d'une corniche de petits arcs, sont ajourés de baies doublées d'arcades, dont la voussure, décorée de billettes et de dents de scie, repose sur des colonnettes. Ils sont actuellement surmontés d'un toit plat, afin de laisser libres les fenêtres de la nef ; mais il est permis de supposer qu'un toit unique à deux rampants couvrait primitivement la nef et ses collatéraux, car les murs supérieurs ne possèdent pas de corniche comme ceux des bas-côtés.

Une belle tour carrée, construite sur la croisée à la même époque que les voûtes, est garnie, sur chaque face, de quatre arcades en tiers-point à nombreuses voussures moulurées portées sur colonnettes : les deux centrales sont seules ajourées. Une haute flèche octogone, cantonnée de clochetons, la surmonte.

L'abside est flanquée de contreforts formés de faisceaux de trois colonnes ; les chapelles qui l'encadrent sont reliées entre elles par des arcs, afin de faciliter l'établissement d'un toit unique : procédé qu'on retrouve également à Montmajour, à Saint-Martin-des-Champs de Paris, à la cathédrale de Bayeux, à Saint-Étienne de Caen, etc.

Le long du mur méridional de la nef se trouvent quelques vestiges du cloître reconstruit au XVᵉ siècle.

La salle capitulaire qui fait suite au croisillon date du XIIᵉ siècle et est dans un bon état de conservation, bien qu'elle ait perdu à l'époque moderne plusieurs travées, par suite de l'établissement d'une route. Elle est ouverte sur le cloître par une porte en tiers-point et deux baies subdivisées en deux arcs reposant sur des colonnettes jumelles. Les voûtes d'ogives qui couvrent les six travées subsistant encore, moulurées d'un gros tore, ne sont pas séparées les unes des autres par des doubleaux : cette disposition exceptionnelle, appliquée également dans une salle basse de l'évêché de Meaux, peut être rapprochée de celle qu'on trouve en Poitou même, sur le chœur de l'église de Jazeneuil. Les nervures retombent sur des piles isolées et, le long des murs, sur des pilastres.

Les parties des bâtiments conventuels qui existent encore datent du XIVᵉ siècle et sont comprises dans la gendarmerie. Il faut signaler une salle de deux travées, dont les voûtes sont garnies de clefs sculptées aux intersections des nervures et au sommet du doubleau, ainsi qu'une ancienne chapelle privée de ses voûtes, mais qui conserve plusieurs piscines, dont une est semblable à celle décrite dans le bas-côté sud de l'église.

CHATEAU

Le château, qui fut incendié en 1569 par Coligny après sa défaite à Moncontour, avait subi auparavant d'importants remaniements qui en ont altéré le caractère. Il présente la forme d'un quadrilatère aux angles arrondis.

PONT DE VERNAY

Le pont de Vernay qui traverse le Thouet remonte au XII° siècle. Ses onze arches sont formées chacune de trois arcs en plein cintre séparés les uns des autres et surmontés de petits murs portant les dalles qui constituent le tablier.

Ce mode de couverture fut employé dès l'antiquité dans un couloir des arènes d'Arles et sur plusieurs basiliques de la Syrie. Deux arches, détruites pendant les guerres de la Révolution, ont été reconstruites à l'époque moderne d'une manière fort défectueuse. Les piles sont garnies en amont d'éperons triangulaires et, de l'autre côté, de contreforts plats doublés d'un ressaut amorti par un long glacis.

Un peu en aval du pont de Vernay, se trouve le pont gothique de Soulièvres, dont les arches en cintre brisé reposent sur des piles à bec.

BIBLIOGRAPHIE. — Baudot (A. de) et Perrault-Dabot: *Arch. de la Com. des mon. hist.*, t. II, pl. XXXV. — Beauchet-Filleau: *Recherches sur Airvau, son château et son abbaye,* dans les *Mémoires de la Société des Antiquaires de l'Ouest,* t. XXIV. 1859, p. 177-369, et Poitiers, 1859, in-8°. — Berthelé (Joseph): *Note sur les divers textes fournissant la date de l'église d'Airvault,* dans le *Bulletin de la Société de statistique des Deux-Sèvres,* t. VI, 1885, p. 119-122. — *Recherches critiques sur trois architectes poitevins de la fin du XI° siècle,* dans le *Bulletin Monumental,* 1886. — *La date de l'église d'Airvault,* dans la *Revue poitevine et saintongeaise,* t. III, 1887. p. 257-272. — *Les voûtes Plantagenet d'Airvault et de Saint-Jouin-lès-Marnes, Ibid.,* t. IV, 1887, p. 1-5. — *L'église d'Airvault,* dans les *Recherches pour servir à l'histoire des arts en Poitou,* Melle, 1889, in-8°, p. 30-53. — *Airvault et Saint-Généroux,* dans Robuchon: *Paysages et monuments du Poitou,* t. VII, 6 pl. — *Airvault,* dans la *Grande encyclopédie,* t. I, p. 1068-1069. — Caumont (A. de): *Note sur l'église d'Airvault,* dans le *Bulletin Monumental,* t. VI, 1840, p. 209-211. — La Bouralière (A. de): *Airvault,* dans le *Congrès ar-*

chéologique de France, LXX, Poitiers, 1903, p. 75-79. — Ledain (Bélisaire) : *Fouille du tombeau de Pierre, premier abbé d'Airvault*, dans les *Mémoires de la Société des Antiquaires de l'Ouest*, 2e série, t. III, 1880, p. 365-472. — Longuemare (de) : *Une tombe de l'église d'Airvault, Ibid.*, p. 355-364. — Martin (Gabriel) : *L'abbaye d'Airvault et la Commission des réguliers, Ibid.*, t. X, 1904-1906, p. 441-446.

QUATRIÈME EXCURSION

SAINT-FLORENT-LÈS-SAUMUR, LES TUFFEAUX, TRÈVES, CUNAULT, GENNES

Par M. A. RHEIN.

SAINT-FLORENT-LÈS-SAUMUR

C'est dans le village de Saint-Hilaire-Saint-Florent, resserré entre la rivière du Thouet et le coteau qui la domine, que s'élevait la puissante abbaye dont nous avons déjà rappelé les origines à propos de l'histoire de Saumur.

L'établissement des moines en ce lieu au XIe siècle est rapporté dans un récit, quelque peu légendaire, mais qui ne manque pas d'intérêt : lorsque Foulques Nerra eut incendié le monastère qui couronnait la colline du château de Saumur, il fit vœu d'ériger à Angers, en l'honneur de saint Florent, un sanctuaire plus riche que celui qu'il venait de détruire. Mais le bateau qui transportait vers leur nouvelle résidence les religieux et le corps de leur premier abbé, ne put, malgré tous les efforts, dépasser la limite des possessions de l'abbaye et Foulques dut, bien qu'à contre-cœur, autoriser les moines à débarquer leur précieux fardeau et à s'établir définitivement au lieu dit Saint-Hilaire-des-Grottes, qui leur appartenait depuis le IXe siècle.

On entreprit en 1026 la construction du monastère et, en 1041, eut lieu la dédicace de l'église, où les reliques avaient été déposées dès 1030. Dans le troisième quart du XIIe siècle, l'abbé Mathieu de Loudun éleva une nouvelle église que

son successeur Mainier (1176-1203) compléta par la construction d'un vaste porche.

Très éprouvée pendant les guerres du XIV⁰ siècle, mise
en commende sous François Iᵉʳ, pillée en 1562 et en 1569
par les Protestants, l'abbaye fut unie à la congrégation de
Saint-Maur en 1637. Ses bâtiments eurent peu à souffrir des
troubles révolutionnaires ; mais le domaine de Saint-Florent
ayant été donné en 1803 au sénateur Lemercier, celui-ci fit
démolir en entier, à l'exception du porche, l'admirable
église du XII⁰ siècle, qui avait mérité le surnom de « Belle
d'Anjou ». La bande noire qui fit en 1833 l'acquisition des
bâtiments conventuels, les détruisit à peu près complètement.

PORCHE DE L'ÉGLISE ABBATIALE

Le porche, construit, comme nous l'avons vu, à la fin du
XII⁰ siècle, sert actuellement de chapelle au couvent du
Bon-Pasteur. Il est ouvert par trois arcades en plein cintre
et se compose d'une vaste salle carrée dont la voûte, rame-
née au plan octogonal par des trompes encadrées d'un arc
en plein cintre et nervées d'un boudin, est portée sur huit
branches d'ogives profilées en simple tore et retombant sur
des colonnettes dont les chapiteaux, garnis de feuilles recourbées, sont surmontés de tailloirs, les uns décorés, les
autres seulement moulurés.

Il subsiste encore une crypte du XII⁰ siècle, dont les trois
nefs sont couvertes de voûtes d'arêtes sur colonnes, et un
vaste bâtiment du XVIII⁰ siècle.

ÉGLISE PAROISSIALE

L'église paroissiale se compose d'une nef et d'un chœur
comptant chacun deux travées.

La nef est doublée au sud par un collatéral de même

largeur et de même élévation. La première travée ne date que de 1865 et reproduit fidèlement la suivante : cette dernière, qu'on peut attribuer à l'extrême fin du XIIe siècle, possède une voûte d'ogives à liernes ; les nervures retombent vers le collatéral, avec les doubleaux brisés dont le bandeau est accompagné de deux tores, sur des piles cantonnées de quatre colonnes engagées et de quatre colonnettes d'angle qui reçoivent également les arcades semblables aux doubleaux, et, au nord, sur des demi-piles, de même disposition, engagées dans le mur. Des formerets, garnis d'un motif à leur clef, encadrent tous les voûtains ; contre la paroi nord, ils sont doublés d'un second boudin.

Les fenêtres en tiers-point ont leurs arêtes nues.

Le chœur est séparé de la nef par un doubleau à deux voussures ; la voûte de sa première travée est soutenue par quatre branches sans clef sculptée, portées, ainsi que les formerets, sur des colonnes d'angle.

Un doubleau, de section rectangulaire, contourné d'un tore, la sépare de la deuxième travée, terminée par un chevet plat et dont la voûte, plus ancienne que la précédente, a des nervures formées de deux tores accolés et soutenus par des colonnes, tandis que les formerets reposent sur des consoles.

La première travée du collatéral est moderne ; la seconde est couverte d'une voûte identique à celle de la travée de la nef qui lui est contiguë. La troisième travée, rectangulaire, forme sanctuaire : elle possède une voûte à quatre branches à laquelle fait suite une seconde voûte dont les deux nervures viennent aboutir, contre l'arc de tête, à une clef représentant la Vierge portant l'Enfant Jésus et couronnée par deux anges. Deux trompes nervées, appliquées dans les angles, forment une sorte d'abside polygonale.

L'église a été fortifiée en 1417 et 1418 par l'abbé Jean du Bellay-le-Vieil, qui renforça les murs de contreforts reliés par de grands arcs portant des mâchicoulis.

Bibliographie. — Voir la bibliographie de Saumur aux mots: *Acta Sanctorum*, Barbier de Montault, Espinay (G. d'), *Gallia christiana*, Port (C.), Cartulaire de Saint-Florent. — *Breve Chronicon Sancti Florentii Salmurensis*, éd. Martène : *Amplissima collectio*, t. V, col. 1140-1146, et Marchegay et Mabille : *Chroniques des églises d'Anjou* (Soc. de l'hist. de France), Paris, 1869, in-8°, p. 181-195. — *Gallia christiana*, t. XIV, 1856, in-fol., col. 620-640. — *Historia eversionis monasterii Sancti Florentii*, éd. Martène : *Thesaurus anecdotorum*, t. III, col. 843-850. — *Historia Sancti Florentii Salmurensis*, éd. Marchegay et Mabille, *op. cit.*, p. 216-328.

LES TUFFEAUX

L'église des Tuffeaux (*Tuffelli,* commune de Chênehutte-les-Tuffeaux) est un intéressant édifice de la première moitié du XII⁰ siècle, restauré en 1789-1790 et de nouveau au XIX⁰ siècle.

Les arcades en plein cintre de la nef retombent sur des piles cylindriques dont les chapiteaux, ornés de feuilles plates et de volutes, sont surmontés de tailloirs moulurés d'un filet et d'un large cavet. La voûte en berceau ne date que du XVIII⁰ siècle et les bas-côtés ont été très remaniés à la même époque.

Le chœur, peu élevé, est voûté en berceau et terminé par une abside en hémicycle couverte d'un cul-de-four et éclairée par quatre fenêtres.

Cette division en nombre pair, peu fréquente dans les églises à déambulatoire, se rencontre encore plus rarement dans les absides simples ; mais on peut en signaler quelques exemples : à Saint-Julien du Petit-Quevilly, près de Rouen, aux Frari de Venise, aux chapelles du transept de Sainte-Anastasie de Vérone, à Saint-François de Lausanne.

A l'extérieur, le portail occidental, percé dans un mur en saillie que couronne une corniche soutenue par des modillons, n'a pas de tympan ; ses voussures reposent sur des colonnes dont les chapiteaux, ornés de têtes et de volutes, ont des tailloirs garnis, comme l'archivolte, de petites dents de scie.

Un autre portail, sur la face nord, présente une décoration plus riche : deux de ses voussures, formées d'un boudin en amande, sont garnies de demi-disques, la troisième, d'un boudin accompagné de petits chevrons ; l'archivolte est ornée de palmettes.

Sur la travée droite du chœur, s'élève une tour carrée, dont la souche est garnie, sur le côté nord, de colonnettes qui portaient une galerie d'arcs aujourd'hui disparue ; le premier étage est ajouré, sur chaque face, d'une baie en plein cintre subdivisée en deux arcs soutenus par des chapiteaux à tailloirs ornés de damiers. L'étage supérieur, percé de deux fenêtres sans caractère, doit dater des travaux exécutés au XVIII⁰ siècle. L'abside est encadrée par des absidioles qui terminent les bas-côtés.

TRÈVES

L'origine de Trèves (*Clementiniacus* en 769, *Treviæ, Treuæx*) nous est rapportée, d'une manière un peu fantaisiste, par la *Chronique de Saint-Florent :* Foulques Nerra ayant promis à Gelduin de « faire trève », aurait donné ce nom, par calembour, au château qu'il éleva en ce lieu, pour défendre la frontière de ses domaines contre les Tourangeaux. Quoi qu'il en soit, cette terre, d'abord inféodée au comte de Sablé, Herbert le Rasoir (*Rasorius*), passa en 1417 à Robert Le Maçon, sénéchal de France, qui reconstruisit le château et fit régner dans le pays la plus grande prospérité.

Trèves appartint ensuite à diverses familles et notamment aux Maillé, jusqu'à ce que Jean de Stapleton en fît l'acquisition au XVIII⁰ siècle.

ÉGLISE PAROISSIALE

L'église offre, malgré l'exiguïté de ses proportions, un réel intérêt. Sa construction appartient à deux campagnes distinctes, toutes deux du XIIe siècle.

Le chœur, le transept et la tour, dont la souche est englobée dans la nef, sont les parties les plus anciennes et peuvent remonter aux premières années de ce siècle.

La nef est d'une époque sensiblement postérieure et n'a pas de collatéraux : une série d'arcs brisés sur colonnes communes, dont les chapiteaux, ornés de feuilles plates, ont des tailloirs formés d'un filet et d'un cavet, décore le revers de la façade et les murs latéraux, garnis également d'arcs plus petits et ajourés de baies en plein cintre.

L'angle sud-est est occupé par la souche de la tour qui devait s'élever, d'après le projet primitif, entre le croisillon sud et la nef, moins large que celle exécutée dans la suite. Pour masquer la nudité de cette souche et la saillie disgracieuse qu'elle formait à l'intérieur de l'église, on appliqua contre son parement un grand arc en plein cintre, dont les claveaux reçurent une décoration dans le style poitevin, ainsi que les chapiteaux et les tailloirs des colonnes qui le supportent.

Le carré du transept est ouvert par des arcades en tierspoint dont la voussure extérieure part de fond, tandis que l'intérieure est soutenue par des colonnes engagées dont les bases sont munies de griffes et les chapiteaux, plus archaïques que ceux de la nef, sont garnis de volutes et d'une console sous le tailloir.

La coupole octogone sur trompes qui couvre la croisée est percée d'un œil à son sommet.

Les croisillons sont voûtés en berceau sur deux doubleaux brisés : le premier, très rapproché de l'arc d'ouverture, le second, détaché du mur du fond dans lequel est percée une baie en plein cintre. A l'est de chaque croisillon, s'ouvre une petite absidiole sans aucune décoration.

L'abside en hémicycle, précédée d'une courte travée couverte d'un berceau, est percée de trois fenêtres et voûtée en cul-de-four.

Dans le croisillon nord, a été placé, au XVe siècle, un élégant tabernacle formé d'une haute lanterne hexagonale à deux étages, ajourée d'arcades à remplages flamboyants, accostée de pinacles et surmontée d'une flèche à jour.

Au fond du croisillon méridional, une arcade en cintre brisé, dont les rampants sont garnis de choux frisés, encadre un enfeu contenant le tombeau de Robert Le Maçon, seigneur de Trèves, chancelier de France († 2 janvier 1442), qui est représenté gisant en costume de clerc.

Il faut encore signaler une cuve baptismale circulaire ornée de quatre masques de grande dimension.

La façade occidentale, ornée de trois arcs compris entre les contreforts d'angle, est percée d'un portail en plein cintre décoré de petites dents de scie. Une corniche portée sur modillons souligne la base du pignon, disposition qui se retrouve au croisillon sud.

Sur les faces latérales, on remarque des arcades bouchées et des fenêtres très étroites, également aveuglées, dont l'arc, taillé dans un linteau, est garni de joints simulés.

Sur la croisée s'élève une tour carrée très basse, qui couvre la coupole; elle est percée, sur chaque face, de cinq petites baies.

La tour, dont la souche est comprise dans la nef, est ajourée de fenêtres en tiers-point dont les deux voussures moulurées retombent sur des colonnettes; une flèche, ajoutée au XVe siècle, est cantonnée de lucarnes dans les pans correspondant aux angles de la tour.

DONJON

Le donjon de Trèves est la seule partie intacte du château,
dont Robert Le Maçon acheva la construction en 1435 et que
Jean de Stapleton fit raser au XVIIIe siècle.

Il se compose d'une tour cylindrique à talus, flanquée,
vers l'intérieur de l'enceinte. d'un massif polygonal. Ses
murs, construits en bel appareil très régulier, sont percés
de baies et d'archères disposées pour l'usage du canon.
Ils sont en outre garnis de bretèches renfermant des latrines
et surmontés d'un étage polygonal crénelé porté sur mâchicoulis que décorent des arcs tréflés.

A l'intérieur, se trouvent plusieurs salles voûtées d'ogives:
l'une d'elles, qui occupe tout le second étage du donjon,
présente un plan polygonal et est couverte sur sa partie centrale d'une voûte à quatre branches d'ogives et à liernes
longitudinales, limitée par deux doubleaux auxquels viennent aboutir les nervures couvrant les extrémités, disposées
comme des absides à trois et quatre pans. Les retombées
des voûtes sont portées, avec les formerets, sur des consoles
décorées, ainsi que les clefs, d'écussons armoriés. Cette salle
possède une vaste cheminée dont le linteau est orné d'un
écu fleurdelisé; des fleurs de lys détachées garnissent également la partie inférieure de la hotte.

BIBLIOGRAPHIE.— Port (C.): *Dictionnaire de Maine-et-Loire*, t. III.

CUNAULT

La fondation du prieuré Notre-Dame de Cunault (*Cunal-
dus*) est attribuée à Dagobert par un diplôme apocryphe, et
on ne possède sur ce monastère aucun renseignement certain antérieur au IXe siècle : en janvier 846 (n. st.), l'abbé

de Saint-Philbert-de-Grandlieu, Hilbode, établit des religieux en cet endroit. Les reliques de saint Philbert, qui avaient été déposées à Cunault en 857, durent être emportées en 862, par crainte des invasions normandes.

Le prieuré, dont la prospérité pendant le moyen âge est attestée par les vastes proportions et la richesse de son église, fut supprimé en 1741 et réuni au séminaire Saint-Charles d'Angers.

Le chœur, aliéné en 1749 à la suite d'une autorisation accordée par un arrêt du Conseil d'État et utilisé comme grange, fut exproprié en 1842 pour la somme de 4.057 fr. ; et on put alors rétablir le monument dans son état primitif.

L'église fut construite dans la première moitié du XIIᵉ siècle, à l'exception de la cinquième travée du collatéral nord, comprise sous la tour, qui est un peu plus ancienne, et les trois premières travées de la nef qui peuvent dater de la fin du même siècle.

C'est peut-être la plus grande église romane de France qui soit dépourvue de transept : on peut pourtant considérer, comme tenant lieu de croisillons, la seconde galerie, terminée à l'est par une absidiole, qui double les collatéraux au droit des sixième et septième travées et dont la disposition peut être rapprochée de celle existant à Saint-Benoît-sur-Loire, à Saint-Père de Chartres et à la cathédrale de Senlis.

Nous avons dit plus haut que les trois premières travées de la nef ne devaient pas être antérieures aux dernières années du XIIᵉ siècle. Le mur formant le revers de la façade est percé, au-dessus de la porte, d'une grande baie à l'appui de laquelle passe une galerie de circulation.

Les trois premières piles, de plan cruciforme, sont cantonnées de quatre colonnes engagées et de quatre colonnettes d'angle ; quelques bases primitives, garnies de griffes, sont restées intactes, mais d'autres ont été refaites au XVᵉ siècle. Tous les chapiteaux, ornés de feuilles d'acanthe ou historiés, sont surmontés de tailloirs décorés d'entrelacs, de rinceaux

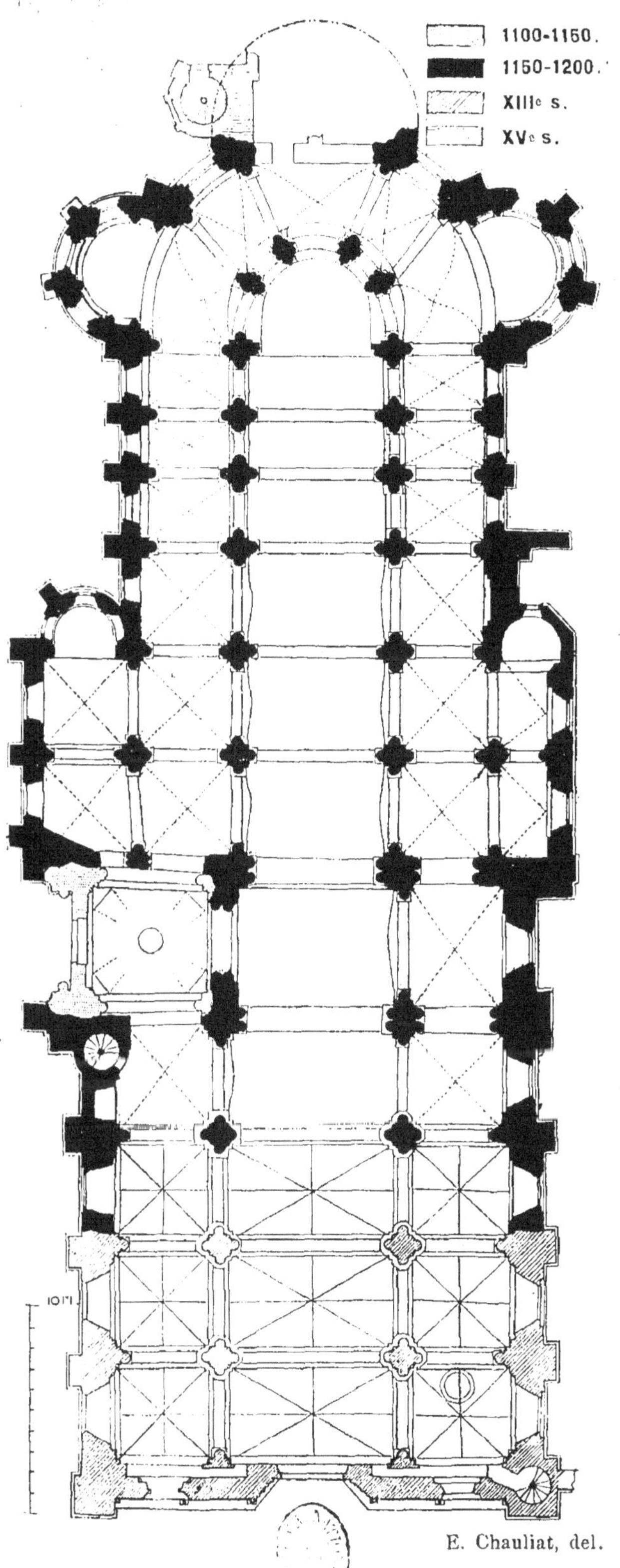

Plan de l'église de Cunault.

ou de palmettes. Les arcades sont en cintre brisé, à deux voussures moulurées de tores sur leurs arêtes; le même profil se retrouve aux doubleaux qui séparent les trois premières travées, dont les voûtes d'ogives, renforcées de liernes, ont leurs clefs décorées des images de saint Pierre, de la Trinité, de l'Annonciation.

Les cinq travées suivantes sont couvertes de voûtes en berceau brisé portées sur doubleaux. Ceux-ci retombent, avec les arcades, dont la voussure extérieure forme pénétration dans la voûte, sur des piles rectangulaires cantonnées de quatre colonnes, le chapiteau vers la nef étant placé à un niveau plus élevé que les trois autres. Les quatrième et cinquième doubleaux, qui possèdent seuls une double voussure, reposent sur des colonnes jumelles, et le dernier est, en outre, soutenu par de minces colonnettes d'angle.

L'arcade nord de la cinquième travée, donnant accès sous la tour, assez basse, est en plein cintre, doublée et portée sur des colonnes jumelles et des colonnettes; les chapiteaux des premières, sensiblement plus archaïques, sont décorés de palmettes et surmontés de tailloirs ornés de rinceaux en méplat.

On appliqua au XIIIe siècle, contre les fûts des colonnes engagées dans les piles qui soutiennent les huitième et neuvième travées, des chapiteaux historiés destinés à supporter un tref ou poutre de gloire.

Les trois travées qui constituent la partie droite du chœur présentent la même disposition que celles de la nef, mais elles sont moins larges et la brisure des arcades est, par conséquent, plus accentuée. La décoration des chapiteaux et des tailloirs des colonnes soutenant les arcades se continue sur la partie des piles qui forme dosseret à la colonne recevant le doubleau.

L'abside est encadrée par un arc, orné de palmettes et d'une tête à sa clef, et appliqué, sans saillie, contre le cul-de-four.

Les piles soutenant les cinq arcades ouvertes sur le déambulatoire reposent sur un bahut élevé : elles sont composées d'un massif flanqué, vers l'abside, d'une colonne engagée, vers la retombée des arcades, de deux colonnes jumelles, et vers le déambulatoire, d'une colonne et de deux colonnettes.

Les mêmes dates de constructions et les différences qui les signalent se retrouvent dans les bas-côtés : les trois premières travées possèdent des voûtes d'ogives, tandis que les quatrième et cinquième travées méridionales et la quatrième du côté nord sont couvertes de voûtes d'arêtes retombant, avec le doubleau, sur une colonne et deux colonnettes.

Dans les deux premières travées, les fenêtres, en tierspoint, sont encadrées d'un boudin sur colonnettes, tandis que, dans les travées suivantes, elles sont simplement doublées sans aucune mouluration.

La cinquième travée du collatéral nord, placée sous la tour, est antérieure aux autres parties de l'église : elle est éclairée de deux petites baies et encadrée d'arcades en plein cintre doublées, retombant sur des colonnes engagées dans des piles cruciformes et des colonnes d'angle dont les chapiteaux ont une corbeille assez élevée, garnie d'une décoration peu saillante. Elle est couverte d'une coupole hémisphérique portée sur des trompes en cul-de-four.

Aux deux travées suivantes, les collatéraux sont doubles et leurs voûtes d'arêtes, séparées par des doubleaux brisés que reçoivent des colonnes engagées dans des piles rectangulaires, retombent sur les angles de ces piles.

La première de celles-ci empiète sur l'arcade de la tour qui lui est antérieure et a une plus grande largeur que l'une des deux galeries du collatéral.

Le deuxième bas-côté forme une sorte de croisillon et est terminé à l'est par une absidiole en hémicycle, éclairée par deux fenêtres en plein cintre à pénétration dans le cul-de-four, présentant l'aspect d'une véritable demi-coupole sur pendentifs non distincts.

Le bas-côté sud offre une disposition semblable, mais la deuxième galerie, limitée par un mur peut-être d'une époque antérieure, est étroite et couverte seulement de deux demi-voûtes d'arêtes dont les clefs s'appuient contre le mur; le doubleau qui sépare ces voûtes est en quart de cercle et porté sur un pilastre, encadré de colonnettes, qui repose lui-même sur une colonne engagée.

L'absidiole orientée, débordant un peu sur le mur extérieur, est voûtée en cul-de-four et éclairée par des oculi.

Le déambulatoire compte cinq travées, dont trois, communiquant avec des chapelles rayonnantes, alternent avec deux plus étroites, éclairées chacune d'une fenêtre en cintre brisé, reposant sur colonnettes, et encadrée par un arc mouluré à l'imposte d'un cordon continuant les tailloirs. Les voûtes d'arêtes tournantes sont séparées par des doubleaux brisés soutenus par des colonnes engagées.

La chapelle du chevet a été détruite; les deux latérales, subsistant encore, sont en hémicycle et voûtées en cul-de-four. Leurs parois sont garnies de cinq arcs sur colonnes communes, dont les deux extrêmes sont aveugles et les trois autres, d'une largeur plus grande, encadrent les fenêtres portées aussi sur des colonnes.

Des fresques du XV siècle couvrent encore plusieurs parties des murs, notamment dans les chapelles, où l'on voit des prophètes tenant des phylactères sur lesquels sont inscrits des passages de leurs œuvres.

Une litre armoriée, dont il reste des traces, était peinte sur les piles de la nef.

Au-dessus de la porte principale, une petite tribune est formée de panneaux de bois sculpté du XVI siècle.

On peut encore signaler, dans la chapelle du nord, une statue gisante, mutilée, du XIV siècle, et une grande caisse en losange irrégulier, destinée à renfermer les ornements du culte. Mais la pièce la plus intéressante est la remarquable châsse du XIII siècle, qui contient les reliques de saint

Maxenceul et se trouve actuellement dans la chapelle méridionale. Elle est en forme de chapelle, dont chaque côté est orné de six arcades en plein cintre encadrant des statuettes d'apôtres. Sur les extrémités, sont figurées la mort et l'assomption de la Vierge et, sur le toit, on voit le Christ accosté de six anges.

La façade occidentale présente l'aspect de sobriété un peu froide qui se retrouve d'une façon habituelle dans les monuments gothiques de l'école angevine, à moins que, comme à Candes, le maître de l'œuvre n'en ait modifié le caractère par une inspiration toute personnelle et vraiment originale. Elle est percée d'une porte en plein cintre, dont les cinq voussures reposent sur des colonnettes à chapiteaux formés de simples cubes. Le tympan fut garni, à la fin du XIIIᵉ siècle, d'une statue de la Vierge accompagnée de deux anges; des peintures, dont on voit encore les traces, en rehaussaient la décoration. De chaque côté, des arcs brisés ornent les murs; sur les tailloirs des colonnettes qui les soutiennent, s'appuient de minces fûts supportant la corniche qui limite l'étage inférieur.

Au-dessus, sont percées trois fenêtres en tiers-point; celle du centre, beaucoup plus grande que les deux autres, fut munie postérieurement d'un remplage flamboyant. Un parapet crénelé, presque entièrement refait, couronne horizontalement la façade, mais ne dissimule pas complètement le pignon de la nef, qui le dépasse d'une certaine hauteur.

Sur les faces latérales, flanquées de contreforts à glacis, les fenêtres sont seulement garnies d'une moulure à l'archivolte.

La tour, qui s'élève sur la cinquième travée du bas-côté méridional et qui, comme nous l'avons vu, est d'une époque antérieure au reste de l'édifice, se trouve en partie masquée et le toit de l'église obstrue plusieurs de ses fenêtres. La face nord, seule entièrement visible, est garnie, à l'étage inférieur, d'un grand arc en plein cintre à double voussure,

porté sur colonnes dont les chapiteaux historiés sont surmontés de tailloirs ornés d'imbrications et d'entrelacs.

Cet arc encadre un mur en petit appareil irrégulier dans
lequel est ouverte, en contre-bas du sol actuel, une porte
moulurée d'un boudin continu doublé d'un cordon de demi-
cercles ; au-dessus, sont percées deux petites fenêtres. Le
premier étage est décoré de cinq arcs aveugles. Une corniche, formée de damiers et portée sur modillons, règne à
l'appui de trois baies, dont les claveaux sont sculptés ; les
écoinçons des arcs, garnis d'un appareil réticulé, sont ornés
de grands chevrons, motif de décoration répandu dans des
régions fort diverses. A ce niveau, s'arrêtent les contreforts,
à trois glacis, dans lesquels sont incrustées des pierres
remployées, ornées d'entrelacs ; une corniche, semblable
à celle déjà décrite, passe à la naissance du dernier étage,
complètement dégagé et ajouré, sur chaque face, de quatre
baies semblables à celle de l'étage inférieur.

La flèche octogone, qui ne date que du XVe siècle, est cantonnée de quatre lanternons.

Toute la partie orientale de l'église porte des vestiges de
constructions défensives d'une date postérieure.

Des fenêtres en plein cintre, sans décoration, éclairent les
bas-côtés du chœur ; mais celles du déambulatoire reposent
sur des colonnes.

La chapelle du chevet a sans doute disparu au moment où
l'église fut fortifiée : les deux latérales, qui ont été conservées, appartiennent à deux campagnes distinctes : la partie
inférieure, avec ses baies ornées de rubans plissés portés
sur colonnettes et ses contreforts-colonnes engagés dans
des dosserets, se distingue nettement en effet, par le style
des chapiteaux, de la galerie qui passe au-dessous de la corniche ; en outre, à ce niveau, les colonnes, d'une section
moindre, sont directement engagées dans le mur.

ÉGLISE SAINT-MAXENCEUL

L'église paroissiale Saint-Maxenceul, dont on voit les ruines dans le cimetière, date du XII° siècle et n'a pas été reconstruite depuis l'ouragan de 1754, qui la détruisit en grande partie. Le service paroissial fut alors transféré dans l'église du prieuré Notre-Dame.

La dernière travée du bas-côté nord, qui subsiste encore, communiquait avec la nef par une arcade en cintre brisé, formée d'un bandeau entre deux tores et portée sur des colonnes dont les chapiteaux sont ornés de feuilles d'eau. Elle est couverte d'une voûte d'ogives bombée, à nervures profilées en tore unique. Une absidiole orientée, paraissant un peu antérieure, est voûtée en cul-de-four.

Le chœur, qui, avant sa ruine complète, avait été profondément modifié au XVII° siècle, est ouvert sur la nef par une arcade en tiers-point présentant un bandeau entre deux tores et doublée d'une voussure en biseau; les colonnes qui la reçoivent ont des chapiteaux décorés de têtes.

Sur la travée, encore conservée, du collatéral nord, s'élève une tour, de la fin du XII° siècle, percée de baies géminées encadrées de boudins continus. Les baies qui éclairent l'absidiole ont leur arc taillé dans un linteau sur lequel sont tracés en creux des joints simulés.

PRIEURÉ SAINT-MACÉ

Le prieuré Saint-Macé, fondé en 1106 par Geoffroi Fulcrade, sur la colline qui domine Cunault, conserve un mur en appareil fort archaïque et une église du XII° siècle, comptant trois travées et une abside, où on remarque des restes de peintures.

En face l'église Notre-Dame, s'élève un beau logis construit sous François Ier.

BIBLIOGRAPHIE. — Baudot (A. de) et A. Perrault-Dabot: *Archives de la Commission des monuments historiques*, Paris, Laurens, s. d., 5 vol. in-fol., t. II, pl. IX et X. — Joly (Charles): *Notice sur l'église de Cunault*, dans le *Bulletin de la Société industrielle d'Angers et du département de Maine-et-Loire*, 9e année, Angers, impr. Cosnier et Lachèse, 1838, in-8°, p. 269-274. — Martin (Arthur): *Mémoire sur deux chapiteaux du prieuré de Cunault*, dans les *Mémoires de la Société des Antiquaires de France*, 3e série; t. III, 1857, p. 263-304. — Port (C.): *Dictionnaire de Maine-et-Loire*, t. I.

GENNES

Le bourg de Gennes (*Geinensis vicus*, dans Grégoire de Tours, *Gegina, Genium, Geina*) a une origine très ancienne. En dehors de plusieurs monuments mégalithiques, on y a découvert de nombreux vestiges gallo-romains : les ruines d'un amphithéâtre, des bains, un aqueduc, une voie dallée, etc.

ÉGLISE SAINT-VÉTÉRIN

Cette église possédait au IXe siècle le corps de son saint patron, qui, transporté, lors des invasions normandes, d'abord à Tournus, puis à Corbigny, fut définitivement perdu au XVIe siècle. Elle n'a conservé, de l'époque préromane, que le parement extérieur de ses murs ; à l'intérieur, elle date, dans son état actuel, de la deuxième moitié du XIIe siècle.

La nef n'est pas accompagnée de collatéraux ; elle compte deux travées séparées par un doubleau en cintre brisé, à deux voussures moulurées de tores sur leurs arêtes et soutenues par une colonne engagée et deux colonnes d'angle ; les chapiteaux, dont la corbeille est assez basse, suivant une habitude répandue en Anjou à cette époque, sont ornés de feuillages. La voûte de la première travée, portée sur quatre branches d'ogives et quatre liernes, a été refaite au XVe siècle, mais les formerets primitifs ont été conservés. Une semblable modification avait été effectuée un siècle auparavant dans la deuxième travée ; il semble bien, en effet, qu'on puisse attribuer au XIVe siècle les quatre nervures, dont le tore est dégagé par deux cavets, qui rayonnent autour d'une clef décorée d'un quatre-feuilles.

Au sud de cette travée, une arcade en plein cintre doublée, sur laquelle empiète le formeret, est aujourd'hui aveuglée ; sa voussure intérieure retombe sur des colonnes dont les chapiteaux, garnis de volutes, ont des tailloirs en biseau. Elle donnait primitivement accès au rez-de-chaussée de la tour, qui n'a jamais constitué, comme on pourrait le supposer, la dernière travée d'un collatéral, car il est limité à l'ouest par un mur plein.

L'arcade, qui met en communication la nef avec le carré du transept, est moulurée et portée sur des colonnes jumelles reposant sur des consoles ; les arcades qui s'ouvrent sur les croisillons et le chœur sont à arêtes nues, encadrées d'un tore et portées sur des colonnes engagées. Les nervures de la voûte sont formées de deux tores accolés que reçoivent des chapiteaux placés de biais.

Des voûtes semblables couvrent les croisillons, qui sont accompagnés de chapelles orientées : celle du sud, encadrée par une arcade sur colonnes engagées, comprend une courte travée et une absidiole en hémicycle voûtée en cul-de-four et décorée de trois arcs portés sur les colonnes de l'arc d'encadrement et sur deux colonnes communes ; deux de ces arcs encadrent des fenêtres. L'absidiole du croisillon nord est moins ancienne que la précédente. A la clef de son arcade moulurée d'un boudin viennent s'appuyer les deux nervures à simple tore, qui retombent, d'autre part, sur des colonnes où reposent également les formerets.

Le chœur comprend une travée droite, éclairée sur chaque face par une baie en plein cintre et recouverte d'une voûte de même type que celle de la croisée, et une abside en hémicycle dont l'arcade retombe sur des colonnes jumelles portées elles-mêmes sur des consoles : elle est percée de trois fenêtres comprises entre deux arcs aveugles ; les deux nervures de sa voûte, moulurées d'un double tore, s'appuient contre l'arc de tête, et les formerets sont soutenus par des consoles sculptées.

La façade occidentale, que précède un petit porche de bois, est ajourée d'une fenêtre en tiers-point, refaite lors du voûtement de la première travée, et garnie d'un remplage décrivant deux arcs en accolade redentés, surmontés d'une fleur de lys.

Les murs latéraux sont construits, presque jusqu'au faîte, en petit appareil irrégulier et couronnés d'une tablette que soutiennent des modillons.

Ils furent surhaussés au XIIe siècle, quand on donna à l'église la disposition qu'elle a conservée depuis.

A l'angle de la nef et du croisillon méridional, s'élève une tour rectangulaire, dont la souche, avec ses arases et ses briques plates disposées en mitre, peut remonter au Xe siècle. L'étage supérieur ne date que du XIIe et a été trop restauré au milieu du XIXe siècle pour présenter quelque intérêt. Une tourelle d'escalier en hémicycle, flanquée de contreforts-colonnes, est appliquée au flanc occidental de la tour.

Le transept et le chœur, du XIIe siècle, ont été complètement dénaturés par les travaux exécutés à l'époque moderne.

ÉGLISE SAINT-EUSÈBE

L'église Saint-Eusèbe est très pittoresquement située sur un coteau escarpé d'où la vue embrasse toute la vallée de la Loire.

Sa nef, dont il ne subsiste plus que les murs, avait été presque entièrement reconstruite au XVe siècle: de cette époque datent la porte principale à deux voussures moulurées de boudins continus, et celle du sud dont le tore repose sur des colonnettes surmontées de petits chapiteaux à feuillages. Mais la partie des murs qui touche au transept, construite en petit appareil avec arases de briques plates, est justement considérée comme un des spécimens les plus intéressants qui aient été conservés de l'architecture préromane dans l'ouest de la France. Elle est percée, sur la face nord, d'une porte actuellement bouchée, dont l'arc intérieur, encadrant le tympan, est formé de claveaux alternés de brique et de pierre et entouré d'une seconde voussure en petit appareil comprise entre deux cintres de briques. Une dalle ornée d'entrelacs, probablement de la même époque, a été encastrée dans le mur du XVe siècle, au revers de la façade.

La partie orientale de l'église est restée intacte.

La croisée était ouverte sur la nef par une arcade en cintre brisé du XIIe siècle, dont les deux voussures, moulurées de tores, reposent sur des piédroits garnis à l'imposte d'un cordon formé d'un filet, d'une baguette et d'un rang de petites dents de scie.

Les autres arcades peuvent, comme les croisillons et le chœur, remonter au siècle précédent: elles sont en plein cintre et leur retombée sur les piles est marquée par un cordon en biseau. L'arcade du nord a été renforcée, vers la fin du XIIe siècle, d'un arc brisé, et celle du sud, de deux arcs plus élevés.

Des voûtes en berceau couvrent le carré du transept et les croisillons sur lesquels s'ouvrent des absidioles.

Le chœur, également voûté en berceau, est terminé par une abside dont la fenêtre a été agrandie postérieurement.

Une porte du XIIe siècle s'ouvre au fond du croisillon nord ; le biseau de sa voussure est décoré de demi-disques.

Sur la croisée, une tour carrée, de la fin du XIIe siècle, est percée sur chaque face, au-dessus d'une corniche formée de petits arcs ornés de motifs à leur clef, d'une fenêtre en tiers-point portée sur colonnettes. La moulure qui contourne l'archivolte se continue sur le mur et limite à ce niveau les colonnettes garnissant les angles de la tour, qui sont simplement abattus en biseau dans la partie supérieure.

Une flèche à huit pans, percée de lucarnes au-dessus des angles du clocher, a été élevée au XVe siècle.

Les absidioles des croisillons, dont les étroites fenêtres ont leur cintre taillé dans un linteau, sont garnies de contreforts plats et couronnées d'une corniche en torsade soutenue par des modillons, refaits pour la plupart.

L'abside est détachée de la partie droite du chœur par un petit ressaut, disposition qui ne se retrouve pas à l'intérieur.

Le village des Rosiers, qui fait face à Gennes sur la rive droite de la Loire, possède une église du XVe siècle non voûtée, contre laquelle est appliquée une tour de la Renaissance.

ANGERS

Par M. le chanoine URSEAU.

ARCHITECTURE RELIGIEUSE

CATHÉDRALE

Les origines de l'église d'Angers sont enveloppées d'obscurité. Il est probable que, de très bonne heure, quelques missionnaires ont annoncé l'Évangile dans nos contrées ; mais il est difficile de dire à quelle époque précise remonte l'organisation d'une chrétienté distincte dans notre ville et dans le territoire qui en dépendait.

Le premier nom qui figure sur nos listes épiscopales est celui de Defensor. Faut-il prendre ce nom pour celui d'un magistrat romain, qui portait le titre de *defensor civitatis ?* Faut-il identifier le personnage avec un prélat qui figure, en 372, à l'élection et au sacre de saint Martin de Tours ? La question a été souvent agitée, mais personne jusqu'ici ne l'a résolue.

Quoi qu'il en soit, il est certain qu'il y avait à Angers une église dès avant le Ve siècle. Il est probable même que cette église avait été bâtie à l'endroit où s'élève aujourd'hui la cathédrale, car elle avait été construite dans la « cité », avec laquelle elle fut incendiée, au moment de la prise de la ville par Childéric, en 471.

D'après une tradition constante, ce premier édifice aurait été dédié à la sainte Vierge. Plus tard, saint Martin, ayant

apporté à Tours plusieurs fioles du sang des martyrs de la
Légion Thébaine, fit don d'une partie de son précieux
trésor à l'église d'Angers, qui prit dès lors le nom de Saint-
Maurice. La sainte Vierge n'en resta pas moins la patronne
de la cathédrale, ainsi que l'attestent un grand nombre de
documents, où l'église d'Angers est appelée « église de
Notre-Dame et de Saint-Maurice ».

En 770, Charlemagne accorda à la cathédrale d'Angers
des privilèges importants. Un peu plus tard, en 835, Louis
le Pieux renouvela les immunités dont jouissait déjà le
clergé de Saint-Maurice. Il le mit à l'abri de tout acte d'autorité de la part des juges civils et accorda à l'évêque le
droit d'avoir, sur la Loire et ses affluents, trois barques
exemptes de tout impôt. Charles le Chauve et Pépin d'Aquitaine imitèrent l'exemple de leurs prédécesseurs et, dans
plusieurs circonstances, restituèrent à l'église d'Angers des
biens qui lui avaient été ravis injustement. La cathédrale
conserva soigneusement, jusqu'à la Révolution, quelques-
uns de ces actes, où les rois carolingiens avaient apposé
leur signature, et l'on raconte que le docte Mabillon, passant à Angers dans la seconde moitié du XVIIe siècle,
posa les lèvres sur ces vieux parchemins, tout jaunis par le
temps, et qu'il les baisa avec respect.

L'église qui bénéficia ainsi des faveurs de Charlemagne
et de ses premiers successeurs s'élevait dans la « cité »
même, non loin du mur d'enceinte. Il était impossible, en
effet, que les habitants fussent privés du service divin en cas
de siège, impossible que l'évêque fût séparé de son église
par le mur de la ville. D'ailleurs, presque partout, à la
même époque, au Mans, à Tours, à Nantes, à Chartres,
nous voyons la cité se grouper autour de la cathédrale. Le
mur d'enceinte les enveloppait ensemble et les protégeait
contre toute surprise.

Cet édifice, dont on a retrouvé les substructions en 1902,
dans la nef même de l'église actuelle, était loin d'avoir

l'importance qu'on pourrait supposer. Il formait un carré long, qui mesurait environ 18 mètres de longueur sur 10 mètres de largeur. L'espace qu'il occupait est limité, en haut, par la balustrade qui sépare aujourd'hui la nef du transept; à gauche et à droite, par les allées qui passent, d'un côté, au pied de la chaire, de l'autre côté, au pied du banc d'œuvre. Il s'arrêtait à peu près à l'endroit où l'on remarque, dans la grande allée, la pierre qui ferme l'entrée du caveau des évêques. Son niveau était inférieur de 3 à 4 mètres au niveau du dallage moderne. Les murs étaient formés d'assises de tuffeau. séparées par un triple rang de briques. Les fouilles de 1902 ont permis de constater que, peu de temps après sa construction, l'église dut être agrandie d'une croisée, d'un double transept et d'une abside.

Au commencement du XIe siècle, ce modeste sanctuaire tombait en ruines. L'évêque Hubert de Vendôme, aidé des libéralités de son père le vicomte de Vendôme et de sa mère Emma, entreprit de le reconstruire sur un plan beaucoup plus vaste. L'édifice qu'il fit élever comprenait trois nefs, séparées en neuf travées et flanquées, à l'extérieur, de petits contreforts plats, dont plusieurs sont encore visibles, soit du côté de l'Évêché, soit du côté de la place Saint-Maurice. Il couvrait toute la surface de la nef actuelle et se terminait, à l'est, par une abside principale et deux absidioles de forme circulaire. De grosses colonnes, qui portaient la coupole du clocher, avaient été ajoutées à l'ancienne croisée du transept. La dédicace de la nouvelle église fut célébrée en grande pompe le 16 août 1025.

L'église Saint-Maurice était consacrée depuis sept ans, lorsque, le 27 septembre 1032, elle fut brûlée par un incendie qui nécessita de longues et importantes réparations. On en profita pour refaire en partie le transept.

Au siècle suivant, sous l'épiscopat de Renaud de Martigné (1102-1125), ou sous celui d'Ulger (1125-1149), on

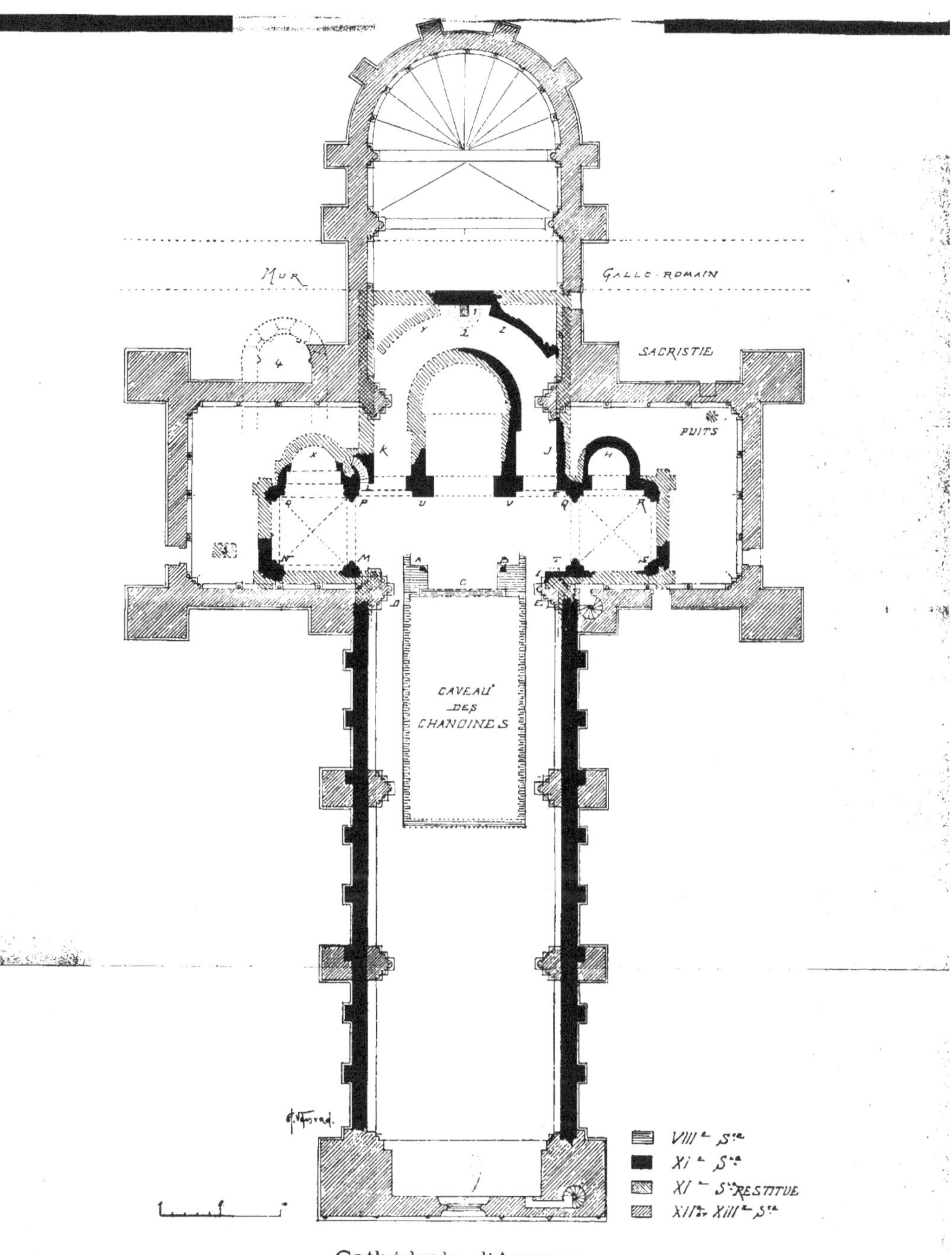

Cathédrale d'Angers.

Plan des fouilles de 1902.

entreprit une restauration qui équivaut presque à une reconstruction. C'était d'ailleurs le temps où s'élevaient de toutes parts ces magnifiques cathédrales, qui sont une des gloires des siècles de foi. Les évêques d'Angers suivirent le mouvement général. Les trois nefs, bâties par Hubert de Vendôme, furent réunies en une seule, les murs latéraux de l'édifice furent exhaussés et, pour les soutenir, on construisit les piliers de l'intérieur et les gros contreforts extérieurs. La façade, avec son beau portail, et la base des clochers remontent à la même époque.

Les voûtes si remarquables qui couvrent la nef ne sont pas antérieures à l'épiscopat de Normand de Doué (1149-1153). C'est l'évêque lui-même qui les fit établir à ses frais. Jusque-là la cathédrale n'était couverte que d'une charpente.

Ces modifications importantes entraînaient nécessairement la reconstruction du transept. L'évêque Raoul de Beaumont (1177-1197) commença le travail et fit élever la croisée et le bras de croix, du côté de la place Saint-Maurice. Son neveu, Guillaume de Beaumont, qui devint aussi évêque d'Angers, prit sur l'évêché et donna au chapitre, en 1236, le terrain nécessaire pour l'achèvement de l'autre côté.

La dernière travée et le rond-point du chœur sont plus récents. Ils ont été construits après 1274. À cette date, le chapitre avait démoli le mur de ville et obtenu du duc Charles d'Anjou l'abandon d'une petite ruelle qui séparait l'ancien chevet de Saint-Maurice de l'église Sainte-Croix, bâtie elle-même tout près du mur de la cité.

On peut donc dire que la cathédrale d'Angers, dans ses parties principales, était achevée à la fin du XIIIe siècle.

Un vaste porche, de 24 mètres de long sur 8 mètres de large, décorait la partie inférieure de la façade, sur laquelle s'élevaient deux tours, surmontées d'une flèche aiguë, mais beaucoup moins hautes que celles qui existent aujourd'hui. Ce porche avait été construit à la fin du XIIe siècle, de même que la chapelle du Crucifix ou chapelle curiale, connue de nos jours sous le nom de chapelle de Notre-Dame de Pitié.

. En 1533, le feu prit au clocher de bois, établi sur le pignon de l'église, entre les deux flèches, et destiné à loger les cloches. L'incendie causa de terribles ravages. Les flèches, qui déjà avaient été refaites à trois reprises, furent tellement endommagées que l'une d'elles, celle du sud, dut être reconstruite en entier et que l'autre ne put être conservée qu'au prix de réparations coûteuses. Le clocher de bois fut remplacé par une tour octogonale, surmontée d'une coupole et d'un lanternon, œuvre élégante de l'architecte angevin Jean de l'Espine, maladroitement défigurée par les restaurateurs du XIX⁰ siècle.

Cette tour centrale s'appuie, du côté du parvis Saint-Maurice, sur le mur de la façade, mais les trois autres côtés sont réellement suspendus dans le vide par un artifice hardi, que la plupart des visiteurs ne soupçonnent même pas et que nos architectes n'oseraient certainement plus employer.

Les huit grandes statues en pierre de saint Maurice et de ses compagnons, placées sur la façade, au-dessus de la baie centrale, dans des niches couronnées de pinacles, datent de 1537. Six d'entre elles sont l'œuvre du sculpteur Jean Giffard, auquel elles furent payées huit livres chacune. Les deux autres furent faites par Jean Desmarais, qui reçut dix-huit livres pour son travail.

L'ère des mutilations, des remaniements, des profanations s'ouvre pour la cathédrale d'Angers dès le milieu du XVIⁱ siècle.

Le 6 avril 1562, les huguenots, ayant pénétré dans l'église par une porte, aujourd'hui murée, qui donnait dans le parterre de l'évêché, brisèrent les statues des saints, renversèrent les autels, enlevèrent l'argent et les joyaux qui décoraient les châsses de saint Maurille, de saint René et de saint Seréné; mais ils ne purent faire tomber deux grandes statues d'argent de la sainte Vierge et de saint Maurice, qui décoraient les extrémités du maître-autel. Le reliquaire et les ossements de saint René furent jetés et consumés dans un brasier, où brûlaient déjà les bancs et les stalles de l'église. Les huguenots occupèrent la cathédrale jusqu'au 19 avril.

En 1617, le jour de la Fête-Dieu, à dix heures du soir, la foudre tomba sur les flèches. Elle brisa le grand vitrail de la façade, plusieurs vitraux de la nef, et, au tympan du portail, la tête et une main du Christ, ainsi que le lion et l'ange, attributs symboliques des évangélistes.

Le jour de Pâques 1649, le tonnerre frappa de nouveau l'église et causa de sérieux dommages au porche.

A partir de 1699, les chanoines, cédant à l'antipathie pour le gothique, qui sévit en France au XVIIe et au XVIIIe siècle, firent subir à la cathédrale les plus regrettables remaniements. Afin de faire du nouveau et de mettre leur église à la mode, ils amoncelèrent ruines sur ruines, détruisant le jubé, avec son crucifix de bois plaqué d'argent et ses orgues enrichies de peintures, transportant à l'endroit où s'élève aujourd'hui le grand autel, un magnifique autel, aussi respectable par son antiquité que remarquable par sa disposition et les ornements précieux dont il était entouré, jetant bas les anciens tombeaux, vendant les statues et les objets d'art pour se procurer des ressources. Le chœur, placé jusqu'alors au milieu du transept, fut reculé derrière l'autel. Cette nouvelle disposition, il faut le reconnaître, était plus commode pour les offices et permettait aux fidèles de suivre plus facilement les cérémonies; mais il eût été possible d'arriver aux mêmes résultats sans anéantir tant de chefs-d'œuvre.

En 1745, on abattit le pilier de pierre qui divisait en deux baies le portail de la façade et sur lequel figurait la statue de saint Maurice; on enleva du même coup huit des douze apôtres qui ornaient la frise, et l'on plaça au-dessous du tympan cet arc en granit qui, depuis plus d'un siècle et demi, déshonore la porte principale de l'église. Tout cela, afin de faire entrer plus facilement les torches, qu'on portait à la procession de la Fête-Dieu !

En 1754, l'évêque Jean de Vaugiraud voulut refaire à neuf le grand autel. Le chapitre fut du même avis et l'on décida de construire un autel à baldaquin. Antoine-Denis Gervais, architecte et sculpteur du roi, dressa les plans et le marché fut signé le 28 mars 1755.

Les grandes boiseries qui assombrissent le chœur datent de 1778 à 1783. Pour les placer, on ne se contenta pas d'entailler, sur un pied de profondeur, le fût des grosses colonnes, on détruisit d'élégantes sculptures, qui ne faisaient pourtant qu'une faible saillie sur le nu du mur ; on démolit le tombeau du roi René. Ce splendide monument, l'orgueil et la gloire de l'église d'Angers, fut relégué dans la nef, du côté de l'Évangile, sous une arcade qui abritait déjà la tombe de l'évêque Raoul de Beaumont, dont on fit disparaître l'effigie.

Le 24 août 1781, les chanoines passèrent un marché pour le badigeonnage de Saint-Maurice, avec Pierre Borani, peintre italien établi à Paris. Borani s'acquitta de sa tâche avec un soin scrupuleux, comme à Chartres. Il blanchit tout l'intérieur de l'église, sans même excepter les tombeaux des évêques, la sacristie, le chapitre et une chapelle.

Quand on relit, dans les actes de l'époque, le récit de pareils méfaits, on se demande comment des hommes intelligents ont pu, avec les meilleures intentions du monde, sacrifier ainsi les trésors artistiques et mutiler les monuments dont ils avaient la garde. La seule excuse qu'il soit possible d'apporter en leur faveur, c'est qu'ils ont été entraînés par le mauvais goût de leur temps et par les caprices de la mode.

Le 9 novembre 1789, sur l'invitation de l'évêque Michel Couet du Vivier de Lorry, le chapitre, afin de subvenir aux besoins de l'État, envoya à la Monnaie l'argenterie de l'église qui n'était pas indispensable au culte.

La spoliation commença en 1791. L'année suivante, dix-huit reliquaires en argent ou en vermeil, douze calices, douze croix, dont une datant du XIIᵉ siècle, onze statues, quatre châsses, deux bustes et d'autres objets de la plus grande valeur furent enlevés du trésor de la cathédrale, expédiés à Nantes et livrés au fondeur.

La spoliation fut bientôt suivie du pillage et de la destruction. Les autels furent abattus, les statues renversées, les reliques des saints jetées derrière les boiseries du chœur. Les monuments qui s'élevaient sur les sépultures des évêques ne furent pas épargnés. En 1794, le tombeau du roi René, déjà endommagé par le déplacement de 1783, fut mutilé à coups de sabre. Les marbres précieux dont il était revêtu furent entassés pêle-mêle à la porte de l'église et abandonnés à un ouvrier, qui les employa à faire des consoles et des devants de cheminées.

En 1793, la cathédrale devint le temple de la Raison et, en 1794, le temple de l'Être suprême. Cette inscription fut gravée au fronton du porche : « Le peuple français reconnaît l'existence de l'Être suprème et l'immortalité de l'âme ».

Lorsque, de par la loi, la décade eut remplacé la semaine et qu'on fut obligé de fêter le décadi, à la place du dimanche, la ci-devant église Saint-Maurice fut transformée en temple décadaire. De chaque côté du transept et de la nef, les administrateurs du département firent construire des gradins, disposés en amphithéâtre, pour les corps administratifs, les autorités constituées et leurs familles, l'état-major des troupes et de la garde nationale, les enfants des écoles et le peuple. Une estrade était réservée pour la musique. L'autel de la Patrie, sculpté par Pierre-Louis David et conservé aujourd'hui au musée de la ville, s'élevait au milieu de l'édifice. Malgré les dépenses qui furent faites pour cette installation, c'est en l'an VI seulement, c'est-à-dire à la fin de 1797 et en 1798, après le coup d'État du 18 fructidor, que les fêtes décadaires, jusque-là dédaignées, purent être célébrées dans la ville d'Angers.

La dernière fête décadaire eut lieu le 8 août 1800. La pétition adressée, le 19 février 1801, par le Conseil municipal au préfet, pour conserver le « temple Maurice dans l'état où il était et pour la même destination », ne fut pas écoutée.

Le 9 avril 1802, Mgr Montault des Isles était nommé à l'évêché d'Angers. Son installation se fit solennellement le 6 juin, jour de la Pentecôte.

Une lettre du Ministre des Finances, en date du 12 avril de la même année, mettait les réparations de l'église cathédrale à la charge de la municipalité; mais le maire Joubert-Bonnaire n'eut pas de peine à faire comprendre au préfet que les ressources de la ville ne lui permettaient pas de supporter cette dépense. Le département s'en chargea et le Conseil général vota, à cet effet, une première somme de 10.000 francs.

En 1806, Mgr Montault fit recouvrir d'ardoises le porche extérieur du parvis et voulut même faire restaurer le vestibule en entier, au moyen de fonds qu'il espérait obtenir du Conseil général. Celui-ci, sur les conclusions de l'architecte du département, n'agréa pas la demande de l'évêque, et le porche fut abattu. En 1884, le chanoine Vinçonneau offrit de contribuer pour une somme de 50.000 francs à la reconstruction de ce charmant édicule, mais l'administration des Cultes trouva que la somme était insuffisante, et l'on ne donna aucune suite au projet.

Le petit cloître, qui s'élevait en bordure de la place Saint-Maurice, entre le chevet de la chapelle paroissiale et le transept de la cathédrale, avait été construit, en 1810, par l'architecte François. Il a été démoli, bien inutilement d'ailleurs, en 1899.

Le 4 août 1831, la foudre frappa de nouveau le clocher de Saint-Maurice. Le dôme central fut tellement endommagé qu'on dut le reconstruire en grande partie. Au lieu de reproduire purement et simplement l'œuvre de Jean de l'Espine, l'architecte eut le grand tort de la modifier. Sans aucun motif, il remplaça les colonnes par des pilastres, suréleva les baies et la coupole.

Les deux flèches menaçaient ruine. Elles furent refaites : celle de gauche, de 1836 à 1838; celle de droite, de 1838 à 1845.

En 1861, l'autel de saint Maurice et l'autel de la sainte Vierge, qui s'élèvent aux deux extrémités du transept, furent mis en vente, sous prétexte qu'ils n'étaient pas en harmonie avec le style général de l'édifice. L'autel de saint Maurice fut même démoli. On parla aussi de faire disparaître les boiseries du chœur et d'enlever le grand autel, qui devait être transporté à Paris et placé sous le dôme de l'église Sainte-Geneviève. A la suite de protestations énergiques, il fut décidé que l'autel de saint Maurice serait rétabli à l'endroit qu'il occupait, que le grand autel resterait à Angers, et que la cathédrale conserverait intact le mobilier qu'elle tenait de la libéralité des siècles précédents.

Depuis une trentaine d'années, l'État a affecté des sommes importantes à la restauration de la cathédrale. De 1872 à 1900, la charpente de la nef, les chéneaux, la partie supérieure des contreforts et des murs, les corniches, les pignons du transept et le pourtour du chœur ont été refaits à neuf. Ces travaux, pour lesquels il n'a été employé que des matériaux de choix, seraient à l'abri de toute critique, si l'on n'avait eu la malencontreuse idée d'en profiter pour modifier l'aspect extérieur de l'édifice. Pourquoi, par exemple, a-t-on remplacé la plate-forme des contreforts par un glacis et transformé le parapet extérieur du chevet en une balustrade ajourée? On dira, sans doute, que c'est moins sévère et moins lourd. Mais le premier devoir d'un architecte qui restaure un monument est de respecter scrupuleusement et non d'interpréter l'œuvre des artistes d'autrefois.

Malgré quelques défauts, la cathédrale d'Angers est incontestablement une des belles églises de France.

Le portail, avec les deux flèches qu'il supporte, produit un grand effet. On peut même dire qu'il donne à la silhouette de la ville sa note caractéristique, mais il est critiqué à juste titre par les archéologues. Il est, en effet, trop étroit pour son élévation, et, malgré ses vastes proportions, l'ensemble, examiné de près, ne satisfait pas l'œil et manque d'ampleur. La base est trop nue depuis la démolition du porche; les tours sortent des proportions régulières. On sent que les architectes du XVIᵉ siècle ont voulu avant tout faire quelque chose d'élancé et qui frappât les yeux de loin. « Lorsqu'on se place près des murs latéraux, dit G. d'Espinay, dans ses *Notices archéologiques,* et qu'on aperçoit l'édicule grec, dont la base est plus haute que le faîte du toit de la nef, on est frappé du défaut de liaison existant entre celui-ci et le portail, qui forme comme un édifice à part. C'est une violation complète de cette règle élémentaire de l'architecture, d'après laquelle tous les membres d'un édifice doivent former un ensemble complet et harmonieux, avoir leur but et leur raison d'être; le bon goût en architecture n'admet pas les hors-d'œuvre ».

Ces critiques ne s'appliquent qu'à l'extérieur de l'église Saint-Maurice. Lorsqu'on pénètre à l'intérieur de l'édifice, on est frappé, au contraire, du caractère simple et grandiose de la nef. Des arcades ogivales, larges et robustes, plaquées contre la partie inférieure des murs, soutiennent une galerie en pierre, surmontée d'une rampe en fer forgé, qui règne tout autour de l'église. Des modillons sculptés, d'une grande élégance pour leur époque, forment une frise au-dessous de cette galerie. Les fenêtres sont en plein cintre.

La nef de Saint-Maurice est divisée en trois travées, couvertes de voûtes sur croisée d'ogives, qui font l'admi-

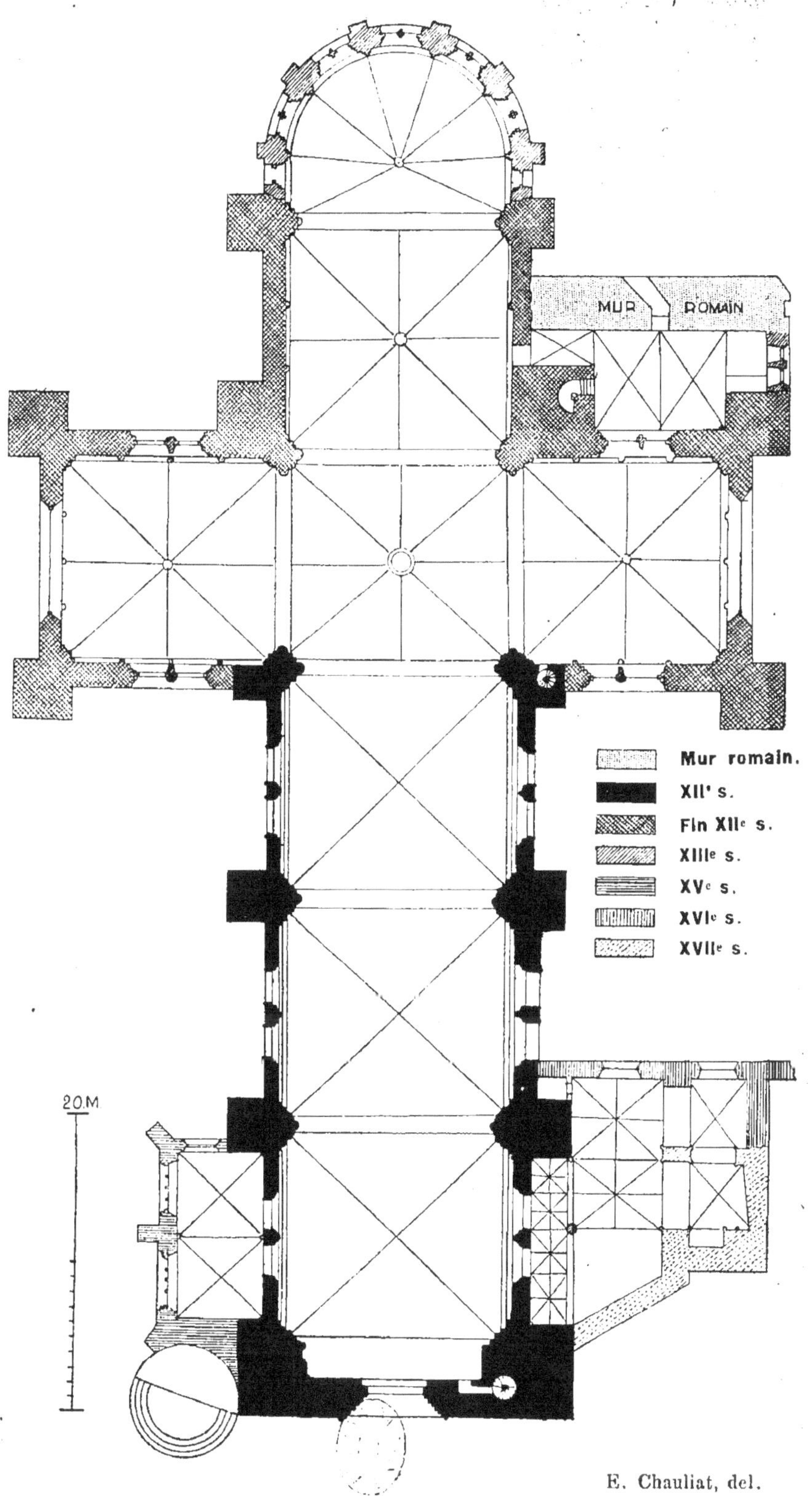

Plan de la cathédrale d'Angers.

ration des architectes. Ces voûtesbombées, établies sur plan carré, comme celles ·de la cathédrale du Mans, sont formées d'assises perpendiculaires aux arcs d'encadrement. Elles retombent sur des faisceaux de colonnes engagées et sur des chapiteaux à feuilles d'acanthe, remarquablement fouillés.

A la cathédrale d'Angers, la croisée d'ogives se présente encore dans la simplicité de ses moulures. Les quatre fortes nervures qui la constituent sont quadrangulaires. Les deux arêtes non adhérentes à la voûte sont remplacées par des tores, et le bandeau intermédiaire est garni de fleurs à quatre pétales.

C'est à l'évêque Normand de Doué, mort en 1153, après avoir occupé pendant quatre ans le siège d'Angers, que revient l'honneur d'avoir fait recouvrir de voûtes la nef de la cathédrale. « M C LIII. IV° nonas maii, — dit l'*Obituaire de Saint-Maurice*. — Obiit bonæ memoriæ Normandus de Doë, episcopus noster, qui de navi ecclesiæ nostræ trabibus præ vetustate ruinam minantibus ablatis, volituras lapideas miro effectu ædificare cœpit, in quo opere octogintas libras de suo expendit ».

Les voûtes du transept et de la première travée du chœur reposent sur huit nervures toriques. Les points de jonction des nervures secondaires avec les clefs des doubleaux et des formerets sont décorés de têtes d'anges ou de feuilles de lierre.

Le transept mesure 44m66 de longueur. Il est éclairé, aux deux extrémités, par deux magnifiques rosaces et, de chaque côté, par quatre grandes fenêtres ogivales. A l'intérieur, les bras de la croisée sont ornés d'arcatures ogivales; les chapiteaux des colonnes qui les supportent sont couverts de feuilles recourbées, beaucoup plus saillantes et plus gracieuses du côté du sud que du côté du nord. Les chapiteaux des quatre grands faisceaux de colonnes du carré du transept ont des tailloirs historiés.

Le chœur se termine par une abside dont le mur est circulaire jusqu'à moitié de sa hauteur. A partir du niveau des fenêtres, ce mur forme une ligne brisée à cinq pans, dans lesquels s'ouvrent cinq larges baies géminées. La voûte s'appuie sur des nervures toriques, qui rayonnent autour d'une clef centrale.

Le chœur et l'abside sont entourés, comme la nef et le transept, d'une galerie portée sur des formerets ogivaux ; mais, dans l'abside, les formerets reposent alternativement sur une colonne et sur un culot.

L'édifice mesure 90^{m}47, du portail au fond de l'abside. La nef a 16^{m}40 de large.

La cathédrale d'Angers possède de très remarquables vitraux des XIIe, XIIIe, XVe et XVIe siècles.

Les verrières de la nef représentent la légende de sainte Catherine, la mort et l'assomption de la sainte Vierge et la passion de saint Vincent, diacre. Elles furent exécutées, dans la seconde moitié du XIIe siècle, aux frais de Hugue de Chamblancé, chanoine et chantre de Saint-Maurice, mort entre 1177 et 1183, qui avait fait décorer de vitraux toutes les fenêtres de la nef, sauf trois. Une Vierge assise, qui se détache sur une grisaille incolore formée d'entrelacs, a été placée, en 1745, dans la première fenêtre du côté nord. Elle remonte au XIIe siècle. On cite ces verrières parmi les plus précieuses qui soient en France.

Les vitraux du chœur et de l'abside datent du XIIIe siècle. D'un coloris moins harmonieux que ceux de Chartres et du Mans, ils peuvent néanmoins, pour l'ampleur des formes et la profusion somptueuse des ornements, supporter la comparaison avec les œuvres les plus parfaites de cette époque.

Parmi les plus intéressants spécimens du XVe et du XVIe siècle, il est juste de signaler les belles verrières qui garnissent les deux grandes rosaces du transept, et dont les parties principales, au moins, sont attribuées à André

Robin, peintre verrier, établi à Angers vers le milieu du XVe siècle; et le vitrail de la *Crucifixion,* remonté tant bien que mal, en 1818, dans une des fenêtres de la nef qui font face à la chaire.

S'il faut en croire certains témoignages qui semblent sérieux, le vitrail de la *Crucifixion* aurait été apporté de l'église du prieuré de Sainte-Croix, construite par Pierre de Rohan, maréchal de Gié, aux portes mêmes de son fameux château du Verger. Léon Palustre, parlant de cette superbe verrière et de plusieurs autres, dit que « si quelque chose a lieu de surprendre, c'est que l'on n'ait pas fait jusqu'ici plus de réputation à des œuvres où la beauté du dessin le dispute à la douceur des tons et à la franchise de la couleur ».

La cathédrale d'Angers, au dire d'un juge des plus compétents, M. Jules Guiffrey, est « un musée incomparable pour l'étude de la haute lisse ». Elle doit cette réputation à sa merveilleuse collection de tapisseries et, tout d'abord, à la célèbre tenture de l'*Apocalypse,* qu'elle possède depuis le XVe siècle.

A l'origine, la tenture de l'*Apocalypse* se composait de cinq tapisseries ou draps, comprenant quatre-vingt-dix sujets. Il existe aujourd'hui encore soixante-neuf sujets entiers, plus des fragments de neuf autres. Douze tableaux sont complètement perdus. Les dessins ou patrons ont été faits par Jean de Bandol (Hennequin de Bruges), peintre de Charles V, d'après les miniatures de plusieurs manuscrits de l'époque. La tapisserie est l'œuvre du parisien Nicolas Bataille, qui reçut pour chaque pièce la somme de 1.000 livres.

L'*Apocalypse* avait été commandée par Louis Ier, duc d'Anjou, pour décorer la chapelle de son « chastel d'Angiers », où était exposée la Vraie-Croix, à double traverse, de l'abbaye de la Boissière. Elle fut léguée à la cathédrale par le roi René. C'est un des plus anciens et des plus précieux monuments de l'art français et de l'industrie parisienne.

Pendant toute la belle saison, la tapisserie de l'*Apoca-lypse* est tendue dans la nef de Saint-Maurice. D'autres tapisseries garnissent les murs du transept. Les plus curieuses sont : la *Vie de saint Martin,* de la fin du XVe siècle, tissée pour l'ancienne église Saint-Martin, à Angers ; la *Vie de saint Jean-Baptiste,* qui provient de l'ancienne collégiale de Saint-Jean-Baptiste et Saint-Julien ; les *Anges portant les instruments de la Passion* et *Pierre de Rohan jouant de l'orgue,* deux œuvres exquises, du commencement du XVIe siècle, commandées par Pierre de Rohan pour le château et l'église Sainte-Croix du Verger ; la *Passion* et la *Résurrection,* quatre pièces extrêmement remarquables, léguées, en 1505, à l'église Saint-Saturnin de Tours par Pierre Morin, trésorier général, et qui sont d'autant plus précieuses qu'on peut y lire, au milieu des dessins qui forment la bordure du vêtement de plusieurs personnages, le nom de l'artiste auteur des cartons, Jean de Room, dit aussi Jean de Brussel, peintre de Marguerite de Savoie, régente des Pays-Bas, et celui du tapissier Van Aelst, qui vint d'Enghien s'établir à Bruxelles en 1495 ; la *Vie de saint Saturnin,* qui avait été donnée, en 1527, à l'église Saint-Saturnin de Tours, et dont les cartons avaient été dessinés, l'année précédente, par le peintre florentin Jean Polastron ; l'*Invention de la Vraie-Croix,* datée de 1615, qui appartenait à l'église Sainte-Croix d'Angers : et d'autres encore, sans compter les pièces qui sont exposées à l'extérieur de l'édifice pour les processions solennelles de la Fête-Dieu.

Quand on entre à la cathédrale par le portail des flèches, on remarque deux chapelles de style bien différent, accolées à la première travée de la nef et communiquant avec celle-ci par une porte. Celle de droite, appelée autrefois chapelle du Crucifix et connue aujourd'hui sous le nom de chapelle de Notre-Dame de Pitié, remonte au XIIe siècle. Agrandie en 1428, puis en 1622, elle servit d'église pour la paroisse

Saint-Maurice, jusqu'à la fin du XVIIIe siècle. Celle de gauche, ou chapelle de Sainte-Anne, a été bâtie en 1467 par le chanoine Hugue Fresneau. Avec ses faisceaux de colonnes légères, en partie engagées dans la muraille, ses deux travées, voûtées d'ogives à nervures prismatiques, et ses deux grandes fenêtres, où la pierre, comme en se jouant, dessine des fleurs de lis entrelacées, cette élégante construction mériterait une restauration complète. En 1905, on l'a débarrassée d'ignobles boiseries qui, depuis trois quarts de siècle, lui donnaient un aspect lugubre. Les glacis des fenêtres ont été rétablis, de même que les moulures et les bases des meneaux. L'épais badigeon qui recouvrait la voûte et les murs a disparu. Mais on s'est arrêté là. Il faudrait continuer le travail, démolir le grenier, bâti au-dessus des voûtes pour loger l'ancienne soufflerie de l'orgue, refaire les pinacles à crochets qui recouvraient les contreforts ; reconstruire les pignons pointus, qui terminaient l'édifice aux deux extrémités, baisser le niveau du sol à l'intérieur et remettre à nu les bases des colonnes, enfouies sous un demi-mètre de décombres. Ainsi transformée, la chapelle de Sainte-Anne retrouverait son ancienne élégance et deviendrait l'un des plus jolis monuments de la ville d'Angers.

BIBLIOGRAPHIE. — L. de Farcy : *Clochers, sonnerie, horloge et porche de la cathédrale d'Angers,* Angers, 1872 ; *Notice archéologique sur les autels de la cathédrale d'Angers,* Angers, 1878 ; *Notices archéologiques sur les tentures et les tapisseries de la cathédrale d'Angers,* Angers, Lachèse [1875] ; *Histoire et description des tapisseries de la cathédrale d'Angers,* Lille [1889] ; *La Broderie,* 1896 ; *Broderies et tissus conservés autrefois dans la cathédrale d'Angers,* Lille [1886] ; *Les fouilles de la cathédrale d'Angers,* dans le *Bulletin Monumental,* 1902, p. 488 ; *Monographie de la cathédrale d'Angers,* en cours de publication. (Deux volumes de cet important ouvrage et un album ont déjà paru. L'un des volumes est consacré aux *Immeubles par destination,* l'autre au *Mobilier.*) — D'Espinay : *Notices archéologiques,* 1re série, p. 69-100. — J. Denais : *Monographie de la cathédrale d'Angers,* dans les *Mémoires de la Société nationale d'agriculture, sciences et arts d'Angers,* années 1898-1899, avec pagination à part; *Histoire et description de la cathédrale d'Angers,* dans l'*Inventaire des richesses d'art de la France,* t. IV, Province, monuments religieux, p. 3-95. — J. Berthelé: *L'architecture Plantagenet,* dans le *Congrès archéologique de France,* 1903, p. 234-275. — V. Godard-Faultrier: *La cathédrale d'Angers,* dans le *Répertoire archéologique de l'Anjou,* 1865, p. 41, 117, 217 et 237. — G. Fleury: *Le portail occidental de la cathédrale d'Angers,* dans le *Compte-rendu de la 32e session de l'Association française pour l'avancement des sciences,* 1903, 2e partie. p. 1313-1319.— *Cartulaire noir de la cathédrale d'Angers,* édit. Ch. Urseau, Paris et Angers, 1908, n° 29, p. 64.— Jules Guiffrey: *Mémoire sur l'auteur de la tapisserie de l'Apocalypse d'Angers,* dans les *Mémoires de la Société des Antiquaires de France,* 1877, t. XXXVIII; *Histoire de la tapisserie depuis le moyen âge jusqu'à nos jours,* Tours, Mame, 1886, p. 138. — A. Thiéry: *Les tapisseries historiées signées par Jean Van Room,* Louvain, 1907, p. 7-17.

ÉGLISE SAINT-SERGE

L'histoire de l'église Saint-Serge se confond, jusqu'à la fin du XVIIIe siècle, avec celle de l'abbaye du même nom.

L'origine de l'abbaye Saint-Serge d'Angers est assez incertaine. Bourdigné, qui écrivait au XVIe siècle, prétend qu'elle avait été fondée par Clovis Ier. Plus tard, Dom Fournereau affirme que telle était, en effet, la tradition du monastère, fondée sur des titres authentiques; mais le seul document qu'il cite est un diplôme de Childebert, en date de l'année 705, où il est question de Clovis II et non de Clovis Ier. C'est sur cet acte que se sont appuyés tous ceux qui, dans la suite, ont attribué la fondation de Saint-Serge à Clovis II. Or, il suffit de lire avec un peu d'attention le diplôme de Childebert, pour constater que le roi parle seulement de privilèges accordés à Saint-Serge par son père Thierri III et son aïeul Clovis II. Si celui-ci avait été le fondateur du monastère. il semble que Childebert n'eût pas manqué de le faire remarquer. De cette charte il faut donc

conclure tout simplement que l'abbaye Saint-Serge existait
déjà au temps de Clovis II. C'est la conclusion qu'en tire
Mabillon : « Longe obscurior est origo monasterii SS. Sergii et Bacchi, quod, Chlodoveo juniori regnante, jam exti-
tisse docet diploma Childeberti regis tertii, beneficium con-
firmantis, quod Chlodoveus et Theodericus eidem monaste-
rio concesserant ». Saint-Serge est antérieur au moins à
l'année 650 ; on ne peut rien affirmer de plus sur son origine.

Vers le milieu du IX° siècle, l'abbaye tomba aux mains
des ducs bretons. Hérispoé y déposa, pendant les invasions
normandes, les reliques de saint Brieuc, afin de les sous-
traire aux profanations des païens. Entre 897 et 903, le duc
Alain le Grand abandonna la propriété du monastère à
l'évêque d'Angers Rainon et à ses successeurs. Toutes ces
tribulations et surtout les pillages des Normands, auxquels
il n'avait pas échappé, l'avaient « presque réduit à néant » :
les religieux avaient déserté la maison ; les domaines avaient
été saccagés et usurpés par les évêques mêmes, qui auraient
dû les protéger.

Au XI° siècle, grâce aux comtes, grâce aussi à leurs
imitateurs, l'état du clergé angevin, et surtout du clergé
régulier, commença à s'améliorer. L'abbaye Saint-Serge
sortit peu à peu de la misère et de l'abandon où elle avait
été si longtemps plongée. L'évêque Renaud en avait relevé
les bâtiments, y avait appelé des moines, leur avait donné
un abbé particulier, enfin s'était employé à leur recréer des
domaines. Son successeur, Hubert de Vendôme, en y nom-
mant comme abbé le célèbre Bougrin (*Vulgrinus*) et en lui
donnant la « celle » de Saint-Maurille de Chalonnes, en
assura définitivement la prospérité.

Bougrin, originaire de Vendôme, comme l'évêque Hubert,
son parent, avait pendant quelque temps porté les armes.
Quand il fut appelé à Angers, entre 1041 et 1047, pour
devenir abbé de Saint-Serge, il était prieur de l'abbaye de
Marmoutier. Il ne se contenta pas de rétablir l'observance

régulière dans sa communauté ; il enrichit le monastère de
ses dons et reconstruisit l'église, qui fut consacrée le
3 novembre 1059. A cette date, Bougrin occupait déjà le
siège épiscopal du Mans depuis plus de quatre années.

Dans l'église actuelle de Saint-Serge, s'il reste quelque
chose de l'édifice élevé par Bougrin, ce n'est assurément
pas le chœur, qu'on lui a pourtant attribué pendant longtemps. Ce n'est même pas tout le transept, dans lequel on
peut reconnaître deux époques différentes. Les quatre
piliers imbriqués de l'intertransept et, dans les combles, un
arc en plein cintre, dont les claveaux sont séparés par des
briques, semblent remonter à la fin du X⁰ siècle et peuvent
avoir été construits à l'époque de l'évêque Renaud (973-
1005). Mais les bras du transept, bâtis en petit appareil,
sont probablement l'œuvre de Bougrin, car ils ressemblent
aux parties de la cathédrale du Mans qui furent édifiées par
les soins de l'ancien abbé de Saint-Serge. Les contreforts
du pignon nord, ainsi que les fenêtres bouchées de l'ancien
clocher, lequel était situé au-dessus de l'intertransept, sont
aussi du XI⁰ siècle et appartiennent vraisemblablement à la
construction de Bougrin.

C'est là tout ce qui nous reste de son œuvre ; mais ce
n'est pas là son œuvre tout entière, car, limitée à ces travaux, elle n'eût pas occasionné une dédicace. On peut croire
sans témérité qu'il a bâti, en outre, l'ancienne nef et les
autres parties de l'église qui, dans la suite, ont été refaites
à diverses époques. Les gros murs du chœur eux-mêmes
sont peut-être contemporains du fameux abbé, car ils
paraissent avoir subi un remaniement, et l'on aperçoit, sur
la gauche, à la suite de la grande chapelle latérale, l'archivolte d'une fenêtre, qui fut fermée quand on a ouvert les
fenêtres actuelles.

Le chœur de l'église Saint-Serge est une des plus belles
constructions de l'Anjou. Une double rangée de colonnes
sveltes et gracieuses divise l'espace qu'il occupe en trois

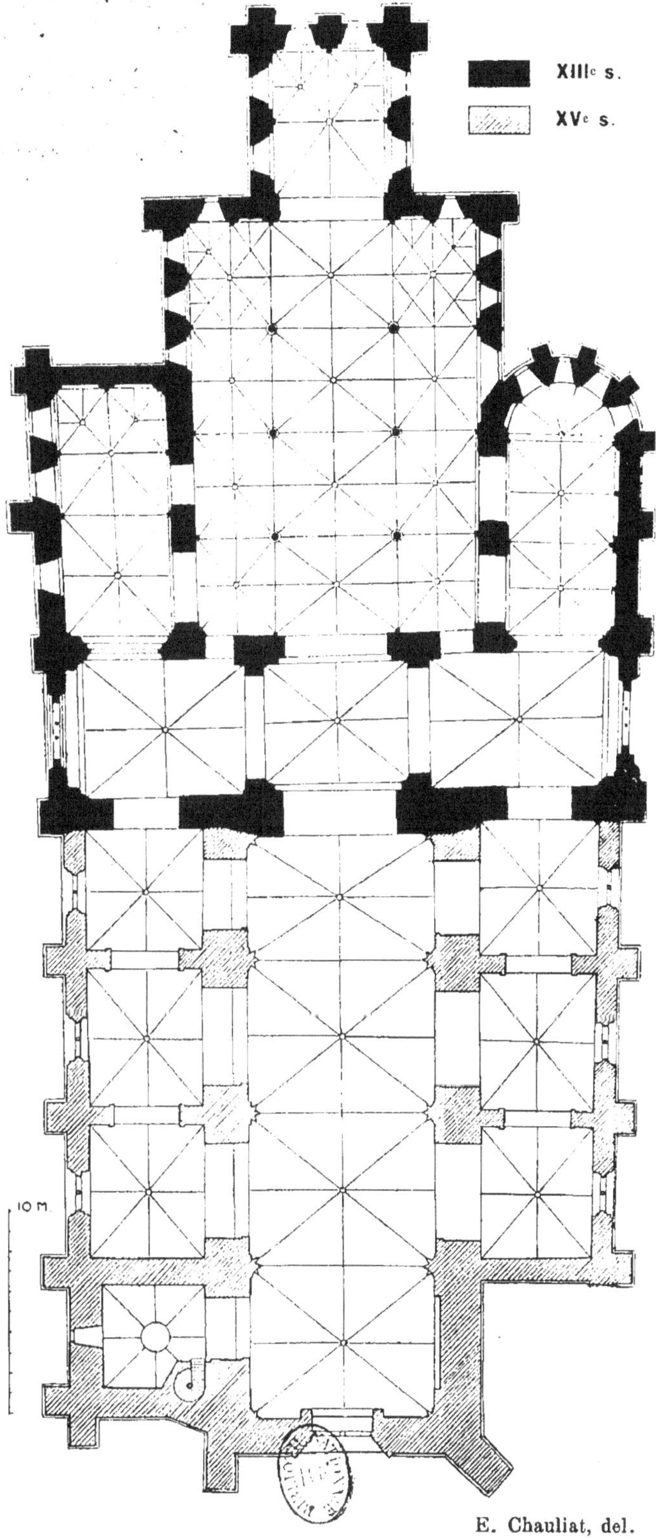

Plan de l'église Saint-Serge.

séries de voûtes domicales à huit nervures toriques, décorées de grands médaillons ronds aux clefs centrales et de
petits médaillons presque ovales, ou même de simples figurines ou de petites têtes, aux jonctions des nervures secondaires avec les formerets et les doubleaux. La dernière voûte
de chacune des deux séries latérales est échancrée dans les
angles qui s’appuient au mur et épaulée par des voûtains
nervés dans la direction des fenêtres. Les colonnes engagées
sont couronnées par des chapiteaux historiés et des tailloirs
finement sculptés. Les colonnes centrales sont ornées de
feuilles recourbées et saillantes, formant d’élégantes volutes.

Le chœur se termine par une abside rectangulaire, couverte d’une voûte à nervures toriques, dont les angles conti-
gus aux murs sont surmontés de demi-voûtes nervées. Il est
accompagné de chaque côté, en contre-bas, par des chapelles latérales, qui prolongent les basses nefs à travers les
bras du transept. Un mur droit termine celle du nord, dont
la voûte est identique à la voûte de l’abside centrale. Celle
du sud s’achève en demi-cercle, avec des fenêtres ogivales
et une voûte recouverte de troncs de cônes juxtaposés.

« Le merveilleux effet produit par le chœur de Saint-Serge
a sa source, dit M. J. Berthelé : 1° dans l’emploi des voûtains ;
2° dans une disposition, rare jusque-là en Anjou et qui a
donné au monument un élancement et une lumière que l’on
n’est pas habitué à rencontrer dans cette région. L’architecte
de Saint-Serge a rompu avec l’usage, qui avait été à peu près
universel durant les précédentes périodes de l’architecture
Plantagenet, de ne faire qu’un seul vaisseau dans la longueur des églises, les bas-côtés étant supprimés au profit
de l’épaisseur des murailles et des contreforts... [Il] imita,
dans le chœur qu’il avait à joindre à l’église déjà existante,
la disposition à trois nefs séparées par de simples colonnes
de la grande salle de l’hôpital d’Angers, mais il imita en
faisant plus hardi, plus svelte et plus élégant, et en utilisant
les plus récentes découvertes ».

Aucun document ne permet de fixer avec certitude l'époque de la construction du chœur de Saint-Serge. En 1871, l'abbé Choyer avait proposé la date de 1160-1166, qu'il essayait d'ailleurs de justifier par une hypothèse ingénieuse. Depuis lors, sa théorie a été acceptée en principe par tous les archéologues angevins, même par ceux que l'étude attentive des chapiteaux et des nervures obligeait à admettre un remaniement postérieur. Mais, comme le fait remarquer avec raison M. J. Berthelé, « la translation de reliques qui, d'après l'abbé Choyer, aurait motivé l'édification de ce monument, ne marque certainement pas le commencement des travaux (1). Cette translation n'est que l'origine lointaine de la reconstruction que nous avons sous les yeux. Au moyen âge comme aujourd'hui, on n'élevait de riches sanctuaires dans les lieux possesseurs de reliques, que lorsque le pèlerinage était fréquenté et que la piété des fidèles avait apporté des ressources suffisantes ».

Après avoir ajouté que « la comparaison des caractères respectifs des diverses phases du style Plantagenet, du milieu du XII⁰ siècle au premier quart du XIII⁰ », l'oblige à écarter la date de 1160-1165, le savant archéologue ajoute : « Nous savons par les cathédrales d'Angers et de Poitiers et par d'autres monuments ce qu'étaient l'architecture et la sculpture dans l'ouest de la France durant le troisième quart du XII⁰ siècle. Il y a certainement un écart d'un bon demi-siècle entre la date proposée par l'abbé Choyer et la date véritable du chœur de Saint-Serge ». Et il conclut : « Le chœur de Saint-Serge a été certainement construit vers 1220-1225 ».

---

(1) Il s'agit de la translation, ou plutôt de l'élévation solennelle des reliques de saint Brieuc, qui fut faite, en 1166, dans la chapelle du côté gauche de l'église, en présence de Henri II Plantagenet, de l'évêque d'Angers et de beaucoup de prélats et de barons. L'abbé Choyer suppose que la chapelle était déjà terminée quand la fête eut lieu, et même qu'elle fut érigée à l'occasion de cette solennité.

Église de Saint-Serge.

Voûtes du chœur.

A. Ventre, del.

On peut, sans crainte, assigner cette date à la chapelle latérale du sud, qui, de toute évidence, appartient au XIII\ :sup: siècle. La partie centrale du chœur et la chapelle latérale du nord sont un peu plus anciennes ; mais il est difficile de les faire remonter bien au delà de 1210, car, pour construire le chœur de Saint-Serge, l'architecte s'est inspiré de la grande salle de l'hôpital Saint-Jean, dont il a imité la disposition générale, et celle-ci n'a été terminée que tout à la fin du XII\ :sup: siècle, probablement même au commencement du XIII\ :sup: siècle.

Les voûtes des deux bras du transept sont à huit nervures toriques, comme celles du chœur, et remontent à la même époque.

La grande nef est divisée en quatre travées, percées chacune d'une fenêtre ogivale à deux meneaux, et couvertes de voûtes domicales à huit nervures piriformes. Les deux basses nefs n'étaient primitivement que des chapelles. Vers 1832, on perça les gros murs qui les séparaient, et, après les avoir réunies, on les fit communiquer par une arcade avec les bras du transept.

Dans la nef principale, on peut admirer, au-dessus des baies cintrées qui ouvrent dans les basses nefs, une frise, délicatement sculptée, où le style flamboyant étale toutes les richesses de sa flore murale. Malheureusement la partie la plus intéressante de cette frise a été masquée par la tribune de l'orgue.

La nef de Saint-Serge a été reconstruite au XV\ :sup: siècle. En 1442, le monastère, maltraité par les guerres, dévasté à la fois par des incendies et par les inondations de la Maine, tombait en ruine. L'église avait été à moitié démolie et il n'en restait plus guère que le chœur. Deux ans plus tard, église et monastère se trouvaient dans le même état, malgré les indulgences promises aux fidèles, qui contribueraient par leurs aumônes à la restauration de la communauté. Enfin, on put se mettre à l'œuvre ; mais, comme les travaux entrepris, surtout dans l'église, étaient importants et coûteux, il fallut, d'abord en 1451, puis en 1477, solliciter de nouvelles aumônes pour les terminer. Ces dates, fournies par des documents authentiques, sont très précieuses, elles permettent d'affirmer que la nef de Saint-Serge, commencée avant 1451, a été achevée après 1477.

Le clocher, qui s'élève à gauche de la façade, a été construit, ou peut-être plus exactement couronné, en 1480, d'une flèche ou pyramide en bois.

L'église Saint-Serge, dans son ensemble, accuse la forme basilicale : les bras du transept ne forment pas saillie sur les nefs, du moins en largeur, ils les dominent seulement en élévation. Au commencement du XIX⁰ siècle, ce superbe édifice a été affecté au service d'une des paroisses de la ville d'Angers. Les bâtiments du monastère, reconstruits à la fin du XVII⁰ siècle, ont abrité le séminaire diocésain, de 1808 à 1907.

On remarque, dans le chœur de l'église Saint-Serge, — deuxième et troisième fenêtres à gauche, troisième fenêtre à droite, — trois verrières de la fin du XII⁰ siècle ou du commencement du XIII⁰ siècle. D'après M. Lucien Magne, ce sont peut-être les plus belles grisailles qu'on puisse citer à cette époque. La première est formée d'un réseau incolore d'entrelacs rectilignes et circulaires, sertis par des plombs. Des points de couleur marquent la division des motifs. Un filet étroit, de ton jaune orangé, arrête la forme des panneaux et contourne la pierre, dont il est isolé par un champ incolore. Dans les deux autres, les fonds sont ornés de feuillages délicats, aussi remarquables par la finesse des attaches que par le style du dessin. A la troisième fenêtre du côté gauche des points bleus sont enchâssés dans les tiges des feuillages. Chaque panneau est occupé par des cercles concentriques, enlacés avec des losanges.

Les fenêtres de la nef, sauf la première de chaque côté, sont garnies de vitraux, moins précieux assurément que les verrières du chœur, mais néanmoins fort intéressants. Dans chaque panneau, un personnage, debout sur un socle où son nom était écrit, se détache d'un fond damassé, bleu, pourpre ou jaunâtre, au-dessous d'un dais à pinacles. Le dessin de ces personnages n'est pas toujours très régulier ; il a souvent de la lourdeur et de la sécheresse. Les têtes, pourtant, ne manquent ni de caractère ni d'expression. La composition est décorative. L'opulence des étoffes, la richesse de l'architecture, le coloris des fonds produisent un effet certainement agréable, parce qu'il est harmonieux.

A gauche, du côté du nord, qui est la région du froid et de la nuit, le peintre verrier a placé les prophètes. A droite, du côté du midi, que réchauffe le soleil, que baigne la pleine lumière, sont représentés les apôtres. Telle était, en effet, la règle imposée aux artistes du moyen âge par le symbolisme des églises. Les prophètes ne sont pas nimbés. Sur la tête, ils portent le bonnet juif ou une sorte de chapeau à bords relevés. Ils tiennent à la main un long phylactère, où se lit la reproduction exacte ou l'interprétation d'un texte tiré de leurs livres. Les apôtres ont la tête nue et nimbée. Ils sont vêtus d'une ample tunique, qui cache leurs pieds, et d'un manteau. Sauf saint Pierre et saint André, qui figurent avec la croix de leur supplice, tous les autres portent à la main ou sur l'épaule le bourdon de pèlerin. Le phylactère contient l'article du symbole qui leur est attribué.

Les vitraux de la nef de Saint-Serge remontent aux dernières années du XV⁰ siècle. L'influence de la Renaissance s'y fait sentir, surtout dans les détails de l'architecture, mais le peintre qui les a dessinés reste encore fidèle aux règles du symbolisme et aux meilleures traditions de l'école française.

Bibliographie. — Thorode : *Notice de la ville d'Angers*, édit. E. L[ongin], Angers, Germain et Grassin, 1897, p. 229-240. — D'Espinay : *Notices archéologiques*, 1re série, p. 177-195. — J. Denais : *Histoire et description de l'église Saint-Serge, à Angers*, dans l'*Inventaire des richesses d'art de la France*, t. IV, Province, monuments religieux, p. 120-140. — Dom Fournereau : *Historiæ abbatiæ SS. Sergii et Bacchi prope Andegavum synopsis* (fin du XVIIe siècle). édit. V. Godard-Faultrier, dans la *Revue des Sociétés savantes*, 1870. p. 372 et suiv. — L. Halphen : *Le comté d'Anjou au XIe siècle*, p. 82 et 91-92. — Choyer : *L'architecture des Plantagenets*, dans le *Congrès archéologique de France*, 1871, p. 257-274. — J. Berthelé : *L'architecture Plantagenet*, dans le *Congrès archéologique de France*, 1903, p. 260-264. — H. Denifle : *La désolation des églises, monastères et hôpitaux en France*, Paris, Picard, 1897, t. I. p. 95-96. — L. Magne : *Verrières anciennes des églises d'Angers*, dans la *Revue de l'Anjou*, t. XI, 1885, p. 382-383. — Ch. Urseau : *Les vitraux de la Renaissance en Anjou*, dans la *Réunion des Sociétés des beaux-arts des départements*, 1905. p. 702-704.

ANCIENNE ÉGLISE SAINT-MARTIN

L'ancienne église Saint-Martin d'Angers est aujourd'hui la propriété de M. le chanoine Pinier, supérieur de l'Externat Saint-Maurille.

Non content d'avoir sauvé de la ruine cet édifice vénérable et d'avoir essayé de lui rendre par une restauration discrète quelque chose de sa splendeur passée, M. Pinier en a étudié l'origine et les transformations successives.

Mieux que personne il en connaît l'histoire. Nous nous contenterons donc de reproduire, sans aucune modification, les notes qu'il a bien voulu nous communiquer et dans lesquelles il a résumé brièvement les plus importantes de ses découvertes.

« Mon cher ami,

« Vous me demandez quelques notes sur ma vieille église, parce que vous supposez que j'en connais tous les recoins. Non, pas tous, il s'en faut bien : je n'ai pu sonder la nef, qui ne m'appartenait pas, et j'ai dû par nécessité m'interdire beaucoup de recherches dans les transepts et le chœur.

Néanmoins, grâce aux fouilles et aux nettoyages que j'ai faits depuis 1903, il est devenu beaucoup plus facile d'étudier les développements successifs de Saint-Martin. Plusieurs archéologues éminents, qui ne pouvaient interroger le sous-sol de cette église ni la décrasser de ses enduits postiches, se sont trompés sur son âge. Ils ont ri des contes de notre vieux Bourdigné; et, cependant, il apparaît bien désormais que, malgré d'impardonnables fautes d'histoire, Bourdigné, archéologiquement, n'avait pas tort.

L'ancien sol de Saint-Martin. — « A l'endroit qu'occupe Saint-Martin, passait, au Ier siècle de notre ère, dans le sens même du monument, une voie romaine, épaisse de 0^m80, qui, venant peut-être des arènes, descendait par une pente très rapide vers la rivière. A l'époque des Antonins, je suppose, cette voie ou cette rue, usée et trop basse, fut relevée de 0^m50, à l'aide de terre glaise et de débris de toutes sortes (plâtras, poteries. etc.), que l'on recouvrit d'un nouveau béton. J'ai retrouvé, dans la couche de terre glaise, avec une médaille de Faustine la mère, de curieux enduits gallo-romains, stuqués et peints : sur l'un d'eux, on lit l'acclamation : *Feliciter,* qui a malheureusement perdu son nom propre; sur beaucoup d'autres, on voit des débris de dessins représentant des animaux ou des fleurs. A droite et à gauche de la chaussée, il y a quelques restes informes de vieilles constructions. Peu à peu. le cimetière chrétien, dont le noyau principal semble avoir été la place du Ralliement, en se prolongeant vers le sud-ouest, dut envahir et combler la vieille rue déjà abandonnée.

Oratoire mérovingien. — « Sur ce chemin recouvert de plus d'un mètre de terre, fut bâti, très probablement par l'évêque saint Loup, dans la seconde moitié du VIIe siècle, un petit oratoire dédié à saint Martin : toujours est-il que saint Loup voulut être enterré près de cette chapelle, qui semble lui avoir été chère. L'oratoire mérovingien n'est point un mythe : j'ai déterré son abside semi-circulaire, déchiquetée par le pic des fossoyeurs du moyen âge; elle apparaît maintenant sous l'estrade au carré du transept; elle est comme bandée par un mur plus ancien, lui-même très lacéré. sous lequel passait un canal. Ses fondations peu profondes ne descendent même pas jusqu'à la voie romaine et sont posées sur la terre meuble : évidemment, cette chapelle ne pouvait braver les siècles. Bourdigné déclare que, sous Louis le Débonnaire, elle était déjà « ruyneuse et servie seulement par un religieux de l'ordre de Monseigneur sainct Benoist ».

Église carolingienne. — « L'oratoire mérovingien fit place à une grande église orientée comme lui. Elle avait une abside que j'ai retrouvée dans la seconde travée du chœur et figurée sur le ciment : cette abside devait être voûtée en cul-de-four, car on ne voit pas la place des colonnes dans les fondations. La tour-lanterne de cette église était une partie de notre clocher actuel, sans les grosses colonnes d'angle et sans la coupole : elle était couverte de fermes apparentes et éclairée par les six larges fenêtres qui, dans ce temps-là, s'ouvraient au-dessus du toit, comme le prouve la saillie destinée à recevoir la charpente (1). Cet édifice était certainement carolingien. Bourdigné lui assigne une date : « environ, dit-il, l'an de Nostre-Seigneur huyt cens et vingt », ou plutôt 818. Il l'attribue sans preuves à Louis le Débonnaire et à l'impératrice Hermangarde, qu'il appelle tantôt Arménias et tantôt Hildegarde (2). C'était sans doute de son temps une vieille tradition, dont on avait déjà perdu

(1) J'ai mis à nu cette saillie dans les transepts, mais on la distingue mieux dans le grenier. C'est aussi dans le grenier qu'il faut monter pour voir les archivoltes et les billettes des fenêtres de la tour.

(2) Voir, à ce propos, toute la dissertation historique de M. G. d'Espinay, dans *Notices archéologiques*, 1re partie, p. 117.

les titres. Le langage des pierres est toujours moins précis
que celui des archives : du moins, les pierres ne contredisent point Bourdigné : j'ose même ajouter qu'elles semblent lui donner raison. Les débris antiques remployés
dans les bases des gros piliers, les tailloirs et tout l'ensemble de la vieille porte du transept gauche, les sculptures que j'ai déterrées, notamment le beau parapet orné
d'entrelacs, d'hélices et de fleurs de lis, tout cela indique
une époque fort lointaine : l'éminent spécialiste qu'est
M. Rivoira n'hésite pas à dater de la première moitié du
IXe siècle ces entrelacs très caractéristiques (1).

« Que nous reste-t-il de cette construction carolingienne ?

« (a) Les huit gros piliers et les quatre grands arcs imbriqués de la tour centrale, ainsi que les quatre murs de cette
tour jusqu'au-dessus des fenêtres. Un système analogue,
mais de proportions moindres, existait à Saint-Maurice,
dans la cathédrale qui précéda celle du XIe siècle, et à
Saint-Serge.

« (b) La partie en petit appareil de la maçonnerie du chœur
(1re travée), où l'on remarque quatre anciennes fenètres
bouchées, de même largeur que celles de la tour ; et, en
général (sauf les reprises), la partie inférieure des murs du
transept, là où la brique et *surtout la pierre coquillière,*
débris de vieux tombeaux, se mêlent largement au moello-
nage du petit appareil.

(1) J'ignore si M. Rivoira a publié un travail spécial sur les entrelacs
de Saint-Martin. Mais il m'a dit à moi-même (24 septembre 1905), après
les avoir bien examinés, que le parapet doit être à tout le moins de la
première moitié du IXe siècle : 1º parce que la sculpture en est très plate,
et que plus on approche du Xe siècle, plus elle se creuse ; 2º parce que
les fleurs de lis sont très simples et à trois branches et que, plus tard,
elles se compliquent ; 3º parce que le dessin, en conservant toujours trois
cordelettes, est cependant assez irrégulier.

Dans *L'architecture en Italie du VIe au XIe siècle,* par R. Cattaneo,
on trouve plusieurs sculptures analogues à celles de Saint-Martin et
datées du VIIIe et du IXe siècle.

« *(c)* La curieuse porte imbriquée du croisillon nord.

« Il est probable que Saint-Martin, comme toutes les églises du *suburbium* d'Angers, eut beaucoup à souffrir des invasions normandes, et qu'on dut y faire de grosses réparations à la fin du IX⁰ siècle ou dans le cours du X⁰; mais, faute de textes, nous ne savons rien de précis sur l'époque antérieure à Foulque Nerra.

Grosses réparations par Foulque Nerra. — « Une charte de 1020 nous apprend que Foulque Nerra et sa femme Hildegarde « réédifièrent » en partie notre église. Le comte et la comtesse, affligés de voir que l'église de Saint-Martin était depuis longtemps et à ce point détruite *(longo tempore tam destructam esse ut...)*, que deux prêtres à peine y faisaient le service divin, s'appliquèrent à la réédifier, afin d'y établir treize chanoines *(eam reedificare tantum conati sunt ut tredecim canonicos ibi.... constituerent)*, qu'ils rentèrent. La réfection fut morale autant que matérielle. Foulque fonda le chapitre de Saint-Martin : à cette occasion, il fit des réparations, des agrandissements, des achats de maisons et de terres. Les travaux étaient déjà, on le suppose, commencés en 1012, puisque des ouvriers découvrirent alors le corps de saint Loup « *in quodam subgrondario, sub sarcophago magno reperto in ecclesia Sancti Martini* ».

« C'est vraisemblablement Foulque Nerra qui, pour transformer en clocher l'ancienne tour-lanterne, la couvrit d'une coupole (1). Je crois que de cette restauration datent :

« *(d)* Dans le carré du transept, toute la doublure architecturale qui porte la coupole (grosses et petites colonnes (2).

(1) Une vraie coupole à assises annulaires et concentriques, qui sont masquées par des peintures du XIII⁰ siècle. Elle n'a pas de pendentifs.

(2) Il est très évident que les grosses colonnes d'angle sont postérieures aux piliers imbriqués, car : 1⁰ leurs assises sont simplement reliées aux piliers de demie en demie et les joints des piliers se

avec les arcs intérieurs) ; le haut de la tour, dont la reprise est surtout visible extérieurement.

« *(e)* Dans les croisillons, plusieurs portes cintrées en petits claveaux ; toutes les petites fenêtres ; en général, la partie moyenne des murs et les reprises inférieures.

« *(f)* Dans le chœur, la porte et l'escalier du clocher.

« *(g)* Dans les anciennes nefs, probablement toute la maçonnerie, sauf celle de la façade ou, du moins, sauf la porte principale, démolie en 1848, que de vieux dessins nous représentent parfaitement semblable aux arcs imbriqués de la tour (1). Peut-être l'église carolingienne n'avait-elle qu'une seule nef : en la transformant, Foulque aura gardé la porte d'entrée qui cadrait si bien avec les grands arcs de la croisée. Je dois signaler ici l'analogie qui existe entre la nef de Saint-Martin d'Angers et l'ancienne nef de Notre-Dame de Château-Landon, ville qui appartenait à nos comtes d'Anjou : l'une des deux églises a probablement servi de type à l'autre.

« *(h)* L'ancien cloître, dont la porte primitive, rebâtie au XVᵉ siècle, a laissé des traces dans le mur du transept gauche : un des chapiteaux de ce cloître est au musée Saint-Jean ; il ressemble à ceux du Ronceray et accuse le commencement du XIᵉ siècle.

« J'ai des raisons sérieuses de penser que, vers 1012, il y eut des reprises importantes sous la pile imbriquée

continuent derrière ces assises ; 2° leurs fondations sont d'une tout autre maçonnerie. Les chapiteaux qui couronnent les deux grosses colonnes de la tour, du côté du chœur, sont particulièrement remarquables, à cause de leurs entrelacs : je n'ai pu les étudier de près, mais ils sont si frustes et si peu fouillés, qu'on dirait de vieilles sculptures carolingiennes remployées.

(1) Les fouilles que j'espère pratiquer un jour dans la nef permettront sans doute de mieux préciser son origine. Je la suppose postérieure à la tour, parce que sa maçonnerie ne me semble pas de même composition que le petit appareil des transepts.

qui joint la porte du clocher. Ses fondations sont d'une maçonnerie qui ne ressemble aucunement à celle des trois autres piles, mais qui rappelle bien celle des quatre grosses colonnes de la tour. De plus, avant qu'elles fussent par moi consolidées et redressées, elles étaient considérablement en retrait sur l'aplomb de cette pile; elles montaient du pied, à la façon d'un encorbellement très mal soigné et très mal dirigé, dont le sommet même restait encore de 0^{m}15 ou 0^{m}20 en arrière de la face de la pile. On aurait dit qu'elles avaient été comme évidées par le milieu et qu'ensuite le vide avait été bouché vaille que vaille, à la hâte, sans souci de l'aplomb, par les ouvriers qui jetaient les fondements de la colonne voisine. Autre détail à noter : devant cette pile et un peu sous elle, l'épais emplecton de la voie romaine avait été coupé comme pour une antique sépulture. Je soupçonne fort qu'en creusant la tranchée pour les substructions de la colonne, on aura heurté quelque « grand sarcophage » engagé en partie sous la pile, peut-être le sarcophage de notre saint Loup retrouvé en 1012. Les deux prêtres de service, tout à la joie de cette découverte, après avoir extrait les précieux ossements et les morceaux brisés du sarcophage, n'auront point songé à refaire méthodiquement les fondations de la pile.

Agrandissements au XIIe siècle. — « Dans la seconde moitié du XIIe siècle, on transforma le chœur pour l'agrandir. Une troisième fois, l'abside fut reculée, toujours dans le même sens. On suréleva avec des pierres de tuf et de schiste ardoisier les murs de la première travée; on boucha les quatre fenêtres du vieux chœur; on entailla largement le petit appareil et les deux piles imbriquées pour y engager les queues des six groupes de colonnes qui devaient supporter la voûte.

Les sculptures de cette travée (chapiteaux, corbelets) sont pour le moins aussi anciennes que celles des deux

autres (1), mais, en revanche, sa voûte paraît plus récente.
D'où vient cette anomalie ? Probablement de ce que la
voûte primitive de la première travée a dû s'effondrer peu
d'années après sa construction. Plusieurs signes semblent
l'indiquer : la voûte de cette travée est la seule qui ne
contienne pas de vases acoustiques : au contraire, les murs
de cette travée sont les seuls qui en aient, et la forme
de leurs vases est très spéciale : de plus, il y a des reprises
anormales en tuffeau dans la maçonnerie extérieure, laquelle
ne ressemble point à celle des travées suivantes ; enfin
l'arc-doubleau s'est brisé, comme si ses deux larges et plats
contreforts avaient fléchi sous la poussée des voûtes.

Ces contreforts, ridiculement amincis de la tête comme
la plupart des autres, se présentent assez mal : pourquoi, au
lieu de se tenir droit à leur poste, derrière les colonnes,
tournent-ils en biaisant, comme pour suivre le mouvement
circulaire de l'abside carolingienne ? On dirait que le
premier projet de l'architecte avait été de garder intacte
la vieille abside et de voûter simplement l'unique travée
qui la précédait, cette travée qui a un caractère à part.

Près de la porte du clocher, un large parpaing de tuf
a remplacé le petit appareil : il s'agissait de ménager au
sacristain, dans l'épaisseur du mur, un petit couloir, pour
lui faciliter l'accès de l'escalier. Les colonnes ont été maladroitement coupées, au XIII⁰ siècle, par les chanoines
qui voulaient coller leurs stalles aux murs.

« Entre les grands doubleaux de la première et de la
deuxième travée, on remarque, comme à la Trinité
d'Angers, un petit doubleau intermédiaire, ou grosse lierne,
qui unit le sommet des arcs formerets et s'appuie, à chaque
bout, sur une colonne médiane. De même, une autre lierne
court entre les sommets des grands doubleaux.

(1) Les nervures de la deuxième travée ont absolument le même motif
de sculpture que celles de la nef de la cathédrale.

« L'architecte du chœur de Saint-Martin, comme beaucoup de ses contemporains, connaissait encore imparfaitement les lois de la poussée des voûtes — ses contreforts le prouvent bien, — mais c'était un homme d'un goût très délicat. Son abside pentagonale est charmante. La voûte, au lieu de prendre ses points d'appui sur les chapiteaux des colonnes, s'épanouit dans toute son ampleur, grâce à un léger artifice de construction. L'architecte a trouvé moyen de relever de 1ᵐ50 environ la retombée des voûtes, sans allonger la colonne elle-même ni en changer les proportions harmonieuses : il a posé sur chaque chapiteau une statue, ombragée d'un dais qui reçoit la nervure. Mais, pour contrebuter cette poussée hardie, il eût fallu donner aux contreforts une tête assez haute et assez ferme : l'architecte n'y a point songé, et les murs s'inclinent d'au moins 0ᵐ10 sur le jardin.

« Les statues paraissent avoir été sculptées sur place et faire corps avec les colonnes : elles ont toutes été mutilées à la Révolution, une seule a pu être renversée.

« Ces travaux du chœur ont dû s'achever, comme ceux de la Trinité, dans les dernières années du XIIᵉ siècle ou les premières du XIIIᵉ. Les statues, au dire des spécialistes, indiqueraient plutôt le commencement du XIIIᵉ. A la même époque, peut-être pour mieux épauler le mur de la première travée qui ne s'attendait guère à porter des voûtes, on reconstruisit, au flanc gauche du chœur, sur des fondations plus anciennes, en l'allongeant presque de moitié, la gracieuse chapelle dite *des Anges* : de la chapelle primitive, il ne reste, avec les substructions, que le jambage d'une porte (près du transept) remplacée au XIIIᵉ siècle par une fenêtre. La chapelle des Anges, ainsi appelée à cause des anges peints sur les murs et sculptés dans les chapiteaux, reçut des peintures au XIIIᵉ et au XVᵉ siècle. J'ai pu sauver quelques-unes des dernières : les ouvriers m'ont démoli le peu qui restait des autres. Il y avait eu des démolisseurs

avant eux : depuis plus d'un siècle, locataires et propriétaires avaient mis au carré ou remanié toutes les fenêtres,
sauf une (la plus voisine du transept) qui était intacte. Ils
avaient mutilé les sculptures : ils avaient coupé complètement les culs-de-lampe de l'absidiole, transformée en écurie,
parce que le relief des pierres aurait pu blesser les chevaux :
aussi les voûtes, d'ailleurs mal retenues par des contreforts
mal placés, étaient-elles menacées d'un prochain écrou-
lement.

Réparations au XV⁰ siècle. — « Il y a une façon magna-
nime de faire du vandalisme : celle-là non plus ne fut point
épargnée à Saint-Martin. Notre bon roi René, avec les
meilleures et les plus généreuses intentions du monde, défi-
gura l'édifice, quand il releva en pierres de schiste les
murs du transept et fit monter le toit au-dessus des six
grandes fenêtres de la'tour. C'était enlever à un monument
carolingien quelque chose de ses proportions et de son
caractère. Bourdigné exagère l'importance des réparations
entreprises par le roi René : je crois cependant, qu'il faut
attribuer à ce prince la réfection complète des toitures de
la nef et du transept : les lambris du transept portent
encore ses armes à côté de l'écu de sa mère Yolande ; ceux
du collatéral droit, que j'ai vu démolir, avaient sa flamme
symbolique.

« La porte des cloîtres et celle de la chapelle des Anges
(croisillon nord), le trésor des reliques et le petit placard
voisin, qui a dû servir de tabernacle (2ᵉ travée du chœur),
sont aussi du XVᵉ siècle. L'influence de la Renaissance se
montre déjà dans la colonnette et la niche du trésor : cet
édicule a été probablement offert par Hermann de Vienne
(† 1491), ancien médecin du roi René, doyen du chapitre de
Saint-Martin, qu'il combla de ses largesses, dit son épitaphe. C'est lui aussi, je suppose, qui a dû, de ses deniers,
faire peindre la chapelle des Anges où il est enterré.

« Si je ne craignais, cher ami. d'encombrer le petit
volume où vous avez tant de choses à mettre, je serais moins
avare de détails. car il me resterait beaucoup à dire de
Saint-Martin. de l'état lamentable où je l'ai trouvé, des
travaux de consolidation et de décrassement que j'y ai faits.
Par discrétion, je n'ajouterai que deux mots. Là où les
murs penchaient vers leur ruine. il a bien fallu les étayer
de solides maçonneries. par exemple derrière l'abside du
chœur et le long de la chapelle des Anges. Mais. en dehors
de ces cas exceptionnels, je me suis efforcé de ne rien
innover et de ne rien rajeunir : j'ai surtout brossé vigoureusement, j'ai enlevé d'une main discrète les enduits et les
badigeons : j'ai teinté d'un peu d'ocre rouge les briques
noircies. uniquement pour faciliter la lecture archéologique ;
en un mot, j'ai tâché de faire reparaître la vénérable antiquité du monument et de n'en point dissimuler les rides.
Puisse ce loyal témoin des temps carolingiens nous expliquer un peu les origines de notre architecture romane ! »

Chanoine PINIER.

LE RONCERAY ET L'ÉGLISE DE LA TRINITÉ

Le Ronceray était une abbaye de femmes, fondée par
Foulque Nerra et Hildegarde, son épouse, sur les ruines de
la petite église de Notre-Dame de la Charité, dont l'origine,
malgré les poétiques légendes qui l'entourent, reste absolument inconnue.

Le 14 juillet 1024, l'évêque d'Angers Hubert de Vendôme dédia l'église du nouveau monastère. A cette occasion, Foulque et Hildegarde dotèrent généreusement les
quatre chapelains chargés du service religieux de la communauté et de la paroisse qui allait en dépendre. Le même
jour, l'évêque et le comte abandonnèrent à l'abbesse la
juridiction spirituelle et temporelle sur tout le territoire

qui s'étendait depuis les murs de la cité d'Angers jusqu'au
pied du coteau de Pruniers, d'une part, et, d'autre part,
jusqu'à Froide-Fontaine, au delà d'Avrillé. En 1119, le pape
Calixte II, passant par Angers pour se rendre au concile
de Reims, consacra lui-même l'autel principal de l'église
du Ronceray.

Cet édifice vénérable, bien que mutilé à diverses époques
et transformé en magasin, est encore une des constructions
les plus intéressantes de la ville d'Angers. Il a la forme
d'une croix latine et comprend trois nefs d'égale hauteur,
voûtées en berceau et séparées par des arcades qui reposent sur des piliers carrés. Les voûtes sont supportées elles-
mêmes par des arcs-doubleaux (1) qui s'appuient sur des
colonnes cylindriques engagées dans les piliers. Ces
colonnes, coupées à mi-hauteur, dans le cours du XVIIe
siècle, se terminent aujourd'hui par des pendentifs sculptés.
Les nefs sont divisées en neuf travées.

Les murs extérieurs, construits en petit appareil, sont
flanqués de gros contreforts plats, en grand appareil, et
percés de fenêtres larges et hautes, sans aucun ornement.

Les nefs latérales présentent cette particularité, signalée
avec raison par les archéologues, que l'axe des berceaux
qui les recouvrent est perpendiculaire au grand axe de
l'église. Elles ne communiquaient avec la nef principale que
du côté de la porte, et, sur les deux tiers de la longueur, les
piliers qui supportent les arcades, au lieu de descendre
jusqu'au niveau du sol, s'appuient sur un mur plein. Les
stalles des religieuses étaient adossées à ce mur. Au XVIIe
siècle, les nefs latérales furent divisées en deux étages.
L'étage supérieur forma une sorte de tribune, qui s'ouvrait
dans la grande nef. Du côté de l'évangile, l'étage inférieur
fut réuni au cloître du monastère.

(1) L'écrasement de la voûte a fait croire longtemps que les arcs-
doubleaux étaient jadis outrepassés.

Le clocher s'élevait sur le bras droit du transept, au-dessus de la porte par laquelle on entrait de l'église en venant de la grande rue. La croisée était recouverte d'une coupole à pendentif non distinct. De toute cette partie de l'édifice il ne reste plus que les murs. Le bras nord du transept, dans lequel on a installé la lingerie de l'École des Arts et Métiers, a beaucoup moins souffert : les colonnes, en particulier, avec leurs chapiteaux, sont à peu près intactes.

Aux trois nefs correspondaient une abside principale et deux absidioles. L'absidiole du sud, protégée par l'église de la Trinité, à l'intérieur de laquelle elle se développe, est assez bien conservée. L'abside centrale et l'absidiole du nord sont en triste état. Il est facile néanmoins de constater que leurs murs étaient construits en appareil réticulé et qu'ils étaient ornés, à l'extérieur, de colonnes décorées de plusieurs étages de moulures.

Les sculptures de l'église du Ronceray, bien que grossièrement tracées, montrent déjà une certaine hardiesse. Les chapiteaux sont surmontés d'un épais tailloir et représentent soit des feuilles d'acanthe, soit des personnages, soit des animaux ou des oiseaux. Parmi les plus curieux, il faut citer celui de la deuxième colonne de la grande nef, à droite en entrant, où l'on voit, au premier plan, quatre personnages qui se tiennent par la main et semblent former une ronde et, au-dessus de leur tête, deux pourceaux qui, dans leur gueule, étranglent une colombe. Plus loin, près de l'inter-transept, figure la fuite en Égypte, avec saint Joseph qui conduit un âne, sur le dos duquel est assise la Vierge, portant l'Enfant Jésus sur ses genoux. Sur un des chapiteaux de l'absidiole de gauche, l'artiste a sculpté un personnage, vêtu d'une longue tunique et tenant un livre dans la main droite : un oiseau, qui symbolise probablement le Saint-Esprit, bien qu'il ressemble plutôt à un corbeau qu'à une colombe, s'approche de l'oreille du personnage, comme pour lui parler.

La nef principale de l'ancienne église du Ronceray a longtemps servi de chapelle à l'École des Arts et Métiers. Depuis que le culte a cessé d'y être célébré, on en a fait un magasin, où s'entassent, sous des flots de poussière, des tables, des bancs et de lourds outils, qui, un jour ou l'autre, peuvent tomber sur les chapiteaux des colonnes et les briser. On se demande avec tristesse comment un édifice de cette valeur, classé d'ailleurs comme monument historique, peut être traité avec un pareil dédain.

Lorsque Foulque Nerra fit construire la basilique du Ronceray, il stipula que l'on conserverait religieusement l'autel de la crypte, sur lequel, d'après une pieuse légende, saint Melaine, évêque de Rennes, aurait offert les saints mystères, entouré de saint Aubin d'Angers et de trois autres évêques. ·

Cette crypte, dont on avait perdu le souvenir pendant plusieurs siècles, fut retrouvée, une première fois, en 1527. Oubliée de nouveau, à la suite des bouleversements de la fin du XVIIIᵉ siècle, elle fut découverte, une seconde fois, en 1857, et restaurée en 1861. Aujourd'hui, elle est complètement séparée de l'église du Ronceray et l'on y pénètre par l'église de la Trinité.

Quatre rangs de colonnes soutiennent la voûte et divisent la chapelle en trois petites nefs d'égale hauteur. Les colonnes, qui, de chaque côté, supportent la retombée des nefs latérales, sont engagées dans les murs. Toutes ces colonnes sont posées sur des bases à double tore et couronnées de chapiteaux qui ressemblent à ceux de l'église supérieure.

On affirme que l'architecte chargé de la restauration de la crypte du Ronceray a respecté scrupuleusement le caractère de l'édifice ancien. S'il en est ainsi, il faut admettre que cette chapelle souterraine a été reconstruite au XIᵉ siècle, à l'époque même où s'élevait l'église principale du monastère.

Au fond de la nef principale, on remarque, sur l'autel, dans une châsse de cuivre doré, supportée par deux anges, l'antique statue de Notre-Dame de la Charité. Cette statue, qui mesure 0ᵐ 24 de hauteur, est en cuivre rouge, noirci par le temps. La Vierge est représentée assise sur un trône et portant l'Enfant Jésus sur ses genoux. Un long voile encadre son visage et retombe sur ses épaules. L'enfant lève la main droite pour bénir et, de la main gauche, il soutient un livre appuyé sur sa poitrine. Les yeux de la mère et de l'enfant étaient formés d'émaux, introduits dans le métal. C'est une œuvre du commencement du XIIᵉ siècle, et l'on cite le nom d'un personnage qui, au temps de l'évêque Ulger (1125-1148), légua, d'accord avec sa femme, un arpent de vigne pour entretenir une lampe devant cette sainte image.

Avant d'être renfermée dans la châsse actuelle, la statue de Notre-Dame de la Charité avait été placée, pendant quelque temps, tout au fond de l'abside, dans une niche en marbre blanc, creusée au-dessus de la pierre de l'ancien autel de saint Melaine.

Pendant les premières années qui suivirent la fondation du Ronceray, le service de la paroisse se fit dans l'église abbatiale. Plus tard, la population s'accroissant dans le bourg qui s'était établi à la porte du monastère, les religieuses construisirent une autre église, dite *plébéane* ou paroissiale et destinée aux fidèles. Cette nouvelle église fut consacrée, en 1062, sous le nom de la Trinité. La cérémonie dut être très solennelle, car elle est mentionnée dans les chroniques de l'époque et, jusqu'à la fin, la communauté du Ronceray en fêta l'anniversaire, à la date du 21 avril.

L'incendie, qui, en 1088, consuma la plupart des maisons du bourg, causa-t-il, en même temps, la ruine de l'église paroissiale ? Il serait difficile de le dire. En tout cas, l'édifice fut reconstruit, dans la seconde moitié, peut-être même dans le dernier quart du XIIe siècle, grâce aux libéralités des habitants de la Doutre. C'est l'église actuelle de la Trinité (1).

L'église de la Trinité d'Angers mesure 63 mètres de longueur. Elle se compose d'une seule nef, terminée par un hémicycle, un peu incliné à gauche, et deux absidioles. Le chœur est séparé de la nef par un mur, dans lequel s'ouvrent une grande arcade en tiers-point et deux portes, percées de biais, qui conduisent aux chapelles latérales.

Ce qui donne une physionomie particulière à cette église, c'est une suite d'absidioles, creusées, de chaque côté de la nef, dans l'épaisseur des murs et encadrées par des arcs en tiers-point richement décorés. On en compte six au nord, du côté de l'ancien monastère, et sept du côté de la rue : celles-ci sont un peu moins profondes que les autres. Au fond de chacune de ces absidioles s'ouvre une fenêtre cintrée, entourée d'une riche moulure.

La nef de l'église de la Trinité est divisée en sept travées, couvertes deux par deux de voûtes angevines, avec doubles formerets, grands arcs en ogive et doubleau de recoupement, qui semblent une sorte de compromis entre la voûte domicale à huit nervures de l'Anjou et la voûte sexpartite de l'Ile-de-France. Trois colonnes géminées, à demi engagées dans les murs, supportent les arcs-doubleaux. Trois autres colonnes, un peu plus élevées, alternent avec les précédentes et servent d'appui à l'arc transversal, qui, dans chaque voûte, soutient les ogives à leur point de croisement. Dans la voûte du milieu de la nef, la clef centrale est remplacée par un dôme minuscule, au-dessous duquel les nervures viennent se joindre à un cercle de

(1) Dans la cour de la sacristie actuelle, on voit encore, sur le mur septentrional de la nef de la Trinité, trois contreforts qui ont appartenu à l'église primitive. L'enduit du mur étant tombé, on y a même retrouvé, en 1894, deux petites fenêtres, sans aucune sculpture, de 0[m] 70 de large, qui s'évasaient en tous sens vers l'intérieur de l'édifice.

pierre. La travée la plus rapprochée de la grande porte est couverte d'une demi-voûte.

La nef de la Trinité prend jour, de chaque côté, par sept fenêtres en plein cintre.

Le chœur est séparé des deux chapelles avoisinantes par deux piliers, qui supportent une voûte domicale, dont les quatre nervures sont formées de trois tores. Au-dessus de cette voûte s'élève le clocher, à base romane, avec une tour octogonale et une lanterne. qui sont l'œuvre de Jean de l'Espine.

La cage de l'escalier en bois, qui conduit à la tribune des orgues, mérite d'attirer l'attention. C'est un bon travail d'ébénisterie, datant du XVIe siècle. Mais la particularité la plus curieuse de l'église de la Trinité. c'est son union intime avec l'église du Ronceray. dont elle est la fille. La porte d'entrée, en effet. n'est pas placée au milieu de la façade, mais bien dans un angle, et, dans l'autre angle, le mur n'est autre que celui du clocher de l'église abbatiale. L'abbesse du Ronceray resta, d'ailleurs. jusqu'à la Révolution, curé primitif de la Trinité : elle avait le droit de présenter à l'évêque le curé, les chanoines, les chapelains et vicaires, qui célébraient le service divin à la fois dans l'église du monastère et dans celle de la paroisse.

La Révolution. qui dispersa les religieuses du Ronceray, respecta les bâtiments de l'abbaye. Après le siège d'Angers par les Vendéens. le monastère servit d'hôpital. Un peu plus tard, il fut transformé en caserne d'infanterie. Après divers projets, pour lesquels on dépensa cinquante mille francs en constructions inutiles, un arrêté du 13 mai 1814 y établit une école des Arts et Métiers.

En 1794, les démocrates du club de l'Ouest ou des Défenseurs des droits de l'homme s'installèrent dans l'église de la Trinité et y tinrent leurs réunions ; mais, en 1802, l'édifice fut rendu au culte catholique.

Plan de l'église de la Trinité.

BIBLIOGRAPHIE. — *Congrès archéologique de France*, 1871, p. 63-70. — D'Espinay : *Notices archéologiques*, 1re serie, p. 197-221. — L. Halphen : *Le comté d'Anjou au XIe siècle*, p. 87, 93 et 96. — *Notre-Dame du Ronceray*, Angers, Lecoq, 1895 (s. n.).

TOUR SAINT-AUBIN ET RESTES DE L'ABBAYE

L'abbaye Saint-Aubin d'Angers a été fondée, peu après l'année 530, par saint Germain de Paris, sur l'ordre du roi Childebert : *voluntate et imperio re is Childeberti*. C'est la plus ancienne des abbayes de l'Anjou, puisque, d'après l'opinion la plus commune, l'abbaye Saint-Maur n'a été établie qu'en 540. Elle fut occupée tout d'abord par des chanoines réguliers, puis, à partir du milieu du Xe siècle, par des moines bénédictins, qui acceptèrent en 1660 la réforme de Saint-Maur. Placée, à l'origine, sous le patronage de saint Germain d'Auxerre, la communauté ne tarda pas à prendre le nom de Saint-Aubin, en souvenir du saint évêque d'Angers, dont les restes avaient été transportés dans son église, dès 555 ou 556.

Les bâtiments actuels datent, pour la plus grande partie, de 1668 à 1692. Au début du XIXe siècle, on y a installé les divers services de la préfecture de Maine-et-Loire. La salle capitulaire renferme les archives du département. La sacristie, qui conserve son mobilier ancien, en particulier un curieux confessionnal et d'élégantes boiseries du XVIIIe siècle, a été transformée récemment en musée des Archives. L'église abbatiale a été, tout d'abord, éventrée pour ouvrir une rue ; puis, l'emplacement qu'elle occupait est devenu le Mail de la préfecture.

Au-devant de l'entrée de l'église, dont elle n'était séparée que par un étroit passage, s'élevait une tour, qui existe encore et qui, jusqu'à la Révolution, abritait les cloches de l'abbé. Cette construction superbe, qui, avec les flèches de Saint-Maurice, donne au panorama de la ville d'Angers sa physionomie particulière, mesure 42 mètres de hauteur et 10^m 20 de largeur.

Robert de la Tour-Landry, abbé de Saint-Aubin, de 1127 à 1154, en aurait posé la première pierre en 1130, s'il faut en croire les mémoires d'un bourgeois d'Angers, et l'aurait terminée l'année même de sa mort. Ni le style du monument, ni le caractère des sculptures qui le décorent ne contredisent ces dates. En effet, bien que les fenêtres du premier étage soient en plein cintre et les grandes baies de la partie supérieure en arc brisé, si l'on considère attentivement la disposition des colonnes groupées à la base des tourelles, la forme caractéristique du glacis des contreforts, la composition toute romane de la corniche à modillons qui couronne si bien les grandes baies en arc brisé du second étage, la coupe des moulures, le style et le faire des sculptures, tant des frises que des chapiteaux, on n'hésite pas à partager l'opinion de Godard-Faultrier, qui écrivait, en 1867 : « La tour Saint-Aubin est une œuvre d'un seul jet et tout entière du XIIe siècle ».

La tour comprend d'abord un rez-de-chaussée, formant une salle, de forme carrée, dont toutes les ouvertures ont été refaites et dont il est difficile de préciser la forme primitive. Cette salle est recouverte d'une voûte d'arêtes surbaissée, qui prend naissance à 3 mètres du pavage et s'élève à 4^m 50 au milieu de chacune des faces. Une ouverture a été ménagée au centre de la voûte pour le passage des cloches.

Du côté sud, un couloir de 4 mètres de long conduit à un escalier de vingt-quatre marches, qui débouche dans la salle du premier étage. Cette magnifique pièce, de 10 mètres de côté et de 20 mètres d'élévation, est voûtée d'une coupole à assises horizontales, sans pendentifs, sous laquelle sont bandés deux arcs diagonaux assez étroits, qui reposent aux quatre angles sur une colonne de 0^m 80 de diamètre. Le rôle de ces arcs diagonaux est purement décoratif. Ils sont, en

effet, indépendants des assises de la coupole et vont se
perdre dans la moulure centrale. qui forme couronne autour
de l'oculus destiné au passage des cloches. Sur chacun des
côtés de la salle. deux arcs formerets concentriques s'ap-

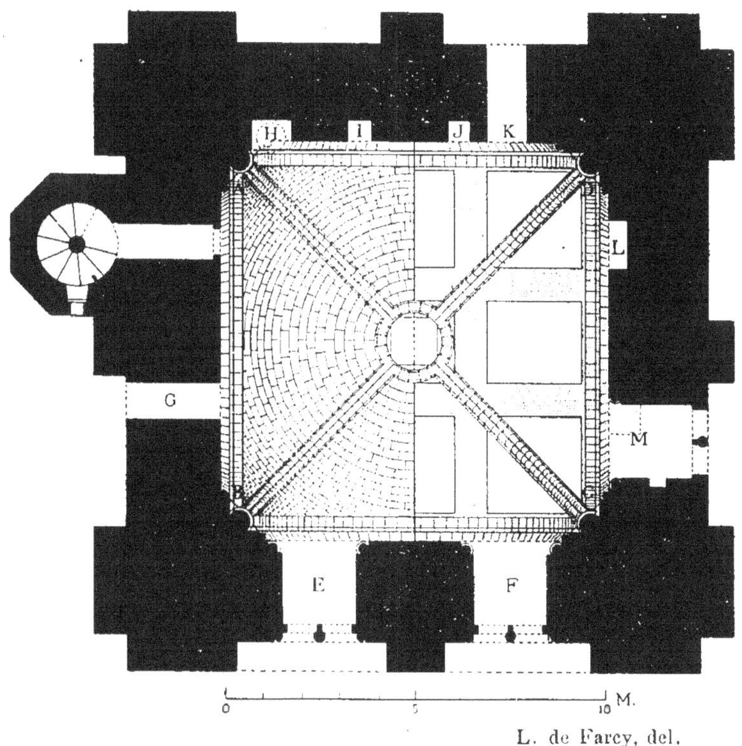

L. de Farcy, del.

Tour de Saint-Aubin.

Plan du premier étage.

puient sur un pied-droit et sur une colonne secondaire,
accolés à la grosse colonne des angles. Chapiteaux et tailloirs de toutes ces colonnes sont décorés de feuillages
vigoureusement sculptés.

Les deux baies en plein cintre qui décorent la façade
principale du premier étage ont été refaites récemment et

copiées sur une fenêtre ancienne, percée au nord de la tour.

Au-dessus de l'extrados de la coupole, dont ils sont d'ailleurs indépendants, quatre arcs surbaissés, lancés d'une face à l'autre de la tour et fortement reliés aux murs, s'entre-croisent et forment comme neuf cases de pierre, destinées à porter les pans de bois de la cage extérieure du beffroi. Ce n'est pas l'une des moindres curiosités de l'édifice.

L'escalier du côté sud se continue jusqu'au second étage, où s'ouvrent, sur chaque face, deux grandes baies en arc brisé, largement ébrasées et entourées d'un triple rang de colonnettes et de voussures.

A partir du second étage, la construction passe insensiblement du plan carré à l'octogone. Le point de départ de l'amortissement des angles est accusé, à l'intérieur, par une tête sculptée, placée à 4ᵐ 40 au-dessus du niveau du beffroi.

Au troisième étage, la tour n'est plus éclairée que par quatre fenêtres, semblables aux baies du second étage et placées au milieu de chacune des faces. Les angles sont garnis de quatre tourelles octogonales, dont il serait injuste de ne pas admirer l'élégante et vigoureuse silhouette.

La tour Saint-Aubin avait été construite pour porter une flèche, dont l'assiette avait été soigneusement préparée, au sommet du troisième étage. Mais les ressources firent sans doute défaut et l'œuvre dut être abandonnée avant d'avoir reçu son couronnement. L'édifice fut couvert d'une simple toiture en ardoise et, plus tard, d'un lanternon.

Cette majestueuse construction a été restaurée, en 1904 et 1905, par M. Lucien Magne, avec un soin et un art qui défient toute critique.

Le clocher de Saint-Aubin n'est pas l'unique témoin qui nous reste de la splendeur de l'ancienne abbaye. En 1836, sous le cloître qui sert aujourd'hui de vestibule à la préfecture, on découvrit, à un mètre environ en contre-bas du niveau actuel, une belle porte romane, en plein cintre, avec

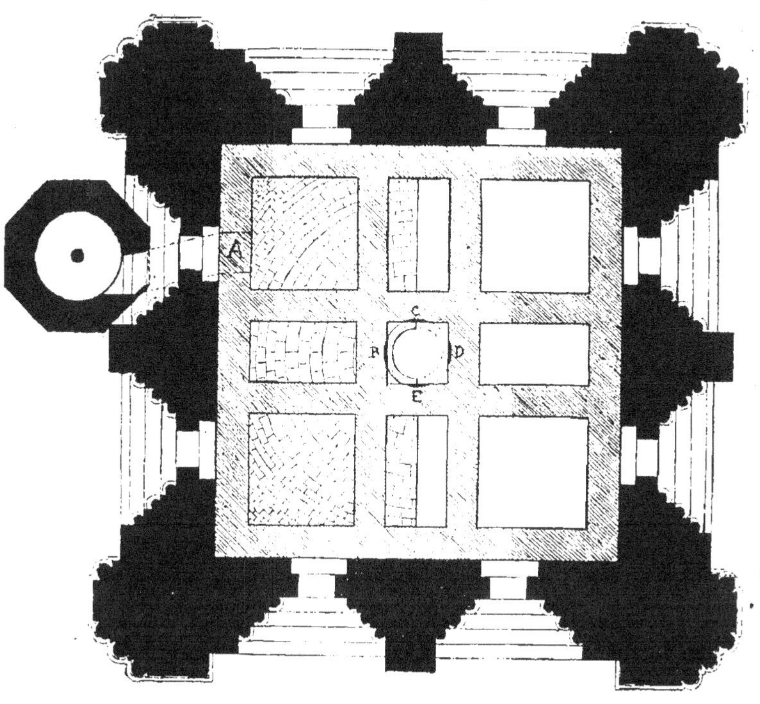

Tour de Saint-Aubin d'Angers.

une triple voussure, couverte de têtes sculptées, d'animaux fantastiques, d'entrelacs et de rinceaux. Les chapiteaux et les tailloirs des colonnes qui encadrent cette porte sont décorés de palmettes, de feuillages perlés, d'ornements divers, d'une grande richesse et d'une grande variété. Sur l'un des chapiteaux figure Balaam avec l'ânesse; sur un autre, on voit deux scènes de la vie de Samson. Les colonnes elles-mêmes sont chargées de sculptures.

A gauche de la porte, reposant sur des appuis qui sont actuellement au niveau du sol de la cour, s'ouvrent six arcades en plein cintre, dont les colonnes et les arcs ont été sculptés avec une fantaisie étonnante et un art admirable. Des ornements, du même genre et de la même époque que ceux dont elles sont décorées, mais plus variés encore, se retrouvent, à gauche, sur six arcades semblables aux précédentes, qui sont réunies deux à deux sous trois archivoltes. Les sculptures de ces archivoltes représentent deux anges, des guerriers ou des personnages grotesques. Sur le petit arc qui réunit les deux premières baies, des peintures, assez bien conservées, reproduisent une vue de la ville de Jérusalem et diverses scènes de l'histoire des Mages et du massacre des Innocents. L'écoinçon, qui forme une sorte de tympan entre ces petits arcs et les archivoltes, est garni de motifs sculptés, où il est facile de reconnaître une Vierge et l'Enfant Jésus, encensés par deux anges; un dragon ailé; le combat de David et de Goliath.

Girard, abbé de Saint-Aubin (1082-1106), avait donné en fief une maison et une vigne à un peintre, nommé Foulque, à la charge par lui de peindre tout le monastère et de l'orner de vitraux. Ces biens devaient passer au fils de l'artiste, s'il s'engageait à continuer l'œuvre de son père.

La porte découverte en 1836 conduisait à la salle capitulaire de l'abbaye. Une autre porte, non moins remarquable, donnait accès au réfectoire. Elle existe encore, dans la partie sud de l'ancien cloître, et, comme la précédente, elle est d'un mètre en contre-bas du niveau du sol. Les admirables sculptures qui ornent les trois voussures de cette ancienne baie représentent : dans la voussure extérieure, quatre femmes, costumées en guerriers et terrassant des démons, emblèmes des vertus triomphant des vices ; dans la voussure médiane, de gauche à droite, Moïse avec les tables de la Loi, deux anges thuriféraires entourant l'Agneau mystique, Aaron ; dans la voussure inférieure, un homme tuant un monstre, deux lions dévorant un sanglier, un autre homme étranglant un lion. Le costume de tous ces personnages annonce la seconde partie du XIIe siècle. Il faut en conclure que la décoration de la porte du réfectoire est un peu moins ancienne que celle de la porte de la salle capitulaire, où l'influence poitevine apparaît également.

Quoi qu'il en soit de cette question, il n'est pas téméraire de dire avec d'Espinay que le cloître de la préfecture « est un des plus beaux restes de l'architecture monastique de l'ouest de la France et l'un des monuments les plus importants que possède la ville d'Angers ».

BIBLIOGRAPHIE. — D'Espinay : *Notices archéologiques,* 1re série, p. 153-176. — A. Planchenault : *La tour Saint-Aubin,* dans *Angers-Artiste,* 14 janvier 1899. — L. de Farcy : *La tour Saint-Aubin,* dans le *Bulletin Monumental,* 1906, p. 550, et *Mémoires de la Société nationale d'agriculture, sciences et arts d'Angers,* 1907, p. 83-98. — *Cartulaire de l'abbaye de Saint-Aubin d'Angers,* édit. Bertrand de Broussillon, n° 408, t. II, p. 17.

ANCIENNE ÉGLISE TOUSSAINT

Un peu avant le milieu du XIe siècle, Girard, chanoine et chantre de la cathédrale d'Angers, fit construire, près de la porte orientale de la cité, un oratoire, avec une aumônerie, pour un prêtre chargé de visiter les pauvres, de veiller à leur sépulture et de prier pour eux. Cet oratoire, dédié à tous les saints, fut consacré par l'évêque Hubert de Vendôme, entre l'année 1041 et l'année 1046.

En 1049, le comte d'Anjou, d'accord avec l'évêque d'Angers et les chanoines de la cathédrale, donna aux bénédictins de la Trinité de Vendôme l'oratoire et l'aumônerie de Toussaint. Mais les moines de Vendôme, qui possédaient déjà, à Angers, le prieuré de l'Évière, abandonnèrent bientôt au chapitre de Saint-Maurice l'œuvre charitable établie par le chantre Girard. C'est pourquoi l'évêque Renaud de Martigné y appela, entre l'année 1102 et l'année 1104, des chanoines réguliers de l'abbaye d'Airvault, qu'il chargea de célébrer l'office divin, de visiter les pauvres et les infirmes et d'enterrer les morts.

Les nouveaux venus suivaient la règle de Saint-Augustin. Ils formèrent une communauté qui prospéra et qui, dans la suite, fut érigée en abbaye. Agrégée, en 1632, à la congrégation de Sainte-Geneviève de Paris, elle se maintint jusqu'à la fin du XVIIIe siècle.

Les bâtiments de l'abbaye ne remontent pas au delà du XVIIe siècle. Ils sont affectés au service des subsistances militaires. L'église, aujourd'hui en ruines, date du XIIIe siècle. Elle avait remplacé une église antérieure, beaucoup moins importante, dont on a retrouvé les absides, en 1845, dans la nef actuelle. Au dire de certains auteurs, l'oratoire primitif aurait été situé à l'extrémité de l'aile du nord et aurait communiqué avec l'église abbatiale par une porte, dont l'ouverture existe encore.

M. Berthelé, avec beaucoup de vraisemblance d'ailleurs, attribue la construction de l'église Toussaint aux années qui suivirent 1232. « En cette année 1232, l'abbé de Toussaint, Adam, reçut une indemnité du roi saint Louis, pour les dégâts faits à son monastère lors des travaux exécutés au château d'Angers : *Adamus..., eodem anno (1232), ratos semet nummos accepisse testatur, ob damna quæ rex canonicis attulerat Andegavensis castri propugnacula resarciens* (1). Évidemment ces dégâts avaient porté sur les bâtiments. — Il en avait été de Toussaint comme de Saint-Laud, dont le chapitre reçut de saint Louis, cette même année 1232. une indemnité *pro subversione domorum et murorum capellaniæ... facta propter clausuram forteliciæ* (2). — Avec la somme versée par le roi, l'abbé Adam put rebâtir. Le style de Toussaint concorde parfaitement avec cette date des environs de 1235 ».

A l'origine, l'église Toussaint avait la forme d'un T. Le chœur, voûté comme la nef et terminé par un mur plat, dans lequel s'ouvre une grande rosace, n'a été construit qu'au XVIIIᵉ siècle, vers 1725.

En 1815, l'édifice, que la Révolution avait laissé debout, servit d'écurie à la cavalerie prussienne. A peu près à la même date, les voûtes, que l'on avait découvertes afin d'utiliser le bois de la charpente, s'écroulèrent. Depuis lors, cette magnifique église n'est plus qu'une ruine, mais une ruine d'une saisissante beauté, où, de toutes parts, à travers les fenêtres et les brèches, c'est la folle irruption des arbres et des plantes.

On entrait dans l'église Toussaint par un portail en tiers-point, à triple archivolte, surmonté d'une large baie. A droite et à gauche de la façade s'élevait une tourelle, qui couronnait le contrefort d'angle. Des fenêtres à lancette, entourées de deux colonnettes légères, éclairaient la nef et le transept, à l'exception du grand mur qui, à l'est, limitait l'édifice, et dans lequel les fenêtres étaient plus larges et encadraient une double lancette et une rose à quatre lobes. Entre toutes les fenêtres, des colonnes très déliées, terminées par des chapiteaux à tailloir circulaire, formaient saillie sur le mur et supportaient les nervures de la voûte.

(1) Hauréau : *Gallia christiana*, t. XIV, col. 711.
(2) Marchegay : *Archives d'Anjou*, t. II, p. 247.

Au lieu de descendre jusqu'à terre, ces colonnes reposaient sur autant de dais gothiques. qui servaient de couronnement à une statue.

Sur les côtés du transept. deux colonnes dégagées, placées dans l'alignement des murs de la nef, recevaient la retombée des voûtes et portaient chacune un faisceau de huit nervures : disposition aussi élégante que hardie, qui rappelait celle du chœur de l'abbaye d'Asnières, près de Doué-la-Fontaine.

Mais ce que l'on admirait surtout à l'église Toussaint. c'était le mode de construction des voûtes.

Les archéologues qui se sont occupés des voûtes de Toussaint ont remarqué avec raison que les nervures obliques, montant des colonnes, ne correspondaient pas à la colonne opposée la plus rapprochée, mais sautaient une colonne et allaient se souder à la nervure de la colonne suivante. Cherchant à reconstituer par la pensée, à l'aide de ces indications et des lignes du plan qui nous a été conservé, les voûtes de Toussaint. ils ont pensé que les travées, dessinées par les nervures. s'enchevêtraient les unes dans les autres et paraissaient en nombre double de la réalité ; que la voûte ne s'abaissait point sur les arcs-doubleaux, comme à Saint-Serge et à Saint-Maurice, mais formait un berceau unique, dont l'axe était marqué par une lierne centrale. sur laquelle étaient les clefs et venaient s'appuyer et se croiser toutes les nervures. droites ou obliques, portant des arcs formerets ou des colonnes. Ce système n'aurait été ni la voûte d'arêtes, ni la voûte domicale. ni le berceau, mais un mélange de ces divers systèmes. Géométriquement, il serait dérivé d'un seul cylindre longitudinal, pénétré par quatre cylindres perpendiculaires à son axe et emboîtés les uns dans les autres, comme à Airvault.

D'après une autre interprétation, dont le principe a été posé par M. F. Bossebœuf et qui semble beaucoup plus acceptable. l'église Toussaint, — sans parler du chœur qui ne remonte qu'au XVIIIᵉ siècle, — se divisait, dans le sens de la longueur, en trois travées de 10 mètres de côté. Deux de ces travées se partageaient la nef ; la troisième, flanquée de quatre travées carrées de 5 mètres de côté, formait le transept. Les voûtes de la nef étaient des voûtes domicales, épaulées dans les angles par des voûtains nervés dans la direction des fenêtres, à peu près comme la voûte qui recouvre le sanctuaire de la chapelle Saint-Jean, à Saumur. La voûte du transept, qui était la copie trait pour trait du chœur d'Asnières, ressemblait, sauf une très légère modification, aux voûtes de la nef. En résumé, deux voûtes, presque semblables à celle du sanctuaire de Saint-Jean de Saumur, surmontaient, à Toussaint, une nef, accompagnée d'un transept identique au chœur, encore debout, de l'église d'Asnières. Dès lors, on s'explique aisément pourquoi les arcs diagonaux n'allaient point au centre d'un rectangle déterminé par les quatre colonnes les plus rapprochées, mais au centre d'un carré, et sautaient la colonne la plus rapprochée pour se souder à la colonne suivante ; et pourquoi aussi le plafond de l'édifice portait, dans le sens de la longueur, trois rangées de clefs : une clef centrale, plus élevée, et deux clefs secondaires, placées au sommet de chacun des voûtains. Toutes ces clefs portaient des médaillons ornés de figures sculptées.

Depuis 1843, Toussaint sert d'annexe au Musée archéologique. On y a déposé des sarcophages, des pierres tombales, des statues, des fragments de sculptures, que la végétation parasite recouvre à moitié de ses buissons. Impossible de rêver rien de plus pittoresque. C'est la justification de tout ce que les romantiques ont écrit sur la poésie des ruines reconquises par la nature.

BIBLIOGRAPHIE. — Thorode : *Notice de la ville d'Angers*, édit. E. L[ongin], p. 241-257. — *Cartulaire noir de la cathédrale d'Angers*, édit. Ch. Urseau, nᵒˢ 41, 42, 43, 44, 45 et 145. — D'Espinay : *Notices ar-*

chéologiques, 1ʳᵉ série, p. 275-283. — J. Berthelé : *L'architecture Plantagenet,* dans le *Congrès archéologique de France*, 1903, p. 265-270. — F. Bossebœuf : *L'architecture Plantagenet,* dans la *Revue des Facultés catholiques de l'Ouest*, 6ᵉ année, 1896-97, p. 117-120, 622-624. — V. Godard-Faultrier : *Inventaire du Musée d'antiquités Saint-Jean et Toussaint*, Angers, Lachèse, 1884, p. 32-42.

ANCIENNE ABBAYE SAINT-NICOLAS

L'abbaye Saint-Nicolas d'Angers, dont la blanche silhouette éclaire, comme un rayon de soleil couchant, le bassin inférieur de la Maine et jusqu'aux coteaux des deux rives de la Loire, a été fondée par Foulque Nerra, comte d'Anjou, qui y appela des religieux bénédictins de Marmoutier.

Des constructions primitives du XIᵉ siècle, rien ne subsistait déjà plus au moment de la Révolution. L'église, dédiée en 1020, consacrée en 1096 par le pape Urbain II, avait fait place, sauf peut-être l'ancien chœur, qui fut respecté, à un édifice en forme de croix latine, commencé en 1150 par l'abbé Barthélemi et achevé par ses successeurs : il n'en reste plus que les fondations.

Le monastère lui-même fut refait à neuf, de 1725 à 1734. Il formait un vaste quadrilatère, dont le côté nord était occupé par l'église.

La façade principale domine, de sa masse imposante, les prairies de la Baumette. Elle comprend deux ailes et un pavillon central, couronné par un fronton demi-circulaire, où se voient encore, délicatement sculptés, l'écusson de l'ordre de Saint-Benoît et les armes de l'abbaye. Une porte — elle semblerait étroite, si l'on ignorait que jadis l'entrée principale du monastère s'ouvrait sur le Pâtis Saint-Nicolas — donne accès à un large vestibule et à un escalier monumental, soutenu par un pilier vigoureux, dont les panneaux sont décorés, avec un goût exquis, de palmes, de plantes grimpantes et de corbeilles de fleurs.

15

L'escalier conduit à un corridor spacieux, où s'alignent, sur un seul côté, les anciennes cellules des moines. De là, on descend par quelques marches au réfectoire, qui sert aujourd'hui de chapelle : c'est une pièce magnifique, couverte d'une voûte en berceau, dont les retombées s'appuient sur des culs-de-lampe ornés de têtes d'angelots, de volutes et de feuillages, dans le meilleur style du XVIIIe siècle.

Le côté ouest de l'édifice, plus simple, mais non moins harmonieux, renfermait la salle du chapitre et le vestiaire. Le bâtiment opposé était affecté à divers services ; il n'était séparé que par une cour de l'abbatiale, construite au XVIIe siècle pour l'usage de l'abbé commendataire et dans laquelle est établi, depuis 1831, le Dépôt de mendicité.

Récemment, on a retrouvé, à l'intérieur du monastère, quelques curieux débris de l'ancien cloître : tout d'abord, une série d'élégantes arcades du XIIIe siècle accolées au mur du chapitre ; puis des chapiteaux historiés, des colonnes sculptées et peintes, du XIIe siècle, qui attestent la beauté et la richesse des constructions de l'époque et qu'on a heureusement encastrés dans une pièce voisine.

L'abbaye Saint-Nicolas appartient aux religieuses du Bon-Pasteur.

BIBLIOGRAPHIE. — D'Espinay : *Notices archéologiques*, 1re série, p. 251-259. — P. Bourdais : *Une visite à l'abbaye Saint-Nicolas-lès-Angers*, dans la *Revue de l'Anjou*, t. III, 1881, p. 341-363. — Thorode : *Notice de la ville d'Angers*, édit. E. L[ongin], p. 206-226. — Ch. U[rseau] : *Saint-Nicolas*, dans *Angers et l'Anjou*, p. 288-289.

CHAPELLE DE L'ÉVIÈRE

La jolie chapelle de l'Évière n'est pas, comme on pourrait le croire, l'église du prieuré bénédictin de ce nom, fondé au XIe siècle par Geoffroi II Martel, comte d'Anjou, et placé plus tard sous la dépendance de l'abbaye de la Trinité de Vendôme : c'est un simple oratoire, bâti au XVe siècle sur

l'emplacement d'un buisson où la reine Yolande d'Aragon,
mère du roi René, aurait trouvé la statuette de la Vierge,
connue à Angers et vénérée, encore aujourd'hui, sous le
nom de Notre-Dame-de-Sous-Terre : une simple ruelle la
séparait de l'église des moines.

Construite en forme de croix grecque, cette élégante chapelle, avec sa nef lambrissée, ses fenêtres à meneaux, ses
pignons chargés de sculptures, peut être considérée comme
un des plus gracieux spécimens de l'architecture et de l'ornementation du XVe siècle. Pourquoi faut-il que, sous prétexte de l'embellir, on l'ait garnie de vitraux criards, de
fresques trop crues, de tout un mobilier luisant et si peu
religieux ?

BIBLIOGRAPHIE. — C. Port : *Dictionnaire de Maine-et-Loire*, t. I,
p. 56. — D'Espinay : *Notices archéologiques*, 1re série, p. 270-273. —
Thorode : *Notice de la ville d'Angers*, édit. E. L[ongin], p. 292. —
Angers et l'Anjou, p. 290.

Parmi les autres monuments religieux qui méritent
quelque attention, il faut citer encore : les ruines de l'église
Saint-Laurent (XIIe siècle), sur le tertre Saint-Laurent ;
l'ancienne chapelle du prieuré Saint-Éloi (XIIe siècle), affectée, depuis 1849, au culte protestant ; la chapelle des Ursu-
lines (XVIIe siècle), qui contient un retable assez curieux et
de jolies sculptures.

ARCHITECTURE MILITAIRE

LE CHATEAU

Le château d'Angers a la forme d'un pentagone régulier.
Son périmètre est de 952 mètres. Malgré les mutilations
qu'il a subies, c'est encore une des belles forteresses féo-
dales de la France.

L'édifice, dans ses parties principales, est l'œuvre de saint Louis. Il fut bâti de 1228 à 1238. Sur les terrains qu'il englobe, s'élevait l'ancien palais des comtes d'Anjou. Des quittances détaillées de 1232 nous apprennent que, sur cet emplacement, se trouvaient aussi, outre l'antique église de Sainte-Geneviève, deux chapellenies et un marché, dépendant du chapitre de Saint-Laud; des terres, des vignes et des maisons, appartenant aux chanoines de Saint-Martin; deux églises, plusieurs maisons de chapelains, de clercs et de laïcs, relevant du chapitre de Saint-Maurice.

Construits en moellons de schiste ardoisier, avec des assises de grès et de granit, qui jouent ici le rôle de la brique dans les édifices romains, les murs de cette vaste enceinte sont flanqués de dix-sept grosses tours, reliées par une courtine qui, comme autant de gigantesques sentinelles, hautes de 40 à 60 mètres, semblent veiller encore sur la vieille cité. Ces tours étaient terminées par des mâchicoulis et par une couronne de créneaux. Un toit, plus ou moins pointu, les recouvrait, à l'exception toutefois de la tour du nord qui portait un moulin. Leurs flancs, sur lesquels s'ouvraient seulement des baies étroites, étaient garnis d'échauguettes qui permettaient de surveiller le pied des remparts.

On pénétrait dans le château par deux portes: la porte du nord, qui sert encore de nos jours, du côté de la rue Saint-Aignan, et la porte du sud, ou porte des Champs, qui donnait sur les faubourgs et qui a été murée.

Au XV⁰ siècle, il fallut modifier et augmenter le système de défense de la forteresse, afin de la mettre en état de résister aux attaques de l'artillerie. En 1485, on creusa dans le roc des fossés de 30 mètres de largeur sur 11 mètres de profondeur, qui entourèrent le château de toutes parts, sauf du côté du nord, où la Maine formait elle-même une barrière suffisante. On agrandit les archères des tours, afin de pouvoir y loger des canons.

La chapelle date des premières années du XV⁵ siècle.
Elle a remplacé un oratoire plus ancien, qui remontait probablement à l'époque de la construction du château et dans
lequel Louis I⁵ʳ d'Anjou avait donné asile, en 1359, à la
vraie-croix de l'abbaye de la Boissière. — la croix d'Anjou,
— relique insigne, qu'il voulut honorer plus tard en fondant
un ordre de chevalerie et une confrérie pieuse.

Le nouvel édifice. bâti par Louis II et sa femme Yolande
d'Aragon, fut terminé en 1411. Il comprend trois travées
barlongues, couvertes de voûtes angevines. D'élégants
piliers à moulures prismatiques portent les nervures de la
voûte, qui reposent sur de jolis chapiteaux décorés de feuillages. La porte d'entrée se trouvait au milieu de la troisième
travée, du côté nord.

Cette chapelle a été traitée avec bien peu d'égards. On l'a
divisée en deux étages par un plancher. Pour éviter de
restaurer les pinacles qui couronnaient les contreforts, on
les a renversés. On a arasé l'archivolte de la grande fenêtre
et détruit les statues qui garnissaient le tympan de la porte
principale. Le niveau du terrain a été relevé, à l'extérieur et
à l'intérieur. Le seuil de la porte et les bases des contreforts
sont enfouis à la profondeur d'un mètre. Malgré tant de
changements regrettables. l'entrée principale de la chapelle, avec les voussures et les deux petites niches qui
l'encadrent. les fenêtres avec leurs réseaux de pierre ajourée. la voûte surtout. l'une des plus belles que l'Anjou ait
construites au XV⁵ siècle. avec ses clefs sculptées (1), méritent d'attirer encore et de fixer l'attention du visiteur.

La chapelle du château d'Anjou mesure 24 mètres de longueur, 12 mètres de largeur et 15 mètres de hauteur. Son
extrémité occidentale ne présente aucune ouverture. Le
côté sud est percé de deux petites portes, qui donnent accès
dans des appartements soigneusement voûtés, dont l'un ser-

(1) L'une de ces clefs représente la croix d'Anjou à double traverse.

vait de sacristie et l'autre de tribune à Louis II et à Yolande d'Aragon. Une jolie clôture à jour leur permettait de suivre les offices sans être vus de l'assistance.

Au nord de la chapelle, dans les anciens appartements des chapelains, on remarque un petit escalier à tige, du XVe siècle, dont la voûte, en saule pleureur, porte une inscription, divisée en six syllabes : *En - Di - eu - en - so - it.* C'est une des nombreuses devises du roi René : *En Dieu en soit.*

L'ensemble des bâtiments intérieurs du château formait, avec la chapelle, un vaste quadrilatère, dans lequel on pénétrait par le petit porche, qui existe encore et que l'on a transformé, au XIXe siècle, en pavillon à tourelles. L'un des côtés du quadrilatère, celui de l'ouest, était occupé par une grande salle, dans laquelle on a voulu voir le palais curial de l'époque gallo-romaine, qui serait devenu plus tard le logement des évêques d'Angers. Cette construction, dont une partie a été détruite au commencement du siècle dernier, date au plus du XIe siècle. Elle faisait partie de l'ancien palais des comtes d'Anjou.

Depuis le XVe siècle, le château d'Angers a subi de nombreuses transformations.

Au XVIe siècle, Louise de Savoie, mère de François Ier, qui eut l'Anjou en apanage, fit élever, entre les tours du portail central, un magnifique donjon de plaisance et une chapelle particulière.

En 1585, le roi Henri III, à la requête des bourgeois d'Angers, ordonna la démolition de la forteresse, cause de conflits perpétuels entre catholiques et huguenots. Le gouverneur, Donadieu de Puycharic, eut l'habileté de faire traîner les choses en longueur. Néanmoins, les tours furent rasées de deux étages, à l'exception des deux tours de la porte des Champs, qui ne furent diminuées que d'un étage et demi, et de la tour du nord, qui ne perdit qu'un étage. Le donjon de Marie de Savoie fut démoli.

Lorsque, en 1591, l'œuvre de destruction put être arrêtée, grâce aux instances de Donadieu de Puycharic, le gouverneur fit réparer les douves et les escarpes. Il établit le long des murs une plate-forme intérieure et défendit par un bastion les abords de la porte des Champs. Un autre bastion, construit au pied de la tour qui défendait l'angle sud-ouest, est attribué au maréchal d'Aumont.

Sous Louis XIV, le château devint une prison d'État et le surintendant Fouquet y fut renfermé. Supprimé, en 1791, comme place militaire, il servit néanmoins, en 1793, à repousser l'attaque des Vendéens. Après avoir été utilisé pendant quelques années comme arsenal, puis comme prison jusqu'en 1856, il ne contient plus aujourd'hui qu'un dépôt d'armes.

BIBLIOGRAPHIE. — C. Port: *Dictionnaire de Maine-et-Loire*, t. I, p. 49-51. — D'Espinay: *Notices archéologiques*, 1re série, p. 33-50. — A. Lemarchand: *Saint Louis en Anjou*, dans la *Revue de l'Anjou*, 1855, p. 463-472. — L. de Farcy: *La chapelle du château d'Angers*, dans la *Revue de l'art chrétien*, juillet 1902. — Henri René: *Le château d'Angers*, Angers, Paré, 1908.

ARCHITECTURE CIVILE

ÉVÊCHÉ

Parmi les édifices anciens dont la ville d'Angers a lieu d'être fière, l'évêché tient une place à part. En effet, de tous les monuments civils qu'elle possède, aucun, sauf à certains égards l'hôpital Saint-Jean, ne peut lui disputer la palme. Il est même permis de se demander si, dans tout l'ouest de la France, on trouverait, en dehors de l'architecture religieuse et monastique, une œuvre d'un égal mérite.

Les évêques d'Angers n'ont pas toujours habité là où s'élève le palais épiscopal. Le lieu qu'il occupe appartenait,

jusqu'au milieu du IXe siècle, aux comtes d'Anjou, qui
avaient établi, près de la porte Angevine, leur résidence
habituelle. Les évèques, au contraire, avaient une propriété
sur l'emplacement actuel du château. Ils habitaient dans la
cité, tout près du rempart ; mais il est difficile de déterminer
l'endroit précis où ils avaient fixé leur demeure. En 851, le
comte Eude échangea avec l'évêque Odon « la bande de
terre » que celui-ci possédait sur la roche qui commande le
cours de la Maine, contre un autre terrain d'égale grandeur,
où avait été jadis la demeure des comtes : *in qua prædeces-
sorum suorum comitum sedes fuisse memoratur*. C'est sur
ce terrain, tout près de la cathédrale, que les évêques bâti-
rent leur palais. On ignore ce que fut cette nouvelle résidence jusqu'à l'époque de Renaud de Martigné et d'Ulger,
c'est-à-dire jusqu'au XIIe siècle.

Il faut placer probablement après 1098 et certainement
avant 1148 la construction des parties anciennes de l'évêché (1). Les salles du rez-de-chaussée, — salle des Pas-
Perdus et « crypte », — aussi bien que la grande salle du
premier étage, datent de cette époque. Elles forment deux T
superposés.

Au XIIe siècle, ce que nous appelons la salle des Pas-
Perdus était une magnifique écurie, pleine de chevaux et de
harnais. L'énorme muraille sur laquelle elle s'appuie, du
côté de la rue de l'Oisellerie, n'est autre que celle de l'enceinte gallo-romaine de la cité. Elle a environ 4 mètres
d'épaisseur au ras du dallage.

Si l'on en juge par le caractère de ses « outaux », de ses
voûtes et de ses sculptures, cette salle aurait précédé d'une
vingtaine d'années environ la salle du premier étage. Six

______

(1) Une charte du *Cartulaire noir de la cathédrale d'Angers*, qui doit
être datée 1138-1148, relate un contrat passé entre l'évêque Ulger et
Yvon, seigneur de la Jaille, « dans la salle du palais d'Angers, voisine de
l'église Saint-Maurice » : *in camera Andegavensis palatii proxima ecclesiæ
beati Mauricii.*

colonnes romanes la partagent en deux nefs d'inégale hauteur, à cause de la saillie produite, d'un côté, par le mur de ville. Les voûtes d'arêtes, sans doubleaux, sont identiques à celles de la crypte voisine; toutefois, dans la salle des Pas-Perdus, la coupe des pierres dénote un procédé moins parfait, une certaine inexpérience : ainsi, les joints des assises, au lieu de présenter toujours une ligne horizontale, dessinent souvent des zigzags autour des arêtes, défaut que l'appareilleur a mieux évité dans la crypte.

Autrefois, cette salle était éclairée par huit fenêtres romanes très étroites. Une porte, ouverte de nos jours, donne accès dans la cour d'honneur.

L'appellation de « crypte », donnée à l'autre salle du rez-de-chaussée, est très moderne. On disait, au XIIe siècle : *parva aula,* « la petite salle », par opposition avec la grande salle du premier étage. A cette époque, elle devait être une sorte de cloître ou de galerie, peut-être une salle de réception destinée aux vassaux inférieurs de l'évêque. Il y a lieu aussi de penser, d'après une inscription gravée dans la grande salle, que la crypte servait, à certains jours, de réfectoire pour le personnel des domestiques et des gens de service.

De la même époque et du même style que la salle des Pas-Perdus, elle est, comme celle-ci, divisée en deux nefs par six colonnes médianes : mais elle a sur sa voisine l'avantage que ses nefs sont parfaitement symétriques, qu'elles sont plus larges, plus longues aussi, et que les retombées de ses voûtes s'appuient, de chaque côté, sur des colonnes latérales. Parmi les chapiteaux les plus intéressants, il faut signaler deux têtes de monstres, qui sont en train de manger la colonne. L'ensemble de cet édifice est d'une élégance grave et sobre, qui plaît singulièrement à l'œil; il rappelle la crypte de l'ancien château de Laval, qui a servi longtemps de prison.

Tandis qu'à l'étage supérieur, la nef et le transept du T ou *Tau* ne formaient qu'une seule pièce, les deux salles du rez-de-chaussée étaient complètement distinctes et sans communication. Mais, en bas comme en haut, les deux parties du T, au lieu de tomber perpendiculairement sur la ligne du mur d'enceinte, inclinent d'une manière très sensible de droite à gauche : étrange déviation, qu'on a cherché vainement à expliquer.

Au premier étage, la grande salle comprenait une « nef », qui est la salle synodale actuelle, rognée de quelques mètres, en 1236, quand on construisit l'aile nord du transept de la cathédrale, et une « croysée » ou transept, dont on a fait, depuis, trois salons. On entrait de la nef dans la croisée, en passant sous trois belles arcades romanes, que soutenaient, au milieu, deux colonnes isolées, et, à chaque extrémité, deux colonnettes d'angle, reliées par une frise et un pied-droit. Destinées à supporter la toiture, ces trois arcades avaient l'avantage de décorer merveilleusement la grande salle et d'en masquer la déclinaison (1).

La nef était éclairée, comme aujourd'hui, par quinze fenêtres, dont neuf à meneau. Le transept, qui n'en a plus que onze, en comptait également quinze, dont douze à meneau. Ces fenêtres à meneau étaient du même type que celles des greniers Saint-Jean. Chacune d'elles se composait d'un soubassement en maçonnerie avec accoudoir, de deux arcades romanes, séparées par une colonnette et surmontées d'un losange à claire-voie : le tout inscrit dans une large arcature, la seule que les restaurations successives ont laissée subsister.

Les portes, les fenêtres, les colonnes et les chapiteaux de la grande salle étaient peints comme ils le sont aujourd'hui. Pour s'en convaincre, il suffit de les regarder de près : il y

---

(1) Des fouilles, faites en 1894, dans le mur qui termine la salle synodale du côté des salons, ont permis de dégager les claveaux des trois arcades, un magnifique chapiteau de colonne et le petit appareil imbriqué, à joints naturels ou factices, en ciment rose, qui servait de revêtement à la muraille.

a des assises entières qui sont restées comme des témoins irrécusables de l'ancien état de choses : le dessin et la couleur ont résisté à tous les plâtrages et à tous les badigeonnages du XVIe et du XVIIe siècle.

Le lavabo du mur sud, près de la porte de la cathédrale, remonte au moins à l'an 1236. C'est une auge de granit, d'une seule pierre, mesurant 1m 80 de longueur sur 0m 33 de largeur et 0m 25 de profondeur. L'eau s'y déversait par un conduit qui subsiste encore. C'est là que les invités des fêtages et des dîners de sacre venaient se laver les mains. Sur la margelle du lavabo, on lit à rebours ce distique latin, écrit de gauche à droite, en belles lettres onciales :

Clericus et miles pergant, ad cetera viles ;
Nam locus hos primus decet, illos vilis et imus.

« Ici, les clercs et les chevaliers : ailleurs, les gens de moindre condition : à ceux-là convient l'appartement d'honneur, à ceux-ci la modeste salle d'en-bas ».

La partie moderne de la façade du palais épiscopal est cette aile tournée à l'orient, qui forme une saillie perpendiculaire à la rue de l'Oisellerie et remonte vers la cathédrale, le long de la rue de l'Évêché. La partie ancienne est orientée au nord-est. Elle se termine par une belle tour, qu'on a revêtue naguère d'un parement neuf, mais qui est une des plus vieilles constructions de la cité, puisqu'elle faisait partie du rempart gallo-romain. Aucun autre monument civil d'Angers ne saurait rivaliser avec cette façade aux lignes graves et majestueuses, où les cordons de brique et les jointures roses du petit appareil font si bien ressortir la blancheur de la pierre. Elle a été restaurée, avec intelligence d'ailleurs, il y a cinquante ans.

Essayons de nous la représenter telle qu'elle était au XIIe siècle. Supprimons d'abord le balcon moderne. Entre le premier et le troisième étage, il n'y avait d'autres ouver-

tures que les neuf fenêtres romanes donnant aujourd'hui
sur le balcon : elles éclairaient le transept de la grande salle
et étaient à l'aplomb du mur de la ville. Celles du deuxième
étage, taillées au milieu du petit appareil et refaites de nos
jours dans le style du palais, sont en partie l'œuvre de
l'évêque Claude de Rueil (1628-1649). Celles des combles,
transformées au XVIIe siècle et par les architectes
modernes, n'étaient sans doute, dans le principe, que de
simples lucarnes. La toiture, quelque peu surbaissée, était
couverte de tuiles rouges, que l'évêque Hardouin de Bueil
(1374-1439) remplaça par des ardoises, après avoir relevé les
charpentes.

Ce même prélat établit, dans l'immense grenier du *Tau*,
une vaste chambre, *aulam magnam*, qui, sans avoir les dimensions et la magnificence de la salle du premier étage,
n'était point tout à fait indigne de devenir, à certains jours,
un appartement d'honneur. Elle renferme aujourd'hui la
bibliothèque de l'évêché. Au fond de cette salle, du côté de
l'église, on admire encore la belle cheminée construite par
Hardouin de Bueil, dont elle porte l'écusson. Sous sa couronne de créneaux et de mâchicoulis se détache une fine
guirlande de feuillages, où becquètent des oiseaux. Sa longueur est de 4 mètres d'une colonne à l'autre, sa profondeur
de 0^m93, sa hauteur de 3^m40 depuis le sol jusqu'au sommet
des créneaux.

Un des successeurs de Hardouin de Bueil, François de
Rohan, commença l'escalier d'honneur, qui fait face à la
porte d'entrée, du côté de la conciergerie ; mais, faute de
ressources, il ne put l'élever qu'à la hauteur de la grande
salle. « L'escalier de Rohan » ne fut terminé que sous
l'épiscopat de Mgr Freppel, en 1874.

Avec Claude de Rueil, au XVIIe siècle, la salle du premier
étage perdit son transept. Il ne lui resta plus que la nef,
telle que nous la voyons aujourd'hui. Entre la nef et l'ancien
transept, on bâtit un mur de refend, où se trouvèrent noyées

les colonnes et les arcades romanes. Le transept lui-même fut diminué de hauteur et partagé en trois appartements.

La salle demeura une soixantaine d'années dans l'état où l'avait laissée Claude de Rueil. Michel Lepeletier (1692-1706) rêva pour elle une réforme plus funeste encore que la mutilation précédente. Il fit fermer plusieurs ouvertures. Au plein cintre des baies il substitua les rectangles du style à la mode. Les grandes fenêtres conservèrent leur arcade principale, mais les petits arcs intérieurs disparurent, ainsi que les archivoltes. Les colonnes et leurs chapiteaux furent recouverts de chaux ou de plâtre. Enfin. le long des murs, plus ou moins aveugles. on fit régner. sauf du côté de la rue de l'Évêché. un lambris de dix pieds de haut. Les importantes restaurations du XIXe siècle ont fait disparaître tout ce faux décor et rendu. non seulement à la salle synodale, mais à tout le palais. une partie de son ancienne splendeur. Il est néanmoins regrettable que, dans un pareil édifice. on ait à l'excès ménagé la pierre dure, car, après quarante ans d'existence. certaines parties, et non des moins apparentes. ont déjà tous les signes de la décrépitude.

L'évêché d'Angers a été désaffecté en 1907. On y installe un musée d'art religieux, où seront exposées quelques-unes des tapisseries de la cathédrale.

BIBLIOGRAPHIE. — L. de Farcy et P. Pinier: *Le palais épiscopal d'Angers*, Angers, Germain et Grassin, 1903. — L. de Farcy: *L'évêché*, dans *Angers et l'Anjou*, p. 270-272. — *Cartulaire noir de la cathédrale d'Angers*, édit. Ch. Urseau. n°s 9 et 221, p. 23 et 326.

ANCIEN HÔPITAL SAINT-JEAN

Peu de constructions civiles en France présentent une beauté, une élégance, une harmonie supérieures à celles de la grande salle de l'hôpital Saint-Jean-l'Évangéliste d'Angers.

L'hôpital Saint-Jean, qui, depuis le XIIᵉ siècle jusqu'à nos jours, a rempli fidèlement la mission charitable que les fondateurs lui avaient confiée, comprend une grande salle, que ses nefs et ses colonnes feraient prendre facilement pour une église, un cloître, une chapelle, et des magasins connus sous le nom de greniers Saint-Jean. Désaffectés en 1865, quand fut achevé le nouvel hôpital Sainte-Marie, plusieurs des vastes bâtiments dont il se composait furent éventrés ; d'autres furent séparés par une rue. Mais, grâce au zèle éclairé de quelques amis de l'art, les parties qui présentaient un intérêt véritable furent respectées. On y a installé, en 1874, les collections du Musée archéologique.

L'origine de cet établissement vénérable est désormais dégagée de ce qu'elle pouvait avoir d'obscur et d'incertain. L'hôpital Saint-Jean fut fondé, vers 1175, par l'initiative et les soins du sénéchal d'Anjou, Étienne de Marsay, avec les libéralités de Henri II Plantagenet, qui voulut peut-être, en contribuant à cette œuvre excellente entre toutes, expier le meurtre de saint Thomas de Cantorbéry. Il fut bâti sur un terrain cédé par l'abbesse du Ronceray. Le premier acte qui le mentionne est une bulle du pape Alexandre III, datée de 1181 et adressée « aux frères de l'aumônerie construite par le sénéchal Étienne ». Dès l'année 1188, les cloîtres et une partie au moins de la chapelle existaient déjà, ainsi que la cuisine, le logement du sacristain et des chambres particulières situées dans les dépendances de l'aumônerie (1). A cette dernière date, Étienne de Marsay acquit de l'abbesse du Ronceray l'emplacement nécessaire à des constructions nouvelles. C'est alors que la chapelle fut remaniée et que furent bâtis la grande salle des malades et les greniers.

(1) Cf. *Cartulaire de l'hôpital Saint-Jean d'Angers*, édit. C. Port, nº 12, p. XIV.

La chapelle de l'hôpital Saint-Jean appartient à deux époques différentes. La partie de l'édifice couverte de voûtes à huit nervures toriques, sans addition de petites têtes aux clefs des formerets et des doubleaux, est antérieure à 1188. La voûte du côté sud-est, compliquée d'un petit berceau supplémentaire pour l'encadrement de la fenêtre, accuse le commencement du XIIIe siècle.

Le cloître a conservé encore trois de ses côtés. Le quatrième a été démoli. Au nord et à l'est, il est formé d'arcades en plein cintre, retombant sur des colonnettes géminées, que surmontent des chapiteaux ornés de feuillages. Ces arcades datent de la seconde moitié du XIIe siècle. Le côté sud du cloître avait été construit, entre 1538 et 1549, par Jean de l'Espine. Il vient d'être restauré tout récemment.

La grande salle couvre une superficie de treize cent cinquante mètres carrés. Elle forme un rectangle, divisé en trois nefs par quatorze colonnes médianes et vingt-deux colonnes, non pas engagées, mais dressées seulement le long des murs. Ces trente-six colonnes ont des fûts monolithes, qui reposent sur des bases encore romanes. Elles portent des voûtes domicales, à quatre nervures toriques, non additionnées de petites têtes ou de petits personnages décoratifs, qui se réunissent, au-dessus de l'abaque, en un faisceau de grosseur à peine égale à celle du fût des colonnes.

Commencée après 1188, cette vaste construction n'a dû être terminée qu'à la fin du XIIe siècle ou, plus probablement même, dans les premières années du XIIIe siècle. Ainsi s'explique comment, à côté d'innovations telles que l'emploi de la nervure torique dans toutes les membrures de la voûte, on constate, dans la salle de l'hôpital Saint-Jean, la persistance des plans anciens et, en particulier, le maintien de la simple croisée d'ogives, sans adjonction de nervures secondaires.

La salle Saint-Jean est soutenue, à l'extérieur, par des contreforts plats. Les fenêtres qui l'éclairent sont des baies en plein cintre, largement ébrasées vers l'intérieur. Au-devant de l'entrée s'élevait un édicule de forme hexagonale, sorte de narthex ou de porche, dont il ne reste plus qu'un soubassement, d'où partaient des faisceaux de colonnes, qui devaient porter des arcades ouvertes et probablement une coupole ajourée.

L'un des bâtiments les plus curieux de l'ancien hôpital est assurément celui qui servait à la fois de cave et de grenier. Il est situé au bas du tertre Saint-Laurent et comprend deux étages. L'étage inférieur est divisé en trois nefs par d'énormes piliers carrés, qui supportent une voûte d'arêtes. Au-dessus s'élève le magasin ou grenier, séparé aussi en trois nefs par des colonnes géminées, dont les fûts sont d'un seul morceau et présentent un aspect très élégant. Leurs chapiteaux sculptés soutiennent des arcades en plein cintre. L'une des rangées de colonnes a été remplacée, au XVIe siècle, par de lourds piliers, surmontés d'arcades ogivales. Une charpente apparente, de même date que l'édifice lui-même, recouvre le tout.

Le grenier est éclairé par de belles fenêtres, percées dans le mur de la façade, du côté de l'est. Ces fenêtres sont en plein cintre. Elles se composent chacune de deux baies géminées, inscrites dans un grand arc, avec un œil-de-bœuf en losange, dans le tympan. Leurs chapiteaux sont ornés de feuillages d'une certaine élégance.

Ce vaste magasin n'a été construit qu'après 1188. Il est antérieur, de quelques années seulement, à la grande salle des malades.

Tous les bâtiments de l'ancien hôpital Saint-Jean sont occupés aujourd'hui par le Musée archéologique, dont l'inventaire a été rédigé, en 1884, par Godard-Faultrier.

Bibliographie. — *Cartulaire de l'hôpital Saint-Jean d'Angers,* édit. C. Port, Angers, Lachèse; Paris, Dumoulin, 1870. — D'Espinay:

Notices archéologiques, 1ʳᵉ série, p. 231-239. — V. Godard-Faultrier : *Inventaire du musée d'antiquités Saint-Jean et Toussaint.* — A. P[lanchenault] : *Saint-Jean* et *Les greniers Saint-Jean*, dans *Angers et l'Anjou*, p. 281-283. — J. Berthelé : *L'architecture Plantagenet*, dans le *Congrès archéologique de France*, 1903, p. 251-253.

LOGIS BARRAULT

L'hôtel connu sous le nom de Logis Barrault fut construit après 1487 par Olivier Barrault, secrétaire du roi, trésorier de Bretagne et maire d'Angers, qui « fit bâtir de très belles et somptueuses matières et de grant façon et ouvraige, dit Péan de la Tuillerie dans sa *Description de la ville d'Angers*, ce bel, honneste et somptueux édiffice, à la décoration et honneur de la ville et aussy pour loger et héberger sa famille et ses biens et pour y recevoir et recueillir honnestement ses amys et autres gens de bien ». C'est dans cette élégante demeure que logèrent les rois et les grands personnages qui visitèrent la ville d'Angers, au cours du XVIᵉ et du XVIIᵉ siècle. César Borgia, Marie Stuart et Marie de Médicis y reçurent l'hospitalité.

Après avoir appartenu à divers propriétaires, l'hôtel fut vendu à Joseph Le Cerf, prêtre, qui y installa le Séminaire. En 1797, on y transféra l'École centrale et le Musée, puis, en 1805, la Bibliothèque publique.

L'édifice a beaucoup souffert. On peut même dire que, si l'on excepte une belle cheminée, de style flamboyant, qui orne l'une des salles du premier étage, il n'a conservé de sa splendeur d'autrefois que sa tourelle, son escalier et sa galerie.

La tourelle en encorbellement, qui renferme l'escalier, est couronnée de gracieuses lucarnes et recouverte d'une charpente moulurée. La porte à panneaux sculptés, par laquelle on y accède, est remarquable. L'escalier lui-même se termine par une jolie voûte en palmier.

La galerie qui règne à gauche de la porte d'entrée mérite d'attirer l'attention. Chacune des travées dont elle se compose, du côté de la cour, correspond à une double retombée des nervures de la voûte, du côté du mur. Pour une raison qu'on ignore, l'architecte a dû écarter notablement les piles extérieures, sur lesquelles reposent les arcades surbaissées de la galerie; mais il n'a pas voulu se priver, du côté du mur, d'appuis faciles à prendre, et il a établi deux retombées par travée, l'une en face de chacune des piles, l'autre à égale distance entre deux piles. Il a ensuite décomposé le compartiment rectangulaire des travées en trois triangles, qu'il a couverts de trois voûtes d'arête à triples voûtains. L'effet produit est extrèmement agréable à l'œil.

Le Logis Barrault renferme à la fois le Musée et la Bibliothèque.

Le Musée comprend: une galerie de peinture, où l'école française du XVIIIᵉ siècle occupe une place à part; une galerie de sculpture, où les œuvres des artistes angevins sont l'objet d'une sympathie bien légitime; le Musée David d'Angers, qui atteste la puissance et la fécondité du grand statuaire dont la ville d'Angers s'enorgueillit à juste titre; enfin, un cabinet d'histoire naturelle.

La Bibliothèque contient 67.000 volumes imprimés et plus de 2.000 manuscrits.

Bibliographie. — Péan de la Tuillerie: *Description de la ville d'Angers*, édit. C. Port, p. 252-256. — C. Port: *Dictionnaire de Maine-et-Loire*, t. I, p. 111-112. — Thorode: *Notice de la ville d'Angers*, édit. E. L[ongin], p. 386-391.

LE LOGIS PINCÉ

Le Logis Pincé est considéré avec raison comme l'un des types les plus brillants de l'architecture civile en France au XVIᵉ siècle. Il appartient à une école qui a su combiner avec un art merveilleux l'inspiration du style italien avec les traditions locales.

Ce magnifique hôtel fut bâti, dans la première moitié du XVIe siècle, sur l'emplacement d'une vaste maison, vulgairement nommée *les Créneaux*, qui dépendait du chapitre de Saint-Maurille. La maison était « ruyneuse et subjecte à de grosses réparations », quand, le 22 décembre 1522, elle fut vendue par messire François Geslin, prêtre, à maître Jean de Pincé, licencié ès-lois, lieutenant criminel en la sénéchaussée d'Anjou. C'est lui qui commença la construction du superbe logis, connu encore aujourd'hui sous le nom de Logis Pincé.

Des confrontations de 1533 citent déjà « l'hôtel de M. de Pincé ». Il était achevé certainement depuis plusieurs années, en 1541, quand, le 8 mars, Renée Fournier, veuve de Jean de Pincé, qui était mort en fonctions de maire le 4 septembre 1538, reconnut, vis-à-vis du chapitre de Saint-Maurille, ses obligations pour une « maison nouvellement édiffiée, appelée vulgairement les Créneaux, composée de cours devant, gallerie à l'entour des deux corps d'hostel, une viz entre les deux et une petite cour derrière, le tout en un tenant ». Une déclaration postérieure (1542) de Hervé de Pincé, rendue au fief du roi, mentionne « les deux tourelles » et « l'advancement faict au long du pignon du grand corps d'hostel et maison neuve de ladicte veuve, comprenant une place, en laquelle y a partie de la cour et galeries d'icelle maison et entrée de ladicte maison ».

Dès 1615, René de Pincé, emprisonné pour dettes au Châtelet de Paris, dut vendre la princière demeure construite par son grand-père. Au moment de la Révolution, l'hôtel appartenait à la famille Béritault, qui émigra. L'immeuble étant devenu propriété nationale, le commandant de la place s'y installa jusqu'au 12 messidor an IV, époque à laquelle Charles-Pierre Mame, imprimeur à Angers, l'acheta pour 13.500 francs. Après avoir été occupé par divers propriétaires, le Logis Pincé fut acquis par le peintre Bodinier, lequel le donna à la ville, en 1860, à la condition expresse qu'il serait consacré aux arts. Une restauration complète en a été faite, de 1880 à 1886, par M. Lucien Magne.

L'hôtel de Pincé se compose de deux corps de logis, reliés par un pavillon qui renferme l'escalier.

Il a été bâti à deux époques différentes, quoique très rapprochées. En effet, ni la mouluration, ni la sculpture ne sont identiques dans les deux parties de l'édifice. Le raccord est surtout visible dans la cage de l'escalier, où les joints de l'appareil ne correspondent pas entre eux.

L'hôtel primitif comprenait le bâtiment de gauche, la cage de l'escalier et la tourelle qui domine la construction. Le reste du logis, formé d'une partie du pavillon central ainsi que du bâtiment de droite, flanqué de deux tourelles ravissantes qui surplombent la rue de l'Espine, date d'une époque un peu plus récente.

L'ancien logis est celui que les confrontations de 1533 désignent sous le nom « d'hôtel de M. de Pincé ». Il a été bâti de 1523 à 1533 ; aussi les formes des moulures et des sculptures s'inspirent-elles encore du style de transition qui marque la fin du XVe siècle.

L'art nouveau de la Renaissance atteint, au contraire, son développement complet dans la charmante construction adossée au pavillon central en 1535. C'est cette partie de l'hôtel qui fut probablement l'œuvre de Jean de l'Espine, le grand architecte angevin, que le chapitre de Saint-Maurice avait chargé, en 1533, de la restauration de la cathédrale.

La date de 1535 paraît certaine. On l'aurait trouvée inscrite, au moment de la restauration du Logis Pincé, dans un des pilastres du premier étage et dans le cartouche de la frise qui surmonte la grande fenêtre du rez-de-chaussée, sur la cour.

Cette portion de l'édifice dénote un art très avancé et une science consommée. La tourelle située à l'angle de la rue de l'Espine et de la cour est citée comme un exemple unique de stéréotomie. Elle est simplement adossée au bâtiment principal : la charge des murs est répartie, d'un côté, sur des encorbellements et, de l'autre, sur une trompe ; les efforts contraires s'annulent et l'équilibre est parfait.

Avant de pénétrer dans l'intérieur de l'hôtel, promenons nos regards sur les détails d'architecture et de sculpture de l'extérieur. Contemplons les fines arabesques des frises et des pilastres. Admirons ces ornements d'une si extrême délicatesse et d'un goût si pur, ces tourelles d'angle chargées d'une décoration si brillante et si harmonieuse. Comment se lasser d'étudier la variété des riches sculptures, des rinceaux, des cartouches où se trouvent répétés les écussons de Jean de Pincé et de Renée Fournier, l'élégance des fenêtres élancées de la façade, le style savant qui a présidé à la construction de la tour de l'escalier ! L'œil ne parvient pas à se détacher de ces mille motifs d'une si étonnante originalité, de cette profusion de fleurs, de fruits, de têtes d'hommes, de femmes, d'amours, de faunes, de satyres, d'oiseaux, d'animaux fantastiques ou fabuleux, qui se transforment à l'infini sous le ciseau de l'artiste.

A l'intérieur, le corps de logis situé à gauche de la cour comprend trois grandes salles superposées, avec des poutres décorées de salamandres, de chimères et de médaillons. Dans la salle du rez-de-chaussée, la cheminée ancienne, qui avait été détruite, a été rétablie. Il en est de même au premier étage, tandis que, à l'étage des combles, la grande cheminée, avec sa hotte monumentale, date de la construction même de l'hôtel.

Le deuxième corps de bâtiment se compose d'une série de petites salles, ouvertes sur l'escalier. Dans la salle basse, la voûte, légèrement bombée et appareillée comme les voûtes angevines, repose sur des nervures amorties par des culs-de-lampe sculptés. Au-dessus, dans la salle du premier étage, les nervures de pierre qui supportent les dalles du plafond forment par leurs croisements de véritables caissons, dont les clefs saillantes sont ornées, à la rencontre des nervures, de jolies figures mythologiques. Les nervures s'appuient, de chaque côté, sur des culs-de-lampe d'un beau travail.

Ces salles donnent directement sur l'escalier, à noyau plein, qui mérite d'être étudié avec soin. Afin de diminuer la portée des marches près de la rencontre des murs, l'architecte a placé des trompes aux angles de la cage : à chaque révolution, ces trompes forment avec les murs un octogone presque régulier. Des niches, avec piédestaux et pilastres sculptés, décorent le parement intérieur : ce sont de véritables chefs-d'œuvre, qui charment le regard par le fini et la variété de leur composition. Une voûte annulaire, dont les nervures s'épanouissent, comme les branches d'un opulent palmier, sur les murs de la cage, couronne ce merveilleux escalier. Les nervures de cette voûte se réunissent en faisceau pour s'amortir sur la colonne centrale, qui représente le tronc de l'arbre.

Sur les clefs, les signes du zodiaque sont figurés par des animaux et des personnages fabuleux : mais, comme l'architecte ne disposait que de neuf clefs, il a doublé les signes dans les trois clefs qui sont le plus rapprochées de l'ancien corps de logis.

Du sommet de cet admirable édifice, la vue s'étend sur toute la ville d'Angers et sur les environs, qui présentent un splendide panorama.

Le Logis Pincé abrite, depuis 1889, la collection léguée en 1860 à la ville par Lancelot Turpin de Crissé, membre de l'Institut. On y remarque des antiquités égyptiennes, grecques et romaines, des bronzes, des verreries, des émaux, des faïences, des monnaies, des sculptures du moyen âge, de la Renaissance et des temps modernes, des gravures anciennes, des dessins, des peintures, au nombre desquelles, pour ne citer qu'une seule œuvre, figure la *Francesca da Rimini*, d'Ingres.

BIBLIOGRAPHIE. — C. Port: *Notice sur l'hôtel de Pincé*, dans la *Revue de l'Anjou*, 1861, t. II, p. 27-33. — A. Joubert: *La restauration artistique de l'hôtel de Pincé*, dans la *Revue de l'Anjou*, 1881, t. II, p. 209-226, et 1886, t. XII, p. 154-164. — H. Jouin: *Cabinet Turpin de Crissé*, dans l'*Inventaire général des richesses d'art de la France*, Province, monuments civils, t. III, p. 215-295.

LES PÉNITENTES

L'hôtel des Pénitentes, dans la Doutre, longtemps perdu au milieu d'un pâté de maisons, fut dégagé des masures qui l'entouraient quand, il y a une quarantaine d'années, on perça le boulevard Descazeaux. Mais, s'il est devenu plus accessible aux regards, il n'a pas cessé de se détériorer et, faute de restaurations suffisantes, il est tombé dans un état lamentable.

Il est loin, d'ailleurs, de former une masse homogène. A l'ouest, il se compose de trois corps de logis, assez mal soudés ensemble: à droite, la partie ancienne, aux découpures flamboyantes; au centre, un bâtiment qui ne remonte pas au delà de la Renaissance; à gauche, une construction vermoulue. A l'est, s'ouvre l'ancienne entrée, que surmonte une sorte d'avant-corps, plaqué sur les murs anciens et flanqué de deux tourelles en encorbellement, dont la base s'appuie sur une colonne.

A l'intérieur, il ne reste plus qu'une cheminée en pierre, du XVIe siècle, sculptée de têtes grotesques, d'animaux et d'enroulements.

La destination de cet hôtel, qui, jadis, ne devait pas manquer d'une certaine grâce, est assez difficile à préciser. Il était connu sous le nom de *la Voûte* et appartenait à l'abbaye Saint-Nicolas, située hors des murs de la ville. Il est probable que les moines l'avaient fait construire afin de pouvoir s'y réfugier en cas de siège. Le sculpteur Biardeau y habitait un peu avant le milieu du XVIIe siècle. En 1640, la communauté des *Pénitentes* ou *Repenties,* qui venait de se fonder, acheta l'immeuble, ainsi que plusieurs maisons voisines et les réunit en un vaste enclos. L'établissement fut attribué, en 1810, aux hospices d'Angers, tout en continuant à former une communauté à part. En 1865, les nouveaux hospices recueillirent les dernières pensionnaires des Pénitentes et la maison fut affectée à la justice de paix de l'arrondissement et à des cours de dessin.

BIBLIOGRAPHIE. — Péan de la Tuillerie : *Description de la ville d'Angers*, édit. C. Port, p. 476-480. — C. Port : *Dictionnaire de Maine-et-Loire*, t. I, p. 74. — A. P[lanchenault] : *Les Pénitentes*, dans *Angers et l'Anjou*, p. 287-288.

Au nombre des autres monuments civils, il faut citer : *la Godeline,* rue Plantagenet, qui fut, au XVe siècle, le premier hôtel de ville d'Angers ; le second hôtel de ville, place des Halles, construit au XVIe siècle ; l'ancienne Académie d'équitation, dont les bâtiments, élevés de 1755 à 1761, sont occupés par l'école primaire supérieure.

VIEILLES MAISONS

La ville d'Angers a bien changé d'aspect depuis cinquante ans. Elle s'est embellie, au sens moderne du mot ; mais elle a perdu, en même temps, une partie de sa grâce pittoresque. Ils ont disparu, en effet, presque tous ces logis en colombage, bariolés de vives couleurs ; ces boutiques abritées par des auvents sculptés ; ces vieilles maisons à oriels de pierre, à pignons pointus ; ces pittoresques demeures, dont les étages en encorbellement garantissaient nos ancêtres de la pluie, en hiver, et leur procuraient, en été, un peu d'ombre et de fraîcheur !

Pourtant, tout n'est pas détruit encore, et, quoique bien appauvri, notre trésor de reliques monumentales n'est pas épuisé. Dressons-en l'inventaire :

La plus curieuse des vieilles maisons d'Angers est la *maison d'Adam,* autrefois de *l'Arbre de vie,* à l'angle de la *rue Montault* et de la *place Sainte-Croix.* Elle fut construite au XVᵉ siècle. En 1714, elle appartenait à Michel Adam, ancien consul. On y voyait, sous un arbre, les statues d'Adam et d'Ève, qui ont été détruites. On y voit encore : sur la place Sainte-Croix, aux côtés d'une porte en arc fleuronné, des joueurs de hautbois et de cornemuse et un groupe d'amoureux ; au premier étage, un centaure avec bouclier et glaive, un guerrier à genoux, abrité derrière un écu orné d'un masque barbu : sur l'autre façade, des singes, une femme, un homme en posture obscène, deux amoureux, Samson, des anges : le tout répandu avec une admirable fantaisie, à travers des poutres moulurées, engoulées par des dragons, et des poteaux délicatement sculptés.

Place Sainte-Croix, 21. — L'admirable hôtel de Thévalle, du nom des seigneurs qui le possédaient, bâti au XVIᵉ siècle, a été masqué par des constructions modernes, qui ne laissent paraître que les fenêtres à double croisée de pierre et une partie de la frise, décorée de triglyphes, de bucranes et de patères.

Rue de l'Oisellerie, 5. — Une maison en colombage, du XVIᵉ siècle, est décorée de termes d'hommes et de femmes et d'une frise de macarons, qui alternent avec des guirlandes, des têtes de satyres, des masques et des animaux. Au pignon, un ange.

Rue de l'Oisellerie, 7. — Sur une autre maison en colombage, de la fin du XVᵉ siècle, on remarque : à l'amortissement des poteaux du rez-de-chaussée, un ange et un homme vu de dos : au-dessus, sur une partie carrée à décor d'ogive, une colonne moulurée et semée de coquilles ; au sommet de la colonne, un chevalier en armes ; sur l'autre colonne. un guerrier qui semble vouloir s'enfoncer un poignard dans la poitrine. Ces deux statues sont modernes.

Rue David, 31. — Hôtel de Lantivy, construit en 1783 par Bardoul de la Bigottière, architecte angevin. Les bas-reliefs et les guirlandes des fenêtres sont l'œuvre de David père, de même que les boiseries de l'intérieur.

Rue Pocquet-de-Livonnière, 6. — Une maison en colombage, décorée de termes d'hommes et de femmes. de têtes de satyres. de mufles de lions et de masques grimaçants. est datée de 1577.

Rue Pocquet-de-Livonnière, 7. — Une maison du XVIIIe siècle, avec fenêtres cintrées ornées de macarons. porte. à l'étage supérieur. un trophée sculpté. formé d'une équerre. d'une règle. d'un compas. de deux livres et d'un cahier de musique.

Rue Pocquet-de-Livonnière, 14. — L'hôtel de Lancrau, composé d'un corps de logis et de deux ailes avec fenêtres à croix de pierre et hautes lucarnes à fronton courbe ou brisé. est daté, dans une tablette, de 1589. A l'intérieur, il existe encore une superbe cheminée à manteau droit. ornée de plaques de marbre. où se lisent des inscriptions grecques, séparées par des pilastres cannelés. Les montants de la cheminée sont décorés d'ornements géométriques, de fleurs et de rinceaux.

Rue des Poëliers, 9. — Une maison du XVIe siècle, en colombage, est ornée de quatre cariatides. la tête chargée de fleurs et de fruits. Une cloche est à demi engagée dans la façade. Aux fenêtres supérieures, des pilastres.

Rue des Poëliers, 24. — Une maison, avec trois étages de pilastres à moulures. Le quatrième étage est orné de deux termes de femmes, d'un satyre et de deux termes d'hommes.

Rue Saint-Laud, 21. — Aux retombées du rez-de-chaussée, dans une maison de la fin du XVe siècle, deux anges soutiennent des poteaux. L'un de ces poteaux est chargé de cannelures en spirale et décoré de fleurons ; l'autre figure un tronc d'arbre écoté. Sur les chapiteaux qui les surmontent, on remarque les statues d'Adam et d'Ève.

Rue du Port-Ligny, 37, 39. — La maison **des Barreaux,** anciennement de la *Mothe-Barrault,* avec sa porte à fronton triangulaire, ses fenêtres à croix de pierre, ses lucarnes à fleurons, est datée de 1586.

Sur la rive droite de la Maine, dans la Doutre, on remarque :

Rue Beaurepaire, 16, cour des Tourelles. — La maison du Mont-de-Piété. Cette maison, dont la porte et les fenêtres sont décorées de bossages, date du XVIIe siècle. Elle abrite, depuis 1723, le Mont-de-Piété d'Angers, qui doit sa fondation à l'évêque Henri Arnauld. Au fond d'un couloir attenant à l'établissement, on remarque un joli porche, à nervures piriformes, du XVe siècle. Au premier étage, une voûte de la même époque porte un écu armorié.

Boulevard du Ronceray. — Le logis de *Bellebranche,* ancien collège de l'abbaye de Bellebranche, au diocèse de Séez, qui fut réuni au collège des Jésuites de la Flèche en même temps que l'abbaye elle-même. Ce logis, bien délabré, a été construit au XVe siècle. Il forme, à chaque étage, une grande salle, précédée de trois avant-corps qui renferment des chambrettes éclairées par de petites baies ogivales. L'avant-corps central, plus important que les deux autres, a des ouvertures en anse de panier et, au pignon, une ouverture ogivale avec arcature brisée.

Place de la Laiterie. — L'antique pharmacie de Simon Poisson, ornée, à chaque étage, de curieuses statues de bois. Au premier étage, la Magnificence, vêtue d'une longue robe et d'une taille à lambrequins, avec une couronne sur la tête et des bracelets au cou et aux bras : la Science, nue jusqu'à la ceinture, tenant un compas, un mors et un dard, qui transperce un serpent : un terme d'homme et un terme de femme. Au deuxième étage, l'Amitié, en longue robe, avec un cœur dans une main et une tête de mort dans l'autre ; la Libéralité, demi-nue, avec un gros sac suspendu à sa ceinture. Sur une frise, où alternent les cornes d'abondance et les macarons, figurent les lettres S. P. (Simon Poisson) et la date 1582. Le reste du décor est composé de termes à têtes de masques et de satyres, et de mufles de lions. Au pignon, un personnage grotesque.

Rue de l'Hommeau, 17. — L'hôtel Duguesclin, avec ses façades du XVIe et du XVIIe siècle. Cet intéressant logis porte, sur le pavillon du XVIe siècle, la date de 1554, inscrite sur une tablette.

Bibliographie. — Péan de la Tuillerie : *Description de la ville d'Angers*, édit. C. Port. — A. Michel : *Vieilles maisons*, dans *Angers et l'Anjou*, p. 292-299.

LE CHATEAU DU PLESSIS-BOURRÉ

Le château du Plessis-Bourré est situé sur la commune d'Ecuillé, canton de Tiercé, arrondissement d'Angers. Il a été construit, dans le dernier tiers du XVe siècle, par Jean Bourré, secrétaire et trésorier du roi Louis XI. Bâti sur l'ancienne terre du Plessis-de-Vent, que Charles de Sainte-Maure avait vendue à Bourré en 1462, le splendide édifice fut commencé en 1468 et terminé en 1472. Il s'élève sur un îlot artificiel, au milieu d'un étang que l'argentier de Louis XI fit creuser à grands frais pour protéger sa famille et ses richesses.

Le plan général du château est celui d'une forteresse du moyen âge : un quadrilatère flanqué de quatre grosses

tours. La tour du sud-est, couronnée de mâchicoulis et
portant en saillie le corps de garde, forme le donjon.
Tout autour de l'enceinte, les berges de l'îlot sur lequel
repose cette somptueuse demeure, s'étendent en large pro-
menoir.

L'aspect extérieur du château du Plessis-Bourré n'a pas
changé depuis quatre siècles, et la pierre grise, très claire,
employée pour le revêtement des murs, a conservé à l'édifice un air de jeunesse qui étonne les visiteurs. L'intérieur
n'a pas été trop endommagé par les modifications, peu nombreuses d'ailleurs, que les propriétaires successifs ont fait
subir au vieux manoir afin de l'adapter à leurs besoins
personnels.

Pénétrons dans cette résidence princière, que le temps et
les hommes ont respectée jusqu'ici.

Après avoir traversé de vastes servitudes, reconstruites
au XVII⁰ siècle et protégées par un large fossé, franchissons
le pont, large de plus de 40 mètres, qui conduit à l'entrée
du château. Si le portail qui a remplacé le pont-levis n'est
pas ouvert, le couloir de la poterne nous donnera accès dans
la cour d'honneur, vaste rectangle de 1.300 mètres de superficie, dont l'habitation principale occupe un des côtés.

Le logis du seigneur et les dépendances qui l'encadrent
présentent un aspect imposant et gracieux à la fois. Après
avoir admiré sans réserve la beauté sévère de la façade et
l'élégante délicatesse des lucarnes, qui dressent au-dessus
des toits leurs pignons fleuronnés, nous dirigerons nos pas
sur la droite, vers une tour polygonale, dont le haut clocher
domine les combles du château. Cette tour renferme l'escalier. Il nous suffira de monter quelques marches pour arriver à la salle des gardes, où nous nous arrêterons.

La salle des gardes occupe, au premier étage du château
du Plessis-Bourré, une pièce qui mesure 11 mètres de long
sur 7ᵐ55 de large et 4ᵐ25 de haut. Quatre fenêtres, placées
deux du côté de la cour d'honneur, deux du côté des fossés

extérieurs, l'inondent, à toutes les heures du jour, d'une lumière abondante et gaie. Une cheminée à large manteau permet, en hiver, de réchauffer tant bien que mal ce vaste appartement.

Un plafond, composé de six panneaux divisés chacun en quatre compartiments, recouvre la pièce tout entière. Cet élégant travail de menuiserie se rapproche beaucoup plus des planchers du moyen âge que des plafonds à caissons de la Renaissance. En effet, les poutres, dont on s'est contenté de moulurer les arêtes, restent apparentes, et, sous les solives, on a cloué des planches juxtaposées, qui supportent de fortes nervures, dont le vigoureux relief dessine et encadre les divers compartiments du plafond.

Les poutres et les nervures sont décorées de rinceaux, d'enroulements et de dessins géométriques peints à la colle. Dans les compartiments du plancher figurent de véritables tableaux, dont les sujets, les contours et les détails dénotent autant d'habileté de main que de hardiesse d'esprit. Ces peintures, où la couleur grise domine, commencent à s'effacer en plusieurs endroits : il est facile néanmoins, avec un peu d'attention, d'en retrouver partout la silhouette et d'en fournir une description précise.

Commençons par étudier les trois panneaux qu'on trouve à gauche en entrant, du côté de la cour d'honneur. Tournant ensuite le dos à la cheminée, nous examinerons successivement les trois autres.

Dans chacun de ces panneaux, nous décrirons d'abord les deux compartiments qui sont le plus près du mur, puis ceux dont l'encadrement s'appuie sur la poutre du milieu de la salle.

Premier panneau. — 1. Un âne accroupi pose une de ses pattes de devant sur un livre ouvert, où l'on aperçoit, au-dessus d'un texte, des notes de musique, qu'il essaie de chanter.

II. Deux béliers, redressés sur leurs pattes de derrière, luttent tête contre tête et s'entre-choquent.

III. Un cerf étendu à terre allonge sur ses pattes de devant sa tête, ornée d'une vigoureuse ramure.

IV. Un animal, que l'on prendrait pour un bœuf s'il avait des cornes et si ses grosses pattes n'étaient pas terminées par des griffes, porte sur son dos deux singes enchaînés l'un par le cou, l'autre par le ventre. Celui des deux singes qui est installé sur la croupe de la bête tient à la main une longue baguette et souffle dans une énorme trompette. L'animal sur lequel ils sont grimpés a le mufle serré par une corde que tient à la main le singe assis à califourchon sur ses épaules.

Dans chacun de ces tableaux, de même que dans ceux qu'il reste à décrire, le sujet principal se détache d'un fond orné de feuilles et de fleurs enroulées, d'un joli dessin et d'un grand effet décoratif.

DEUXIÈME PANNEAU. — I. Une fontaine d'un réalisme beaucoup plus hardi que celui qui a fait la célébrité de la fontaine du *Manneken-Piss*, à Bruxelles. L'eau, contenue dans un bassin à six pans, au centre duquel s'élève une sorte de pédicule en forme de balustre, s'écoule par une figurine représentant une femme qui retrousse ses jupes. A gauche, un personnage nu, homme ou femme, vu de profil, reçoit l'eau dans un vase. A droite, un autre personnage nu s'appuie sur la vasque du bassin.

II. Une jeune fille, nue jusqu'à la ceinture et portant à la main un chapel de fleurs, est assise sur la carapace énorme d'une bête, pourvue d'une longue queue, de quatre pattes palmées, d'un cou et d'une tête d'oiseau. La chevelure de la jeune fille flotte au vent, ce qui fait supposer que le monstre file à toute vitesse.

III. Un dragon ailé frappe de son bec un lion, qui se retourne en rugissant.

IV. Une laie assise, avec un chapeau sur la tête et une pèlerine sur les épaules, fait danser ses trois marcassins au son de la cornemuse.

TROISIÈME PANNEAU. — I. Un monstre étique, la gueule ouverte, saisit et retient avec les dents une femme qui cherche vainement à s'enfuir. Une double légende (1) explique la scène.

On lit, en effet, au-dessus du monstre :

> Moy l'on appelle Achariace ;
> Meigre de corps et de face
> Je suys, et bien y a raison.
> Je ne mengus pas à foison
> Que fames qui font le commant
> De leurs maris entièrement.
> Des ans y a près de deux cenz
> Que ceste cy je tiens aux dens.

Au-dessus de la femme :

> Par avoir fait et acompli
> Tous les commans de mon mari,
> Souffrir me convient grand tourment.
> Vous qui voyez le demourant,
> Ne veuillez comme moi faire ;
> Enfance li .... feire. (2)

II. Un barbier maladroit essaie son rasoir sur la joue d'un paysan assis devant lui et auquel il tient ce langage :

(1) Toutes les légendes sont tracées en caractères gothiques.
(2) Plusieurs mots sont illisibles.

Seuffre, Frère, Frère,
Le .... (1) dur et le moul.
Sur barbe de foul
L'on aprend a rere.

Le patient s'écrie, levant les bras au ciel :

Barbier, beau compère,
Bon gré ayt sainct Paul.
Tu me tors le coul
Et ne me scaiz raire.

III. Une femme assise tient, renversée sous son bras, une oie, qu'un homme, un tablier à la ceinture, s'apprête à saisir pour lui ferrer les pattes. La légende qui accompagne cette scène est presque illisible :

Plusieurs comme nous .... ainsi
Sans à leur cas considérer,
Qui entreprennent le ....
Qui nous mettons des coys Ferrer.

IV. Une autre femme, une aiguille à la main, est occupée à coudre l'extrémité du corps de sa poule ou de son oie. Elle explique ainsi l'opération à laquelle elle se livre :

Je cous le cul si à Mahault,
Pour ce qu'elle a parlé trop hault.
Vous aultres, qui cy regardez,
Gardez vous bien de trop parler ;

(1) Le mot est effacé.

Car l'on dit que trop parler nuyst
Et à la fois trop gratter cuyst.

Quatrième panneau. — I. Un homme et une femme sont occupés à rompre des anguilles. Ne pouvant venir « à chef de l'affaire », ils donnent aux autres le conseil de se montrer moins présomptueux :

Rompre anguilles pretandons-nous
.... comme voyez .... genouz
De ce faire souvant nous vantons.
Mais si pleantes sont sus et soubz,
Qu'a chef ne pouvons venir a la faire.
Prenez y donc exemple tous
Et vantez vous rien que ne pouvez faire.

II. Un paysan, chaussé de guêtres maintenues par de fortes agrafes, tient de la main droite un « vouge » à long manche et, de la main gauche, une fourche, dont les branches sont chargées d'outils. Un olifant est suspendu à sa ceinture. A son bras gauche, il porte un bidon et un panier rempli jusqu'au bord. La légende nous dira son nom :

Je m'empesche de faire tout,
Tant que n'en puys venir à bout ;
Et pour cela m'appelle t'on,
Qui me voit, Maistre Aliborun.

III. Un homme, la tête recouverte d'un chaperon, lève les bras et se lamente, en regardant au fond d'un puits.

Voici l'explication du tableau :

> Telle foys jete foul pierre en puy,
> Dont cent saiges, pour vreoy, depuis
> Sont, pour la faire au fons pescher,
> Par bien longtemps fort empeschez.

IV. Un vilain « rapporte » sur son dos une hotte pleine de rats.

Il se présente lui-même en ces termes :

> En raportant de court en court,
> Et en estant fin raporteur,
> Bien venu suys au temps qui court.
> Aussi sont baveur et flateur.

Cinquième panneau. — I. Une sirène voluptueuse, nue jusqu'à la ceinture, étale sa longue queue de poisson. Elle tient un peigne de la main gauche, et, de la main droite, un miroir.

II. Un aigle aux ailes éployées étreint dans ses serres un petit oiseau, qui se débat.

III. Une femme, vêtue seulement d'un jupon court, est assise dans une sorte de chariot rudimentaire, ou plutôt de traîneau à roulettes. Un mât fixé à l'avant de l'étrange véhicule soutient une voile gonflée par le vent. Aux quatre coins de cette voile sont attachées des cordes au moyen desquelles la femme dirige la marche du traîneau.

IV. Une levrette à collier, nonchalamment étendue, dresse la tête pendant qu'un petit chien, debout sur les pattes de derrière, lui lèche le museau.

Sixième panneau. — I. Un centaure, les cheveux au vent, brandit une massue de la main droite.

II. Un éléphant, d'un dessin assez fantaisiste, porte, assis sur son dos, entre deux coffres de voyage, un singe, qui

tient en main une corde passée autour du naseau du
pachyderme.

III. Un monstre moitié homme, moitié serpent, les yeux
pleins de convoitises mauvaises, serre à bras-le-corps une
femme nue, qui file à l'aide d'une quenouille.

IV. Une licorne.

Tels sont les tableaux dans lesquels un correspondant du
Journal de Maine-et-Loire avait cru voir en 1834 des
« fresques consacrées à des sujets bibliques » (1). D'autres
ont voulu y reconnaître des allusions à certains faits et à
certains personnages du règne de Louis XI. Ainsi, par
exemple, le barbier maladroit serait Olivier le Dain et la
femme, dévorée par un monstre étique pour avoir « fait
et accompli tous les commans de son mari », ne serait
autre que la châtelaine du Plessis, Marguerite de Feschal,
femme de Jean Bourré. C'est chercher bien loin l'explication de scènes satiriques, plaisantes et même grivoises, qui
sont trop conformes à l'esprit du XVe siècle pour être autre
chose que le produit de la fantaisie d'un artiste. Les peintures du Plessis-Bourré et celles de l'hôtel de Jacques Cœur,
à Bourges, sont, ainsi que l'a fait remarquer avec raison
M. Georges Bricard, « la manifestation d'une même tendan-
ce et d'un même esprit : les idées mystiques ou chevaleres-
ques du moyen âge ont perdu leur influence ; la nouvelle
société est lasse d'avoir tant poursuivi l'idéal, elle veut
maintenant regarder la réalité et en rire ; aux rêveries
abstraites des moines et des chevaliers succèdent les saillies
piquantes et moqueuses du bon sens bourgeois ».

Il est bien difficile de dater exactement ce joli travail.
Certains détails, ceux de la fontaine, en particulier, qui
trahissent évidemment l'influence italienne, permettent de
croire que le château était terminé depuis plusieurs années,
quand le seigneur du Plessis eut l'idée de faire peindre la

____

(1) *Journal de Maine-et-Loire,* numéro du 11 décembre 1834.

salle des gardes ; mais seuls les comptes de la construction, s'ils sont jamais retrouvés, permettront d'apporter sur ce point les précisions nécessaires.

L'œuvre peut-elle être attribuée à un artiste angevin ? Il serait téméraire de l'affirmer, quand on voit Jean Bourré passer, en 1471, avec « Jehan Belotin, vitrier, demeurant à Tours », un marché pour « toute la voirrerie du grant corps de sa maison du Plessys » (1), et engager en dehors de l'Anjou les ouvriers qui travaillèrent, en 1481, à la construction de la chapelle seigneuriale de Jarzé (2).

Le château du Plessis-Bourré est en vente depuis plus de deux ans. Il faut espérer, pour l'honneur du goût français, qu'un nouveau propriétaire saura garder intacte la splendide demeure de l'argentier de Louis XI.

Bibliographie. — Marchegay : *Le château du Plessis-Bourré*, dans le *Maine et l'Anjou*, du baron de Wismes. — G. Bricard : *Un serviteur et un compère de Louis XI*, Paris, Picard, 1893, p. 330-355. — Ch. Urseau : *Les peintures du plafond de la salle des gardes au château du Plessis-Bourré*, dans la *Réunion des Sociétés des beaux-arts des départements*, 1909, p. 81-89.

(1) Bibl. nat., ms. fr. 20600, f° 40.
(2) Ibid., f° 33, v°.

LE MANS

Par MM. R. TRIGER et G. FLEURY

ENCEINTE GALLO-ROMAINE

Depuis longtemps citée au nombre des anciennes enceintes de la Gaule les plus intéressantes et les mieux conservées, l'enceinte gallo-romaine du Mans a été construite vers la fin du IIIe siècle ou dans les premières années du IVe (1).

La forme générale de son tracé fut sans aucun doute déterminée par la configuration topographique de la colline sur laquelle s'élevait l'oppidum primitif de *Subdunum*. Elle dessine un parallélogramme de 500 mètres de longueur sur 200 mètres de largeur, dont le grand axe est parallèle au cours de la Sarthe. Le périmètre total est de 1.400 mètres ; inférieur à celui de Poitiers, Bordeaux, Bourges, Chartres, Nantes, Paris, Rouen et Dijon, il surpasse celui d'Angers, Tours, Rennes, Orléans, Grenoble et Saintes.

Le front ouest de l'enceinte se trouve aujourd'hui distant d'environ 60 mètres de la rivière, mais le lit de la Sarthe était plus large jadis et devait se rapprocher davantage de la base des murs. Le front est suit la crête du coteau. Celui

(1) A défaut d'un exposé historique que ce *Guide* ne comporte pas, on trouvera les lignes essentielles de l'histoire du Mans dans la brochure suivante : Robert Triger : *Les grandes transformations anciennes et modernes de la ville du Mans ;* Le Mans, A. de Saint-Denis, rue Saint-Jacques, 1907, in-8° de 72 pages, avec plans et dessins.

du nord était protégé par un ravin et un large fossé. Les
quatre faces étaient flanquées de tours.

Les murailles des courtines n'ont pas de fondations. Elles
reposent simplement sur de gros blocs en pierre calcaire ou
en grès, juxtaposés sans mortier: parfois sur des fragments
d'inscriptions ou de monuments antérieurs, qui indiquent
qu'au Mans, comme en beaucoup d'autres villes, l'enceinte
gallo-romaine fut bâtie au milieu d'une violente panique et
après la destruction de florissants faubourgs.

Au-dessus de ces blocs, le revêtement extérieur présente
un parement de petites pierres cubiques, de dix à douze
centimètres carrés, disposées par assises régulières et
noyées dans un lit épais de mortier mélangé de brique
pilée. De cinq en cinq, ces assises sont séparées par une
chaine de trois rangs de briques. En certains endroits, on
a reconnu la trace de décorations géométriques (triangles,
losanges et cercles) formées par l'emploi simultané de la
pierre calcaire blanche et du grès ferrifère ou *roussard,*
brun foncé.

Le noyau du mur se compose d'un blocage de pierrailles
coulées dans un bain de chaux ou un mortier très liquide,
mêlé de sable de rivière et d'une extrême dureté.

Le couronnement a complètement disparu. Il devait comprendre un épais cordon de cinq à six assises de briques
formant un léger encorbellement et surmonté d'un chemin
de ronde.

De quatre mètres au moins à la base, pour mieux résister
à la poussée des terres, l'épaisseur du rempart diminue peu
à peu avec l'élévation.

Les tours, en forme de talon, hémisphériques à l'extérieur, s'élèvent sur un massif plein et ne sont évidées qu'à
la hauteur du premier étage. Leur diamètre approximatif est
de dix mètres avec la maçonnerie. La mieux conservée, la
tour *Magdeleine,* montre encore plusieurs baies en plein
cintre percées à la hauteur du premier étage — l'une au

centre, les deux autres sur les côtés, — ainsi qu'une ouverture plus petite qui éclairait le deuxième étage. Le chemin
de ronde devait passer en arrière et traverser la tour.

Jusqu'en 1882, on affirmait sans discussion que deux
grandes portes seulement s'ouvraient sur la face nord et la
face sud, aux deux extrémités de l'axe principal de la cité.
En ce qui concerne la porte du sud, remplacée au moyen
âge par la *porte Ferrée* ou *porte de la Cigogne,* aucun doute
ne subsiste, mais, en 1882, MM. Charles et Bouet ont
retrouvé sur le front nord, à l'angle nord-ouest de l'enceinte,
une nouvelle porte qu'ils ont surnommée *porte du Cavalier*
et qui se trouve très en contre-bas du grand axe.

De là deux hypothèses. La première, adoptée par MM.
Charles et Bouet, admet l'existence sur le front nord de
deux grandes portes distinctes et très rapprochées : une
porte d'en haut correspondant à l'axe principal de la ville et
à la *porte du Château,* du moyen âge ; une porte d'en bas, à
l'angle nord-ouest de l'enceinte, dite *porte du Cavalier.* La
seconde hypothèse, défendue par M. Fleury, n'admet sur ce
front nord qu'une seule grande porte, la porte d'en bas ou
du *Cavalier,* avec une simple poterne sur l'emplacement de
la porte postérieure du *Château.* Les considérations tech-
niques invoquées par M. Fleury à l'appui de son opinion
sont si plausibles que, pour notre part, nous n'hésitons pas
à lui donner la préférence.

Quoi qu'il en soit, les portes principales du nord et du
midi étaient protégées par des défenses accessoires qui ren-
daient leur surprise très difficile. La *porte du Cavalier,* par
exemple, était couverte à l'extérieur par un ouvrage avancé
dont la forme reste à déterminer, mais dont les traces ont été
expressément reconnues ; et devant la porte du midi (*Porte
de la Cigogne*), la rampe d'accès, correspondant aujourd'hui
à la rue de la *Truie qui file,* était disposée de manière à
contraindre les assaillants à présenter aux défenseurs de la
courtine le flanc droit que le bouclier ne pouvait protéger.

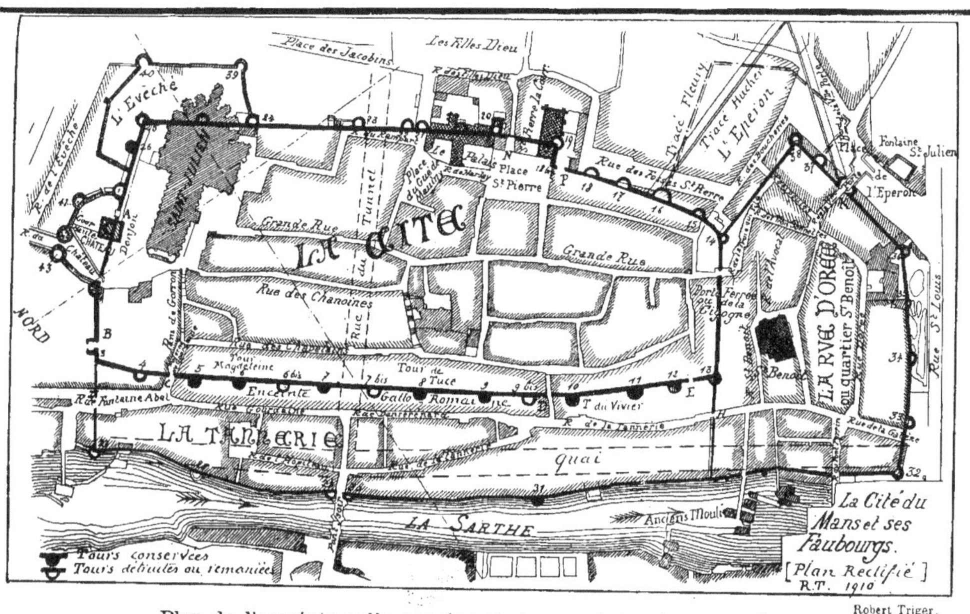

Robert Triger.

Plan de l'enceinte gallo-romaine et des enceintes du moyen âge.

D'après MM. Hucher, Landel, Voisin, et les rectifications de MM. Robert Charles et Gabriel Fleury.

ENCEINTE GALLO-ROMAINE (LA CITÉ)

Les parties les plus intéressantes à voir sont indiquées ci-dessous en italiques.

Numéros Hucher conservés le plan.	Numéros R. Charles.	
1	17	Tour Margot, place du Château.
A		Poterne romaine.
	16	Donjon de Guillaume-le-Conquérant, bâti sur l'emplacement d'une tour romaine (restitution de M. Fleury).
2	15	Tour du Cavalier.
3	[B] 14	Porte romaine du Nord ou du Cavalier, avec ouvrage avancé, découverte par MM. Charles et Fleury.
4	13	Tour de Gourdaine.
	[C]	Poterne de Gourdaine.
5	12	Tour de Gorron, à cinq pans.
6	11	*Tour Magdeleine.*
bis	10	Tour Hueau, détruite.
7	9	Tour du Tunnel.
bis	8	Tour détruite, sauf une partie de la base.
8	7	*Tour de Tucé.*
9	6	*Tour Saint-Hilaire* (Hucher).
bis	5	Tour Saint-Hilaire (Charles), détruite.
	[D]	*Grande Poterne.*
10	4	*Tour du Vivier.*
11	3	Tour des Écoles.
12	2	Tour d'Oigny.

Numéros Hucher conservés sur le plan	Numéros R. Charles.	
	[E]	*Petite Poterne.*
13	1	Tour de Saint-Pierre-l'Enterré.
H		Portail Sainte-Anne.
D		Porte du Midi, dite Porte Ferrée ou de la Cigogne.
14		Tour d'angle détruite et douteuse (?).
15	30	Tour du Bourreau.
16	29	Tour Vineuse, refaite au moyen âge et détruite.
17-18	27-28	Tours détruites.
18 *bis*	[P]	Porte romaine découverte par MM. Charles et Fleury sous la maison Juliard-Dunial.
19	26	Tour du Chantre.
	[N]	Poterne de Saint-Pierre-de-la-Cour.
20	25	Gros Pilier, du XVe siècle, sur l'emplacement d'une tour romaine.
	24	Tour romaine sous l'ancien Palais des Comtes.
21		Tour des Créneaux du Palais (moyen âge).
22	23	Tour d'Angoulfer.
23	22	Tour Fayau.
24	21	Tour Saint-Michel.
	20	Tour romaine présumée sous la cathédrale.
25	19	Tour de l'Évêché, détruite.
26	18	Tour de la Psallette.

ENCEINTE DE LA TANNERIE (Numéros Hucher)

1	Porte Samson.		29	Tour du Pont-Yssoir.
27	Tour Chestiveau.		30	Id. id.
28	Tour du presbytère de Gourdaine.		31	Tour Toussaint (base conservée).

ENCEINTE DE LA RUE DORÉE OU DE SAINT-BENOIT

32	Tour du Feu, des Chaînes ou de l'Abreuvoir.		36	Tour Battue.
33	Tour des Roues, du Cordier ou Tour Verte.		K	Vieille Porte (de l'Éperon).
34	Tour Grise ou du Pas-d'Ane.		37	Tour au Huau.
35	Tourelle de la Vassorerie.		38	Tour Corbin.

ENCEINTE DE L'ÉVÊCHÉ ET DU CHATEAU

39	Tour Souty ou du Forgeur.		41	Tour du Papegai ou de l'Arsenal.
40	Tour des Cordeliers.		42-43	Tours de la Porte du Château.

En outre des portes précédentes, plusieurs poternes s'ouvraient sur les grands côtés de l'enceinte.

On en comptait trois sur le front ouest, du côté de la rivière : la *poterne de Gourdaine*, entièrement détruite aujourd'hui, la *Grande Poterne*, au milieu, et un peu plus loin la *Petite Poterne*. La *Grande Poterne* existe encore et sert toujours de passage. Il est facile de se la représenter dans son état primitif en faisant abstraction des quelques adjonctions du moyen âge. Des assises de gros blocs composent les jambages et reçoivent l'archivolte, un arc en plein cintre, construit en briques posées debout. Le seuil était situé bien au-dessus du niveau du sol extérieur : un escalier mobile en bois devait y donner accès.

Sur le front est s'ouvraient la poterne dite en 1245 *poterne de l'église Saint-Pierre*, puis, à quelque distance, dans l'angle de la rue actuelle des Bas-Fossés, une autre poterne dont MM. Charles et Fleury ont découvert les traces dans les caves de la maison Juliard-Dunial.

C'est du côté de la rivière, le long des rues de Gourdaine, Saint-Hilaire, de la Tannerie et de la Porte-Saint-Anne que l'enceinte gallo-romaine reste le mieux conservée et qu'on doit surtout l'étudier : c'est de ce côté, entre autres, qu'on retrouve les belles tours *Magdeleine*, de *Tucé*, du *Vivier* et la *Grande Poterne*.

Malheureusement l'enceinte gallo-romaine du Mans n'est pas encore dégagée, et elle demeure enfouie au fond de cours particulières, où il est fort difficile aux étrangers de la découvrir. La municipalité semblant enfin décidée à répondre dans une certaine mesure aux vœux des archéologues, nous nous réservons de présenter au Congrès le projet *pratique* de dégagement que nous préconisons et que nous lui demanderons d'appuyer de sa haute autorité.

Bibliographie. — Sur l'enceinte gallo-romaine du Mans, cf. de Caumont : *Cours d'antiquités monumentales* et *Ère-gallo-romaine*.

— Landel et Hucher : *Les enceintes successives de la ville du Mans*, étude rééditée dans E. Hucher : *Les monuments de la Sarthe*, p. 15-40. — Voisin (l'abbé) : *Le Mans à tous ses âges*, etc., dans le *Bulletin Monumental*, 1860, p. 597-603. — Robert Charles (l'abbé) et G. Fleury : *L'enceinte gallo-romaine du Mans*, dans la *Revue hist. et arch. du Maine*, 1881. — G. Fleury : *La tour Orbrindelle et le Mont-Barbet*, *Ibid.*, 1891. — A. Blanchet : *Les enceintes romaines de la Gaule*, Paris, Leroux, 1907. — R. Triger : *Note sur le dégagement de l'enceinte gallo-romaine du Mans*, Le Mans et Mamers, 1910.

Robert TRIGER.

LA CATHÉDRALE

Histoire. — La cathédrale actuelle occupe l'emplacement des premiers édifices religieux construits au Mans depuis l'évangélisation du Maine par saint Julien. Du monument élevé par cet évêque, il ne reste nulle trace : on ne sait même pas exactement en quel siècle il fut dressé sur l'emplacement de la demeure du défensor romain. Il faut attendre le VI* siècle pour, en quelques chroniques, lire que saint Innocent (533-559) continua la construction de la cathédrale commencée par saint Victeur, son prédécesseur. Malgré divers travaux, la cathédrale était en ruines à la fin du VIII* siècle, et ce fut sous le règne de Charlemagne que ce monument fut relevé par l'évêque Francon. Plus tard, saint Aldric le reconstruisit en entier, mais son œuvre fut détruite durant l'occupation du Maine par les Normands. Lorsque la paix fut rétablie, plusieurs évêques tentèrent successivement de relever la cathédrale ; les travaux, exécutés trop rapidement, ne purent rester longtemps debout. Ce fut seulement dans la seconde moitié du XI* siècle que l'évêque Vulgrin voulut élever une nouvelle cathédrale sur un plan plus vaste ; ses successeurs ont continué son entreprise et leur œuvre est encore debout aujourd'hui pour une **grande partie.**

En 1082, l'évêque Hoël acheva la construction des deux tours et du transept. Son successeur, Hildebert, reprit vers 1110 la restauration de la cathédrale : il réfit surtout la nef, dont les travaux furent dirigés par le moine Jean, envoyé par l'abbé de la Trinité de Vendôme. Un incendie endommagea cette œuvre le 3 septembre 1134 : après un autre incendie, survenu quelques années plus tard, l'évêque Hugues de Saint-Calais répara le chœur : son successeur Guillaume de Passavant continua la restauration de la nef et du transept : c'est à lui qu'est due la voûte de la nef telle qu'elle existe encore aujourd'hui. Ces travaux étaient achevés en 1158.

L'évêque Hamelin, en 1217, obtint de Philippe Auguste l'autorisation de renverser le mur de l'enceinte galloromaine pour faciliter le développement du nouveau chœur qu'il voulait construire. Ce chœur, consacré en 1254, est celui qui existe aujourd'hui.

Après la construction de ce chœur, l'évêque Geoffroy d'Assé songea à faire relever le transept, mais ce travail fut repris à plusieurs fois. Le croisillon méridional et la croisée du transept, commencés d'abord par Mathieu Julien, ne furent terminés que vers 1397, sous la dernière direction du maître des œuvres Jehan Lemaçon. Ce même architecte commença également les travaux du croisillon septentrional, dont la première pierre fut posée le 17 février 1403. Le maçon Henri Gillot continua cette œuvre, ainsi que Nicole de l'Escluse. En 1421, Jean de Dampmartin prit la direction des travaux et, malgré l'invasion anglaise, les termina vers 1430.

Depuis la seconde moitié du XVe siècle aucun travail n'a été exécuté dans la cathédrale du Mans pour son agrandissement ou pour sa transformation : le plan n'a reçu aucune modification et tous les travaux entrepris n'ont eu pour but que la réparation des accidents survenus, pour des causes diverses, pendant les siècles suivants.

Le 5 mai 1583, la foudre alluma un incendie de la cathédrale, qui endommagea les voûtes et la toiture : le clocher central s'écroula : les réparations nécessitées par cet accident étaient terminées à la fin du XVIe siècle.

Après avoir échappé à des menaces de destruction pendant la période révolutionnaire, la cathédrale eut cependant beaucoup à souffrir du manque d'entretien durant plusieurs années, et le 9 novembre 1810 la voûte du croisillon méridional s'effondra en partie : elle fut reconstruite en 1817. Dès 1814 on avait commencé les réparations indispensables, et elles furent exécutées successivement autant que le permirent les crédits.

En 1822, la flèche de la tour frappée par la foudre fut détruite et remplacée en 1835 par le dôme et les clochetons en fonte que l'on voit encore aujourd'hui. En 1858, un autre orage brisa une grande partie des vitraux anciens de la cathédrale. Depuis cette époque, des restaurations nombreuses ont été entreprises pour réparer tous les désastres causés par le temps. Les secours accordés par l'État ont été en général habilement employés par les architectes chargés des réparations, surtout depuis 1897.

Nef. — Cette partie de la cathédrale appartient par tous ses détails à l'époque romane : on y trouve réunies les traces de toutes les œuvres entreprises depuis le commencement du XIe siècle jusqu'à la fin du XIIe, ainsi qu'on peut s'en rendre compte en étudiant les diverses travées de la nef principale et des bas-côtés.

La première arcade qui, de chaque côté de la nef, la relie au transept, ainsi que les dix travées de chacun des collatéraux, appartiennent à la fin du XIe siècle et ont été construites sous l'évêque Hoël (1083-1099) ; si, dans la travée de la nef, l'arcade est seule de cette époque, dans les bas-côtés les **voûtes** d'arêtes en blocage ont été conservées, mais leurs

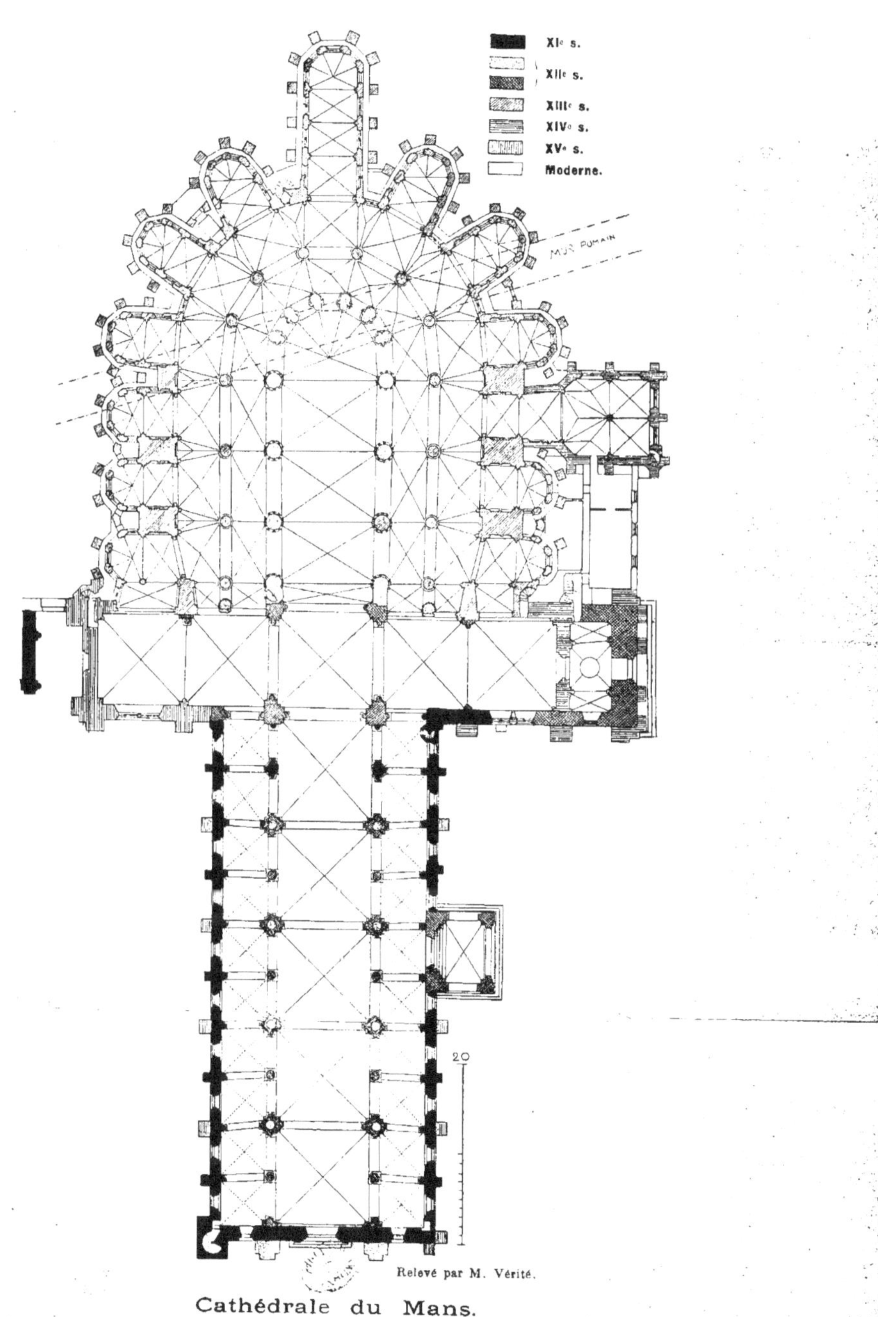

Cathédrale du Mans.

arcs-doubleaux reposent actuellement sur des chapiteaux de deux époques différentes, par suite du remaniement des travées de la nef principale au XII° siècle. Sur les parois de ces bas-côtés une série d'arcatures a été aussi accolée aux murs primitifs, dont elles ont augmenté l'épaisseur en les recouvrant intérieurement.

La nef n'est plus divisée aujourd'hui qu'en cinq grandes travées comprenant chacune deux arcades. Ces diverses arcades n'appartiennent pas à une même construction; ainsi les arcs légèrement brisés des arcades des quatre dernières travées sont surmontés par un autre arc en plein cintre qui se rapproche, comme style, de celui de la première travée; cependant, par l'examen des détails, on est amené à y trouver une construction postérieure. La clef des premiers arcs est plus basse, au-dessous du triforium, que celles des travées inférieures; en outre, dans ces arcs, les uns se composent de claveaux longs et étroits réunis par de gros joints, tandis que les autres sont formés par des pierres plus larges appareillées avec précision. Les arcs en plein cintre de ces travées se coupent à leur point de départ commun; ils retombaient primitivement sur des colonnes mono-cylindriques, englobées aujourd'hui dans les piles actuelles qui sont cantonnées de colonnettes. Dans les derniers travaux de restauration on a retrouvé ces colonnes.

Au-dessus de ces arcades toute la construction de la nef appartient à la même époque et toutes les travées sont identiques; elles sont encadrées par une pile carrée, flanquée sur chaque côté d'une colonne sur laquelle retombe l'arcade en arc brisé; en avant de cette pile se dresse une colonne encastrée entre deux colonnettes; la colonne reçoit l'arc-doubleau de la voûte, et sur les colonnettes retombent l'arc formeret et les arcs ogives; entre ces deux piles une colonne mono-cylindrique supporte les autres arcatures au-dessus desquelles est établi un triforium dans tout le développement de la nef. Toutes les fenêtres sont en plein cintre.

Tous les chapiteaux des colonnes et des colonnettes sont ornés d'élégantes feuilles d'acanthe, pour la plus grande partie très fouillées: leurs tailloirs sont rectangulaires et chargés de zigzags, de dents de scie. L'uniformité que l'on constate dans l'exécution de tous les détails d'ornementation. sur les arcs brisés des arcades comme sur les arcatures en plein cintre du triforium et des fenêtres, sur les chapiteaux des colonnes monocylindriques et sur ceux qui reçoivent les arcs-doubleaux, les formerets et les arcs ogives, prouve évidemment que toute cette partie de la nef est bien d'une seule époque, se rapportant à celle de la construction de la voûte par Guillaume de Passavant, c'est-à-dire de la première moitié du XII⁺ siècle. puisque ces travaux étaient achevés avant 1158.

Dans les fenêtres des collatéraux subsistent encore des restes. importants de vitraux anciens. tels que ceux qui représentent la légende de saint Gervais et de saint Protais. ainsi que celle de saint Étienne. Mais le morceau le plus caractéristique est celui qui figure l'Ascension de Notre-Seigneur. placé dans la deuxième fenêtre du bas-côté méridional; les deux panneaux inférieurs sont seuls antiques, et on les considère comme le plus ancien spécimen connu de la peinture sur verre: ils sont contemporains de la fenêtre dans laquelle ils sont enchâssés.

Chœur. — Il a été construit entre 1217 et 1254: il a remplacé le chœur roman. dont il ne reste plus trace. Il comprend trois grandes travées en avant de son abside; il est entouré par un double déambulatoire de hauteur inégale, comme à Bourges et à Coutances. sur lequel treize chapelles furent primitivement ouvertes; une de ces chapelles est aujourd'hui supprimée et transformée en sacristie.

Ce chœur, dû à une conception unique pour son plan d'ensemble, a évidemment subi, dans les diverses périodes de son exécution, des influences d'écoles différentes; ainsi la voûte du chœur est de l'école de l'Ile-de-France, comme les voûtes des chapelles, tandis que celles du déambulatoire appartiennent à l'école normande. Dans les piles des travées du chœur, en dehors de l'abside, on ne retrouve plus la forme cylindrique, ni les tailloirs circulaires, comme dans l'abside ou dans le déambulatoire ; de même les colonnettes qui reçoivent les arcs formerets et les arcs ogives ne s'arrêtent plus aux tailloirs des colonnes, mais sont profilées jusqu'au sol.

Le double déambulatoire, avec ses colonnes monocylindriques à chapiteaux circulaires, appartient bien à l'école normande ; dans les sculptures des écoinçons du triforium on retrouve la décoration en feuillages sculptés du cloître du Mont-Saint-Michel. Au contraire, dans les chapelles, les colonnes sont engagées dans des angles rentrants, les tailloirs sont à bec, et par leur mouluration indiquent une influence de l'école gothique de l'Ile-de-France, ainsi que les clefs de voûte.

Les chapelles sont élevées sur un plan uniforme : elles se composent d'une abside polygonale et d'une travée unique ménagée en avant: toutefois, la chapelle absidale, élevée dans l'axe du chœur, possède trois travées en avant de son abside. Au-dessous de cette dernière chapelle une crypte fut aménagée et s'étend également sous le déambulatoire, jusqu'au mur de l'ancienne enceinte romaine. Aujourd'hui, elle est divisée en plusieurs compartiments, mais à l'origine elle devait former une nef unique, composée de six travées en plus de l'abside polygonale. Les murs qui la partagent maintenant en trois parties d'inégale grandeur ont été élevés postérieurement, comme le prouvent tous les arcs ogives et les arcs-doubleaux qui retombent régulièrement sur des culots, dont plusieurs sont noyés actuellement dans la maçonnerie des murs transversaux. Ces murs ont dû être construits pour supporter les colonnes de l'abside et du déambulatoire.

Les fenêtres du chœur, du déambulatoire et des chapelles sont ornées pour la plupart de vitraux anciens, dans lesquels on découvre d'intéressantes scènes allégoriques, avec de nombreux portraits de donateurs et de bienfaiteurs ; ils sont du XIIIᵉ siècle, comme le chœur. Plusieurs fenêtres ont eu à souffrir diverses fois des orages, particulièrement dans le côté méridional. Les fenêtres du déambulatoire sont généralement mieux conservées et se composent d'une série de médaillons dans lesquels sont reproduites des légendes se rapportant à l'histoire locale. à la vie des saints et à la sainte Vierge. On y peut remarquer les miracles de Théophile, qui sont du reste représentés trois fois dans les vitraux de la cathédrale du Mans. La vie de la Vierge et ses miracles y est aussi artistement développée deux fois, dans le déambulatoire et dans la chapelle absidale. Cette chapelle de Notre-Dame du chevet conserve également dans ses fenêtres de nombreux vitraux du XIIIᵉ siècle, parmi lesquels on peut remarquer encore un arbre de Jessé, les miracles de Théophile avec une scène qui ne se voit guère qu'au Mans et qui n'est pas mentionnée dans la *Légende dorée* : cette scène représente des gens du peuple apportant un poisson à Théophile.

Dans la première chapelle du côté septentrional les restes importants de deux tombeaux sont conservés : ce sont ceux de Charles d'Anjou, comte du Maine. mort le 10 avril 1472, et de Guillaume Langey du Bellay. Le premier, dans lequel on sent une influence italienne, est généralement attribué à Francesco Laurana ; le second avait été érigé en 1557 dans la chapelle du chevet ; les débris en furent apportés dans la chapelle des Fonts baptismaux après la Révolution. Le sculpteur de cette belle œuvre est inconnu ; on l'a attribuée à tort à Germain Pilon.

Transept. — Les croisillons du transept élevés entre la fin du XIIIᵉ siècle et la seconde moitié du XVᵉ ont con-

servé le plan et les dimensions du transept roman du XIIe
siècle; la preuve en est fournie par les bases des murs
et des tours où l'on reconnaît, en de nombreux points,
l'appareil de la construction romane. Sur la pile sud-est
de la croisée, à l'intérieur du déambulatoire, on peut encore
lire la date de 1145.

Les bases des quatre piles de la croisée, de la même époque, sont beaucoup plus élevées que le sol actuel du transept ; cette surélévation avait dû être motivée par l'existence
d'une crypte en cette partie de la cathédrale, sous le chœur,
qui était ainsi prolongé jusqu'à l'entrée de la nef; une semblable disposition est encore visible dans la cathédrale de
Coutances.

Les travaux de transformation de l'ancien transept roman
ont consisté dans le surhaussement des murs et des voûtes,
comme le prouve le prolongement des colonnes du XIIe siècle, par des colonnettes du XIVe qui s'élèvent au-dessus des
chapiteaux anciens, en conservant les moulures et les sculptures romanes dans les parties inférieures. Des fenêtres,
ouvertes au-dessus de galeries à jour, occupent tout l'espace
compris entre les colonnes qui supportent les arcs formerets des voûtes. Dans le croisillon nord tous les
détails d'ornementation ont été poussés jusqu'à une extrême
légèreté. Dans la galerie placée au-dessous de la rose, des
fleurs de lis ont remplacé les quatre-feuilles des rosaces des
autres galeries. Les moulures des arcs sont amincies et
chargées d'un filet dans les arcs ogives, qui retombent
sur des colonnettes à chapiteaux dont les tailloirs sont poly-
gonaux ou triangulaires.

La grande fenêtre du pignon de ce croisillon est décorée
par des vitraux qui renferment de nombreux portraits. Dans
les cent vingt-quatre sujets qui composent cette verrière on
remarque le Jugement dernier et, au-dessous, des évêques,
des personnages historiques, des bienfaiteurs de la cathédrale. Tous ces personnages ont des physionomies très

variées, reproduites avec un sentiment réaliste qui permet de croire qu'ils sont de véritables portraits. Cette verrière serait donc un des rares exemples de la peinture historique à cette date éloignée du XVᵉ siècle.

Sur le pignon du croisillon méridional, appuyé à la tour, se voient de grandes orgues. construites au commencement du XVIᵉ siècle sous la direction de Symon Hayeneufve. Les boiseries sont ornées de sculptures allégoriques. Endommagées par les huguenots en 1562, elles ont été en partie refaites au XVIIᵉ siècle: les consoles et quelques poutres ont été sculptées par Mongendre. vers 1650.

Dans ce même croisillon on a placé, en 1821. le tombeau de la reine Bérengère. veuve de Richard Cœur de Lion; jusqu'à cette date, ce tombeau du XIIIᵉ siècle avait été conservé dans l'ancienne abbaye de l'Épau. fondée par cette reine en 1229.

Extérieur. — On peut suivre sur les constructions extérieures de la cathédrale du Mans la même progression artistique qu'à l'intérieur, depuis le XIᵉ jusqu'au XVᵉ siècle. La façade occidentale, malgré les additions qu'elle a reçues au XIIᵉ siècle, a conservé en grande partie sa construction primitive. Le portail a son archivolte composée de trois rangs de claveaux aux angles épannelés, sans sculptures ni moulures, encadrant un tympan orné seulement de pierres posées en échiquier. Au-dessus de ce portail est placé un groupe de trois sculptures, d'exécution primitive. Au centre se dresse le buste d'un personnage couronné, tenant un sceptre de la main gauche et bénissant de la droite; sur sa tête plane un oiseau aux ailes éployées; on peut voir dans cette image le Christ roi. Un sagittaire et un capricorne accompagnent ce buste. Deux autres petites portes, correspondant aux collatéraux, sont ouvertes sur cette même façade, avec archivoltes garnies de chevrons brisés et chapiteaux ornés de feuillages.

Sur le côté méridional, un autre portail a été ouvert au XIIe siècle, avec un porche construit en avant. Le portail, avec ses arcatures en plein cintre, a dû être construit avant 1145, et le porche, avec ses arcs brisés, postérieurement à cette date, mais antérieurement à 1158. La décoration des voussures du portail présente quelques particularités dans le choix des scènes qui y sont reproduites. Au-dessus du linteau, sur lequel sont sculptés les douze apôtres assis isolément sous une arcature en plein cintre, comme à Bourges, on remarque le triomphe du Christ entouré des figures symboliques des quatre évangélistes et d'anges thuriféraires, sculptés sur la première voussure ; mais sur les autres voussures on ne retrouve pas les vieillards de l'Apocalypse comme à Chartres et à Étampes : on y voit des scènes empruntées à la vie du Christ.

Une autre particularité du portail du Mans se remarque dans la représentation des deux apôtres saint Pierre et saint Paul qui décorent les deux piédroits, sculptés en haut relief et ne constituant pas des statues comme les autres personnages figurés sur les jambages. Dans les huit statues adossées aux colonnes on voit Salomon, David avec sa harpe, comme à Angers, deux femmes, la reine de Saba et une sibylle. Ce portail doit être un des plus anciens spécimens des portails imagés du nord-ouest de la France.

Tour du sud. — Elle appartient à l'époque romane pour la partie inférieure, au XIVe et au XVe siècle pour les étages supérieurs ; les archivoltes de la porte d'entrée et de la fenêtre, placée au-dessus, présentent des moulures qui indiquent la même époque de construction que le triforium et les fenêtres de la grande nef. A l'intérieur, le rez-de-chaussée se compose de trois travées ; il a été remanié au XIVe siècle, comme le prouvent les chapiteaux des colonnes. Les étages supérieurs ont été refaits à l'époque de la reconstruction du croisillon méridional du transept.

Une autre tour existait primitivement à l'extrémité du croisillon nord ; aujourd'hui détruite, elle a cependant laissé dans le pignon de la Psallette quelques colonnes avec chapiteaux et arcatures qui appartiennent au XIe siècle.

Abside. — A l'extérieur de cette œuvre, on peut suivre de la base au sommet la progression du style gothique, avec les dates de la construction et l'élévation du monument. Au-dessus de la crypte, comme sur les côtés du chœur, les chapelles se dressent avec leurs fenêtres encore en plein cintre : l'arc brisé n'apparaît que dans les fenêtres rétrécies par les pans coupés des absides. Dans les fenêtres du déambulatoire, l'arc en plein cintre, encore visible dans l'archivolte d'une fenêtre, disparaît absolument dans le remplage de toutes les fenêtres, où la lancette à arc brisé est seule visible. Enfin, les fenêtres supérieures du sanctuaire ont toutes leurs archivoltes en arc brisé, quelle que soit la largeur de leur ouverture. La richesse de la décoration et des sculptures suit le même mouvement progressif.

Quatorze contreforts, ornés de gargouilles sculptées, de colonnettes, de statuettes et de pinacles à crochets, soutiennent cette immense construction. Parmi ces contreforts, presque tous à double volée, six d'entre eux, contre-butant la voûte de l'abside, présentent une disposition particulière, dont nous ne connaissons pas d'autre exemple. L'arc-boutant est simple au-dessus du premier déambulatoire et se dédouble au-dessus du second : les piles extérieures se dédoublent comme les arcs-boutants et donnent ainsi au plan d'ensemble de chaque contrefort la forme d'un Y renversé. Cette heureuse disposition a permis de supprimer les arcs bandés latéralement entre chaque contrefort et d'ouvrir une fenêtre dans le déambulatoire entre chaque chapelle.

Gabriel FLEURY.

ÉGLISE DE LA COUTURE

Histoire. — Cette église, aujourd'hui paroissiale et placée sous le vocable de Notre-Dame, était, avant la Révolution, l'église de l'antique abbaye de Saint-Pierre de la Couture, fondée avant 616 par saint Bertrand, évêque du Mans.

Détruite pendant les invasions normandes à la fin du IXe siècle, l'abbaye de la Couture, de l'ordre de Saint-Benoît, fut relevée vers 990 par l'abbé Gauzbert, avec le concours du comte du Maine, Hugues. En 997, tout au moins, la construction de l'église était assez avancée pour que l'évêque Sigefroid y fût enterré. Des traces de cet édifice primitif se retrouvent aujourd'hui encore dans la crypte, les parties basses du chœur et les murs du transept.

La nef dut être rebâtie dans le cours du XIe siècle. Elle présentait alors un vaisseau central, recouvert d'une charpente apparente, et des bas-côtés voûtés, surmontés d'une galerie ou tribune, dont une arcade d'ouverture sur le transept demeure très visible.

Dans la première moitié du XIIe siècle, les parties supérieures du chœur, au-dessus des arcades, furent refaites à leur tour.

Quelques années plus tard, à la suite sans doute d'un incendie qui ravagea l'abbaye en 1180, la nef subit une nouvelle et radicale transformation, indice des étonnants progrès de l'architecture à cette époque. Les bas-côtés furent supprimés et on ne conserva qu'un vaisseau unique, divisé en trois travées, sur lequel on parvint à jeter, malgré sa largeur, des voûtes angevines. Toutefois, la première travée, contiguë au porche, semble n'avoir été terminée qu'au milieu du XIIIe siècle.

En tout cas, c'est à la fin seulement du XIIIe siècle que s'éleva la façade actuelle, avec ses tours et son porche : la grande fenêtre au-dessus du porche ne date même que du XIVᵉ siècle.

Bien que l'édifice fût désormais complet dans son ensemble, de nombreuses modifications furent apportées au chœur, de la fin du XIIIᵉ siècle au milieu du XVᵉ. Les voûtes et les meneaux des fenêtres supérieures furent refaits, et trois grandes chapelles, de forme rectangulaire, remplacèrent cinq des absidioles romanes qui s'ouvraient primitivement sur les transepts et le déambulatoire.

Au XVIᵉ siècle, enfin, toute la croisée avec la tour qu'elle supporte, les croisillons nord et sud, une partie de la voûte du pourtour du chœur, furent repris successivement, et on rebâtit une quatrième chapelle.

Depuis 1888, des travaux, intelligemment conçus et dirigés par MM. Darcy et Pascal Vérité, ont remis en valeur certains détails importants de la construction de la nef et, en 1904, le porche a été habilement restauré par un sculpteur du Mans, M. Gaullier.

Intérieur. — Le porche qui précède la nef, construit dans les dernières années du XIIIᵉ siècle, est voûté sur croisée d'ogive et était autrefois fermé par trois archivoltes en tiers-point. Il abrite une œuvre remarquable de sculpture, qu'on peut comparer aux meilleures compositions du même temps à Bourges, Chartres et Amiens. Sur le tympan de la baie du fond, le Christ assis, la Vierge et saint Jean ; sur le linteau, que soutenait primitivement un trumeau orné d'un Christ bénissant, le Jugement dernier, avec « la pesée des armes » et le roi saint Louis au milieu des élus ; sur les voussures, des anges et des prophètes, huit martyrs et huit vierges ; sur les avant-corps, en ébrasement, six apôtres. Les vantaux du portail, en bois sculpté, ont été exécutés sous l'abbé Michel Bureau, de 1496 à 1518.

La nef, unique, a 15ᵐ 70 de largeur et 42 mètres de longueur.

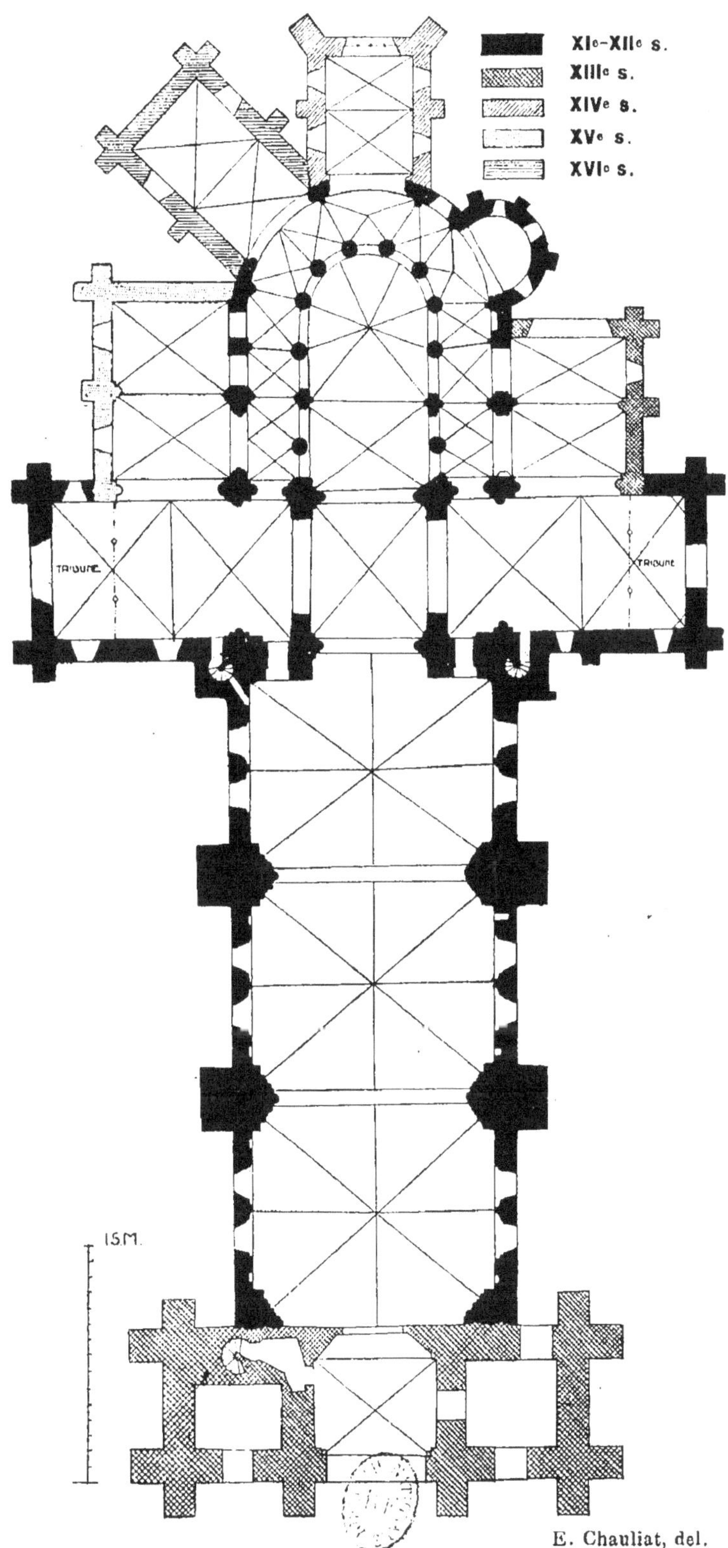

Plan de l'église de la Couture.

Des trois travées qu'elle comprend, la plus intéressante
est celle qui touche au transept et où les travaux de 1889
ont fait réapparaître les murs et les fenêtres du XIe
siècle. L'examen de cette travée suffit même pour faire
saisir à première vue la transformation déterminée au XIIe
siècle par l'adjonction des voûtes.

L'architecte, il est facile de s'en rendre compte, a tout
d'abord appliqué contre les murs de l'ancienne nef de vigoureux piliers à ressauts, flanqués de colonnes, et les a reliés à
leur partie inférieure par d'immenses arcades en tiers-point,
qui ont doublé l'épaisseur des murs. Il a pu, dès lors, faire
porter à ces piliers tout un réseau d'arcs-doubleaux, d'arcs
formerets et d'arcs ogives très résistants, et il a obtenu
ainsi une solide ossature, indépendante pour ainsi dire de
la nef antérieure. Sur cette ossature il a élevé, en toute
sécurité, des voûtes angevines à huit nervures, du même
type que celles de la cathédrale de Poitiers, et sous les
arcs formerets il a ouvert de grandes fenêtres géminées,
surmontées d'un oculus.

Les chapiteaux de cette ossature du XIIe siècle sont à
étudier, même après ceux de la nef de la cathédrale : l'un
représente deux colombes s'abreuvant dans un vase ; un
autre, un hibou que becquètent de nombreux oiseaux ; un
troisième, une curieuse scène de « pipée », image symbolique des juifs et des chrétiens.

Bien qu'en grande partie du XIIe siècle à sa base et du
XIIIe à l'étage supérieur, la première travée près du porche
a conservé des restes d'arcatures anciennes. De plus, on y a
retrouvé des traces de peintures murales qu'on a voulu
reconstituer en 1861. L'essai n'a pas été heureux, et il serait
à souhaiter qu'on fît disparaître au plus tôt une décoration
« criarde » qui nuit à l'effet architectural.

Six tableaux de grands maîtres, dont plusieurs proviennent du Louvre, ornent aujourd'hui les murs de la nef,
ainsi que deux tableaux sur bois, de l'école flamande du

XVI⁰ siècle, qui portent les armoiries de l'abbé Michel
Bureau.

On voit en outre, contre le pilier situé en face la chaire,
la célèbre Vierge en marbre blanc de Germain Pilon, si bien
mise en relief par M. de Lasteyrie et tant admirée à l'Expo-
sition de 1900. Cette vierge était autrefois placée dans le
retable du maître-autel : c'est le plus beau morceau de
sculpture que possède la ville du Mans.

Les croisillons du transept sont surtout intéressants par
des restes d'arcades imbriquées de la construction primitive, et par l'arcade supérieure, non imbriquée. qui donnait
vue des tribunes du bas-côté méridional sur le chœur.

La crypte, construite aux X⁰ et XI⁰ siècles au-dessus du
tombeau de saint Bertrand. est divisée en trois nefs par huit
colonnes. Plusieurs chapiteaux, d'un style très archaïque,
semblent avoir été empruntés à des édifices plus anciens.

Le chœur présente onze arcades du X⁰ ou XI⁰ siècle portées sur des colonnes monocylindriques et surmontées d'un
cordon à modillons grimaçants, du XII⁰ siècle. Au-dessus de
ce cordon s'ouvrent de grandes baies de la même époque,
divisées en lancettes par des meneaux du XIV⁰ siècle.

Le déambulatoire a conservé en grande partie ses
voûtes du XI⁰ siècle et plusieurs des arcades imbriquées
des chapelles romanes.

Une seule de ces chapelles, malheureusement, est restée
intacte du côté de l'Épître, mais elle témoigne avec une précision suffisante les dispositions générales, qui ont permis
de présenter le chœur primitif de la Couture comme un des
premiers exemples de déambulatoire avec absidioles.

La chapelle actuelle de la Vierge, du même côté, est
du XIII⁰ siècle, avec un retable de 1641 érigé par le prieur
Michel Laigneau en souvenir du vœu de Louis XIII. Celle
du chevet est du XIV⁰ siècle. Celle du Sacré-Cœur ou du
Saint-Sacrement (côté de l'Évangile), du XVI⁰: on a replacé
dans son nouveau retable deux statuettes en marbre de

saint Pierre et de saint Paul, qui accompagnaient jadis sur le maître-autel la Vierge de Germain Pilon. La chapelle de saint Léonfort date du XVe siècle: son grand retable du XVIIIe est une composition originale, non dénuée de mérite, avec des statues signées « Chevalier, 1716 ».

Le trésor de l'église possède un curieux fragment de tissu de soie, à fond rouge décoré de lions affrontés, du VI ou VIIe siècle, dit *Suaire de saint Bertrand;* de superbes torchères en bois sculpté de l'époque de Louis XIV, et une suite intéressante de tapisseries de provenances et de styles divers (sujets bibliques et mythologiques, France, XVIe et XVIIe siècles: chasses et verdures, Flandres, XVIe, France, XVIIe et XVIIIe siècles).

Dans la chapelle des Fonts, située sous la tour méridionale, se voit un retable d'autel du XVIe siècle, autrefois dans la chapelle du Saint-Sacrement.

Extérieur. — Les deux tours de la façade, de la fin du XIIIe siècle, sont bâties sur plan carré et inachevées: leur principal motif de décoration est, au-dessus du rez-de-chaussée, une élégante galerie couverte, à arcades gothiques. Elles encadrent le porche et une grande fenêtre du XIVe siècle.

Le mur septentrional de la nef, à l'extérieur, réclame une attention particulière. Entre les gros contreforts ajoutés au XIIe siècle pour appuyer les voûtes, on retrouve des restes de constructions des Xe et XIe siècles, en petit appareil, et des traces de fenêtres du bas-côté primitif.

Les murs du transept conservent eux aussi quelques parties des Xe et XIe siècles: dans le pignon du croisillon septentrional, au-dessus d'une grande fenêtre du XIVe, est encastré le blason mutilé de l'abbé commendataire Jean Calvau, évêque de Senlis.

L'abside est assez difficile d'accès. Toutefois, elle laisse encore entrevoir dans ses parties hautes, en outre des arcs-boutants qui la contre-butent, les archivoltes à dents de scie des fenêtres du XIIe siècle, et dans ses parties basses, du côté de la Préfecture, la seule chapelle romane qui ait été conservée.

BIBLIOGRAPHIE: Sur l'église de la Couture, voir surtout: G. d'Espinay: *L'église abbatiale de la Couture*, et de Dion: *La nef de la Couture*, dans le *Congrès archéologique de France*, 1878. — L'abbé E. Dubois (aujourd'hui archevêque de Bourges): *L'église de la Couture, la nef et la façade occidentale*. — R. de Lasteyrie: *Une Vierge de Germain Pilon à l'église de la Couture*. — Cte Ch. de Beaumont: *Les tapisseries de l'église de la Couture*, dans la *Revue historique et archéologique du Maine*, 1889, 1890 et 1902. — A. Ledru: *Histoire et description de l'église de la Couture*, dans l'*Inventaire des richesses d'art de la France*, 1907.

ÉGLISE DU PRÉ

Histoire. — Comme celle de la Couture, l'église du Pré, devenue paroissiale sous le vocable de Notre-Dame, est une ancienne église abbatiale, l'église de l'abbaye de bénédictines de Saint-Julien du Pré.

Elle a été bâtie sur l'emplacement du tombeau de saint Julien, premier évêque du Mans, du milieu du XIe au milieu du XIIe siècle. A l'exception des voûtes principales, l'édifice tout entier appartient à cette période et il offre, par sa rare homogénéité, un très intéressant spécimen de l'architecture romane.

Modifiée dans certains détails accessoires par les moniales, en partie ruinée par la Révolution, l'église du Pré a été l'objet, de 1857 à 1885, d'une restauration générale, due aux efforts persévérants du curé d'alors, M. le chanoine Livet, et complétée par la construction d'une tour en avant de la façade primitive.

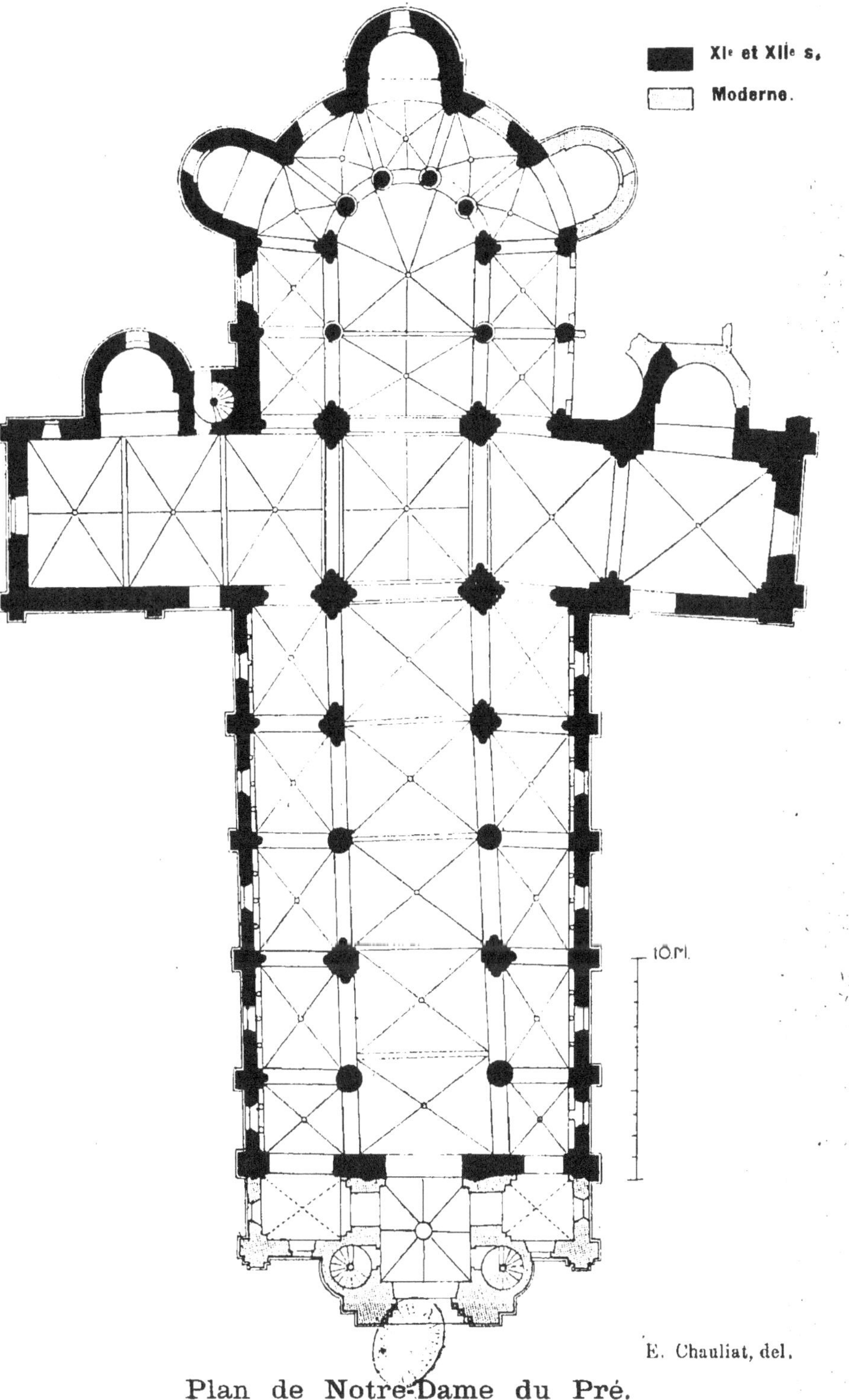

Plan de Notre-Dame du Pré.

Intérieur. — La grande nef, divisée en cinq travées et accostée de deux bas-côtés, appartient dans son ensemble à la première moitié du XIIe siècle. Seule, la partie contiguë au transept paraît devoir être attribuée au XIe. Les arcades, en plein cintre, s'appuient alternativement sur des colonnes monocylindriques et sur des piles flanquées de demi-colonnes. Elles sont surmontées d'un triforium à arcatures et de fenêtres également en plein cintre. Les voûtes n'ont été ajoutées qu'au XVe siècle.

Dans les bas-côtés, les murs sont ornés d'arcatures et, jusqu'à la travée voisine du transept, les voûtes sont aussi du XVe siècle. Au sud, à la hauteur de la chaire, on remarque un bas-relief du XVIe siècle, représentant une procession avec la châsse de sainte Scholastique, patronne du Mans.

Le croisillon sud, du XIIe siècle, comporte deux travées, dont l'une est recouverte d'une voûte de la même époque et l'autre d'une voûte du XVe siècle : une absidiole moderne y remplace l'ancienne, détruite par les religieuses.

Le croisillon nord, qui a conservé son absidiole primitive, à la différence du précédent, est du XIe siècle, mais il n'a qu'une travée et ses voûtes sont exclusivement du XVe siècle.

Le chœur, des XIe et XIIe siècles, avec des voûtes du XVe, lui aussi, a perdu son triforium lors de la réfection des fenêtres supérieures, au XVIIe ou XVIIIe siècle. La restauration de 1863 a remplacé ce triforium par des peintures murales de Pierre Andrieux, élève de Delacroix, représentant des épisodes de la vie de saint Julien. Ces tableaux ne sont pas sans valeur artistique. Par contre, l'ornementation générale, due à un autre peintre, peut donner lieu aujourd'hui à certaines critiques.

Sur le déambulatoire, dont les murs intérieurs ne présentent guère que du grand appareil, s'ouvrent trois absidioles : la plus rapprochée de la sacristie ayant été démolie, comme celle du croisillon sud, pour l'établissement du chœur des religieuses, a dû être refaite.

Enfin, au-dessous du sanctuaire, très surélevé, se trouve une crypte entièrement restaurée par M. l'abbé Livet. Son principal intérêt est de laisser voir, au milieu du pavage, des traces de la crypte, beaucoup plus ancienne, qui renfermait le tombeau de saint Julien et où M. Ratel a cherché, par d'ingénieuses comparaisons, les éléments de restitution de la *cella* primitive de Saint-Martin de Tours.

Extérieur. — La tour et la flèche, modernes, n'ont été terminées qu'en 1885, sur les plans de M. Darcy. Les gargouilles placées sur les frontons des lucarnes sont d'un effet contestable, mais l'architecte a au moins le mérite d'avoir soigneusement encastré dans la nouvelle façade l'ancien portail du XII° siècle et la petite porte du bas-côté nord.

La plupart des fenêtres supérieures de l'édifice ont été remaniées ou restaurées; quelques-unes cependant, dans le croisillon nord, sont restées intactes.

Suivant le mode de construction fréquent au XI° siècle dans le Maine, l'Anjou et la Touraine, tous les murs extérieurs sont en petit appareil, avec chaînes de grand appareil aux montants des fenêtres et aux angles saillants. Par suite du plan circulaire du chevet qui donne au parement extérieur une plus grande surface qu'au parement intérieur, par suite de l'absence de contreforts et du peu de largeur des fenêtres, le petit appareil occupe même sur la face extérieure du chœur beaucoup plus d'espace que le grand.

Le contraire se produisant à l'intérieur, quelques archéologues ont voulu voir dans le chevet de l'église du Pré deux constructions d'époques différentes, soudées l'une à l'autre, l'une du XI° siècle, à l'intérieur, l'autre plus ancienne, à l'extérieur.

Après un examen approfondi, M. de Lasteyrie a constaté dans cette appréciation une erreur de fait. Si le petit appareil n'apparaît pas autant à l'intérieur qu'à l'extérieur, c'est uniquement parce que le large ébrasement des fenêtres, la multiplicité des angles saillants et les colonnes ne lui ont pas laissé de place. Le chœur du Pré, dans aucune de ses parties, n'est antérieur au XIe siècle.

BIBLIOGRAPHIE. — Sur l'église du Pré, voir entre autres : S. Ratel : *Le tombeau de saint Julien, au Mans, comparé au tombeau de saint Martin, à Tours*, dans le *Bulletin de la Société archéologique de Touraine*, 1890. — R. de Lasteyrie : *L'église Saint-Martin de Tours*, dans les *Mémoires de l'Académie des inscriptions et belles-lettres*, t. XXXIV, 1re partie. 1891. — A. Ledru : *Histoire et description de l'église Notre-Dame du Pré*, dans l'*Inventaire des richesses d'art de la France*, 1907.

ÉGLISE SAINT-BENOIT

Il y a peu d'années encore, l'église Saint-Benoit était la plus pauvre et la moins intéressante des églises du Mans, en dépit de quelques restes des XIIe, XVe et XVIe siècles.

Elle vient d'être entièrement reconstruite, dans le style de la Renaissance, sur les plans de M. Pascal Vérité, architecte au Mans et membre de la Société française d'Archéologie.

Nous tenons au moins à la mentionner parce que le Congrès, en parcourant la vieille ville, pourra voir dans ce nouvel édifice une œuvre d'architecture religieuse d'une réelle originalité, et aussi parce que l'architecte a eu le mérite, trop rare, « d'y enchâsser » soigneusement toutes les parties de l'ancienne église qui offraient un intérêt archéologique, notamment une chapelle de confrérie de charité bâtie vers 1523 par le chanoine Jean Dugué.

CHAPELLE DE LA VISITATION

(Place de la République)

Cette chapelle de l'ancien monastère de la Visitation n'est pas seulement, par son ornementation intérieure, un charmant spécimen de l'art le plus élégant du XVIIIe siècle. Elle offre la particularité remarquable d'avoir été construite, de 1730 à 1737, sur les plans et sous la direction artistique d'une religieuse visitandine originaire du Mans. sœur Anne-Victoire Pillon (1). Les travaux furent également exécutés par deux Manceaux, Mathurin Riballier. père et fils.

Le tableau d'autel est signé « Restout. 1754 ».

MAISONS ANCIENNES

Le « Vieux-Mans », groupé sous un aspect si pittoresque au sommet de la colline qu'entoure l'enceinte gallo-romaine. conserve encore de nombreuses maisons anciennes et surtout des maisons des XVe et XVIe siècles.

L'espace qui nous est assigné dans ce *Guide* ne nous permet pas de les décrire : nous devons nous borner à signaler, par ordre chronologique. les plus intéressantes :

Maison dite des Deux-Amis (Grande-Rue. n° 18). du XVe siècle, avec personnages sculptés. en costumes du temps.

Maison dite de la Reine Bérengère (Grande-Rue, n° 11), bâtie de 1490 à 1515 par l'échevin Robert Véron, habitée au

(1) Dans la notice que nous avons consacrée en 1903 à cette chapelle (Le Mans, A. de Saint-Denis, in-8°, avec planches), nous avons pu mettre en relief, pour la première fois, le rôle artistique de sœur Pillon,

XVII⁰ siècle par le conseiller au présidial Le Corvaisier de Courteilles, auteur de la *Vie des Évesques du Mans*, restaurée depuis 1891 et transformée en musée par M. Adolphe Singher. Le magnifique pan de bois du premier étage, décoré de statuettes d'un excellent style, a rendu cette maison justement célèbre (1).

Maison Renaissance, encore à pan de bois sculpté et orné de statuettes (sainte Catherine. l'Annonciation, sainte Barbe). contiguë à la précédente et construite, croyonsnous, trente ou quarante ans plus tard par Méry-Desboys, notaire juré de la Cour du Mans (Grande-Rue, nº 9).

Maison dite d'Adam et Ève (Grande-Rue, nº 69), bâtie de 1520 à 1525 pour Jean de l'Épine. docteur en médecine, auteur du plus ancien *Almanach manceau*. Le bas-relief, où l'on a cru reconnaître nos premiers parents. avec leur fameuse pomme, a été expliqué par M. Palustre. C'est une scène mythologique.« Bacchus. le héros voyageur, montrant à une femme qui symbolise l'humanité comment, à l'aide de son thyrse, faire jaillir de la terre des fontaines de vin ».
Ce sujet, quelque peu compliqué, se justifie, de même que la présence du soleil et de la lune, par la profession du propriétaire. Les pilastres des étages supérieurs sont recouverts d'arabesques d'une extrême délicatesse (2).

Maison dite de Scarron (place Saint-Michel, 1). d'origine romane, avec crypte du XII⁰ siècle. remaniée au XVI⁰ siècle, habitée en 1646, dit-on, par le poète Scarron, restaurée de nos jours par les soins de M. le chanoine Bruneau.

---

(1) Robert Triger : *La maison dite de la Reine Bérengère, au Mans* (Siège de la Société historique et archéologique du Maine); Le Mans, 1892, un vol. gr. in-8º, avec planches et dessins.
(2) L. Palustre: *La Renaissance en France* (Maine); Paris, Quantin, 1887, in-4º.

Maison dite à la Tourelle (rue des Chanoines, 1), délicieuse construction d'environ 1530. restaurée et meublée depuis peu, avec un goût très artistique. par M. Florentin. En outre de ses charmantes sculptures extérieures, elle possède dans l'une de ses salles une superbe cheminée en pierre.

Hôtel du Grabatoire (place du Château, 1), maison canoniale commencée en 1528 sur les plans peut-être du grand architecte manceau Simon Hayeneufve. par l'archidiacre Jean de Courthardy, et terminée vers 1543 par son neveu Anselme Taron, sieur de la Croix. Du XVIe au XVIIe siècle, les gouverneurs du Maine occupèrent le Grabatoire, et la reine Marie de Médicis y logea lors de son passage au Mans en 1614. Restauré en 1895 et 1907, le Grabatoire est devenu depuis la séparation. grâce à la générosité de M. le chanoine Chanson et par un singulier retour des événements. l'évêché du Mans ! Une nouvelle page bien honorable s'ajoute ainsi à son histoire (1).

Maison dite du Pèlerin (place du Château, 3), élégante construction de la première moitié du XVIe siècle, elle aussi. avec une ravissante lucarne Renaissance et des rampants ornés de coquilles.

Hôtel de Vignolles ou du *Louvre* (rue de l'Écrevisse et place du Gué-de-Maulny). bâti après 1544 dans le nouveau style que Pierre Lescot adoptera pour le palais du Louvre, d'où le surnom de *Petit Louvre* donné à cet hôtel. Sans avoir la témérité de revendiquer pour la ville du Mans une priorité qui n'est pas suffisamment prouvée, on est en droit de voir dans l'*hôtel de Vignolles* une nouveauté architecturale exceptionnelle alors pour la province.

(1) A. Ledru : *Le Grabatoire ;* Le Mans, 1907, un vol. pet. in-4°, avec **planches.**

En plus de ces anciennes maisons et des restes du *Palais des Comtes* (aujourd'hui l'hôtel de ville), le Vieux-Mans présente plusieurs « coins » qui évoquent avec une intensité toute particulière les souvenirs du passé. La *Cour d'Assé* et le *Carrefour de la rue de Vaux*, avec sa statue de sainte Madeleine dans une niche du XVᵉ siècle et son bel hôtel de la fin du XVIᵉ, méritent sous ce rapport une mention spéciale.

MUSÉES

La ville du Mans possède deux musées : le *Musée de peinture* ou *Museum*, créé dans les bâtiments de la Préfecture au lendemain de la Révolution, et le *Musée archéologique* installé depuis 1903 dans la crypte de l'ancienne collégiale de Saint-Pierre-la-Cour.

Le *Musée de la Préfecture* renferme bon nombre de toiles de véritable valeur, que nous ne pouvons énumérer ici, entre autres un tableau de David, *Michel Gérard et sa famille*, considéré comme l'un des chefs-d'œuvre de la peinture moderne.

On y trouve aussi les collections archéologiques formées pendant la première moitié du XIXᵉ siècle, avec leur pièce capitale, le fameux *Émail de Geoffroy Plantagenet*, autrefois placé sur le tombeau du comte, dans la nef de la cathédrale.

De dimensions extraordinaires (0ᵐ63 sur 0ᵐ33), cet émail, sur lequel on a tant discuté, représente Geoffroy Plantagenet en costume de justicier, ainsi que l'indique l'inscription gravée en tête de la plaque :

*Ense tuo princeps predonum turba fugatur
Ecclesiisque quies pace vigente datur.*

D'après M. Palustre, il serait antérieur à l'année 1151, date de la mort du comte, et il aurait été exécuté sur les bords du Rhin.

Le *Musée archéologique*, créé en 1846, à l'instigation de M. de Caumont et de la Société française d'Archéologie, occupe dans l'ancienne crypte de Saint-Pierre-la-Cour (XIIe-XIVe siècles) un cadre merveilleusement approprié à sa destination et qu'aucun autre local ne saurait remplacer.

Nous y signalerons plus particulièrement un curieux fragment d'édifice des premiers siècles, découvert dans les fondations de l'enceinte du IVe siècle ; une intéressante collection de bronzes gallo-romains, avec l'une des vingt « douilles à supports » actuellement connues : de superbes statues tombales des vicomtes de Beaumont (XIIe-XIVe siècles) ; les calques originaux des vitraux de la cathédrale, par M. E. Hucher : le dessin sur parchemin de l'ancien jubé, élevé vers 1495 à l'entrée du chœur de la cathédrale par le cardinal de Luxembourg, document *rarissime* dans son genre : une très remarquable statue en marbre de *Chanoine à genoux*, de l'époque de la Renaissance, jadis étudiée par M. de Lasteyrie ; de riches collections de monnaies, de sceaux, etc.

BIBLIOGRAPHIE. — La bibliographie de l'Émail de Geoffroy Plantagenet est trop importante pour que nous puissions la donner dans ce court résumé. Nous nous bornerons à citer, sur les musées du Mans : L. Palustre : *Monuments d'art de la ville du Mans*, dans la *Gazette des beaux-arts*, 1886. — Héron de Villefosse : *Douilles en bronze gallo-romaines*, dans le *Bulletin de la Société des Antiquaires de France*, 1909. — E. Hucher : *Calques des vitraux de la cathédrale du Mans*, Le Mans, 1864, gr. in-fol ; *Le jubé du cardinal de Luxembourg*, Le Mans, Monnoyer, 1875, gr. in-fol. — R. de Lasteyrie : *Statue de chanoine au Musée du Mans*, dans l'*Album archéologique des Musées de province*, Paris, Leroux, et la *Revue archéologique du Maine*, t. XXXIII, 1893. — E. et F. Hucher : *Catalogues du Musée archéologique*, 1869 et 1895 (la première partie épuisée).

Robert TRIGER.

TABLE DU GUIDE